**HARDPRESS**.NET
HOME OF HARD-TO-FIND BOOKS

# L'éloquence Politique Et Judiciaire À Athènes
by Georges Perrot

ACADÉMIE
DE
PARIS

PRIX
DU
CONCOURS GÉNÉRAL

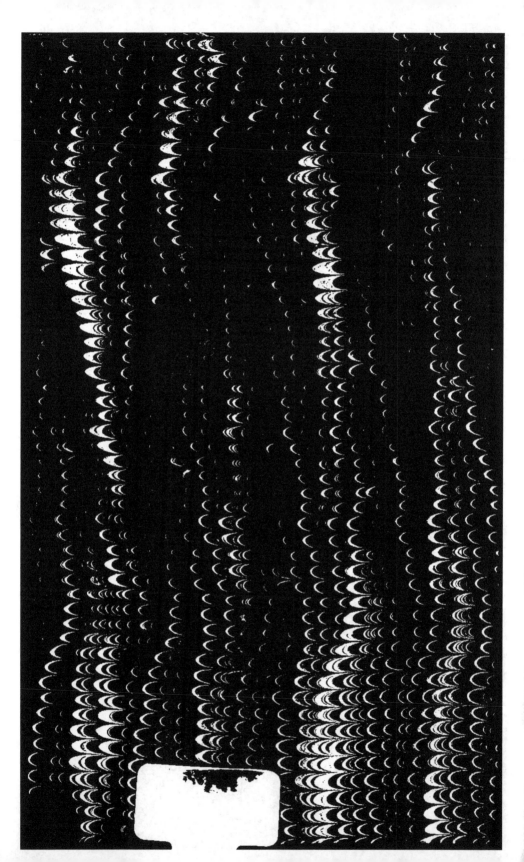

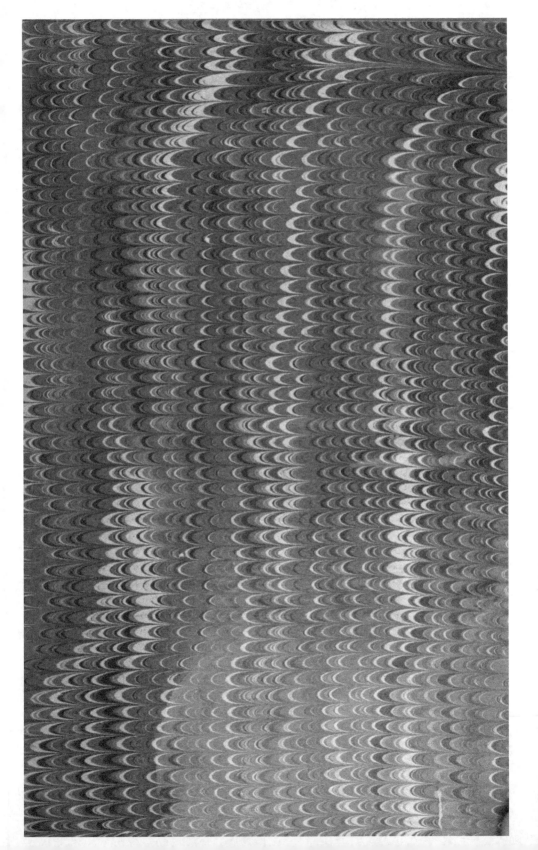

14/-nett

Scarce
9/1

E

# L'ÉLOQUENCE

## POLITIQUE ET JUDICIAIRE

### A ATHÈNES

IMPRIMERIE J. CLAYE

RUE SAINT BENOIT 7

LABOR

PARIS

# L'ÉLOQUENCE

## POLITIQUE ET JUDICIAIRE

### A ATHÈNES

PAR

#### GEORGES PERROT

MAITRE DE CONFÉRENCES A L'ÉCOLE NORMALE

Studium eloquentiæ proprium Athenarum.
CICÉRON, *Brutus,* 13.

PREMIÈRE PARTIE

LES PRÉCURSEURS DE DÉMOSTHÈNE

PARIS

LIBRAIRIE HACHETTE ET Cᴵᴱ

79, BOULEVARD SAINT-GERMAIN, 79

1873

# L'ÉLOQUENCE

## POLITIQUE ET JUDICIAIRE

### A ATHÈNES

---

## CHAPITRE PREMIER.

### LES ORIGINES DE L'ÉLOQUENCE ET PÉRICLÈS.

---

### I

Aussi loin que l'on puisse remonter, grâce aux épopées homériques, dans l'histoire de la race grecque, on reconnaît chez elle, comme un des traits qui la caractérisent, un goût très-vif pour la parole. Nous n'insisterons pas sur les détails, sur ce passage de l'*Iliade,* objet de plus d'un commentaire, où il est question de quelque chose comme des concours d'éloquence déjà établis dans les villes[1]. Sans trop s'arrêter

---

1. *Iliade,* XV, 281 :

> Τοῖσι δ'ἔπειτ' ἀγόρευε Θόας, 'Ανδραίμονος υἱὸς,
> Αἰτωλῶν ὄχ' ἄριστος, ἐπιστάμενος μὲν ἄκοντι,
> 'Εσθλὸς δ'ἐν σταδίῃ· ἀγορῇ δὲ ἑ παῦροι 'Αχαιῶν
> Νίκων, ὁππότε κοῦροι ἐρίσειαν περὶ μύθων.

sur ce vers qui nous montre Phénix placé par Pélée à côté d'Achille pour lui enseigner « à être diseur de paroles et faiseur d'actions [1] », sans en conclure, comme aimaient à le faire les anciens rhéteurs, que Phénix était le professeur de rhétorique d'Achille, il faut bien reconnaître que déjà, dans la société qui nous est peinte par Homère, ce n'est point assez, pour faire un héros complet, d'être brave et fort, il faut encore être éloquent. Il suffit au vieux Nestor, pour commander le respect, d'avoir ce don de la persuasion, cette parole abondante et douce que n'accompagne plus la vigueur du bras; quand on possède, comme Ulysse, à la fois l'éloquence insinuante qui gouverne les esprits des hommes et la valeur hardie qui accomplit sur le champ de bataille ce qui a été résolu dans le conseil, on est envié et admiré de tous, on devient l'homme indispensable, celui vers lequel se tournent tous les yeux dans les moments critiques. Ulysse est aussi nécessaire à l'armée, plus nécessaire peut-être qu'Achille lui-même. De là vient qu'après la mort d'Achille, quand les plus illustres chefs se disputent l'héritage de ses armes divines, l'armée donne la préférence à Ulysse sur Agamemnon, sur Diomède, sur Ajax même, qui seul avait écarté des vaisseaux grecs les flammes troyennes.

Il n'en est pas autrement dans la légende et la

---

1. *Iliade*, IX, 443 :

Τοὔνεχά με προέηκε, διδασκέμεναι τάδε πάντα,
Μύθων τε ῥητῆρ' ἔμμεναι, πρηκτῆρά τε ἔργων.

poésie : là aussi l'habile, l'éloquent Ulysse a été favorisé aux dépens de ses compagnons d'armes; il a obtenu le prix que d'autres semblaient d'abord mieux mériter. Est-il en effet, dans tout le cycle homérique, une gloire pareille à la sienne, hors la gloire d'Achille? Achille a pour lui l'intérêt qui s'attache toujours à la force, à la vie, à la beauté moissonnées dans leur fleur, à ces jeunes victorieux qui tombent au milieu de leur triomphe; c'est par là qu'il est resté le plus populaire peut-être et le plus aimé de tous les héros d'Homère; mais le poëte n'a-t-il pas fait à Ulysse une part encore plus belle? L'*Iliade* est bien, il est vrai, un monument élevé à la mémoire d'Achille; cependant d'autres, et parmi eux Ulysse plus que personne, n'y occupent-ils pas une place importante? En revanche, Ulysse, qui joue déjà un grand rôle dans l'*Iliade*, a pour lui seul l'*Odyssée* et la remplit tout entière.

On ne saurait le nier, c'est bien là un trait qui distingue le héros grec; le héros germain, tel que nous le peignent l'histoire et la poésie, eût rougi de passer pour trop habile parleur. Chez les Grecs, c'est le contraire : Ulysse est plus admiré par ses compagnons pour son esprit fertile en ruses et son talent de parole que pour sa prouesse guerrière. Ce dédain de l'éloquence que prêtent à Ajax disputant les armes d'Achille les poëtes plus modernes, Ovide par exemple, ce prétendu dédain est un sentiment qui n'a rien d'homérique; l'Ajax d'Homère enviait Ulysse, il ne le méprisait point. Dans tout héros d'Homère, dans cet

Achille qui trompe en jouant de la lyre l'ennui des longues heures inactives, comme dans cet Ulysse qui charme, qui conduit par sa parole habilement cadencée les peuples et les princes, il y a tout à la fois du sauvage et de l'artiste ; dans les acteurs naïfs et souvent féroces de ces scènes de carnage, on distingue déjà, à y bien regarder, les traits originaux de l'idéal que nous offriront plus tard les représentants les plus accomplis du génie grec, un Périclès par exemple ou un Épaminondas.

Quand tombèrent les royautés héroïques, quand le monde grec se composa de cités autonomes, les constitutions varièrent à l'infini ; mais partout, qu'elles fussent étroitement aristocratiques ou qu'elles inclinassent vers la démocratie, ces constitutions impliquèrent des délibérations communes entre ceux qui avaient la conduite des affaires publiques. Plus ou moins grande, une place était toujours faite à la parole. Quiconque voulut exercer quelque influence sur ses compatriotes dut s'attacher à réfléchir, à grouper ses idées de la manière la plus heureuse, à trouver pour traduire ses sentiments et ses pensées, soit dans le conseil des Eupatrides, soit sur l'Agora populaire, les termes les plus justes, l'accent et le geste les plus expressifs. Dans toutes ces villes que la force expansive de la race grecque avait semées le long des rivages de la mer, depuis le fond du Pont-Euxin jusqu'aux colonnes d'Hercule, des plages de l'Égypte à celles de la Gaule, de l'Italie et de l'Illyrie, il y eut ainsi, pendant ces siècles sans histoire, plus d'un orateur écouté et admiré par ses concitoyens, plus d'un Eschine et d'un Démosthène dont le nom et la gloire ne dépassèrent pas l'étroite enceinte de la cité qu'ils remuèrent et gouvernèrent par la parole. Ce n'est pas le tout d'être heureusement doué par la nature : il faut naître à l'heure propice, jouer son rôle en pleine lumière, sur un de ces grands théâtres dont ne se détournent pas les yeux des hommes, alors même qu'est finie la pièce qui s'y représentait.

D'ailleurs, pendant toute cette période, chacun ne peut profiter que des observations qu'il a faites dans le cours de sa vie publique, de la méthode qu'il s'est tracée et des exercices qu'il s'est imposés à lui-même. Il n'y a ni préceptes ni modèles conservés par l'écriture et commentés par l'enseignement; chaque génération ne peut s'aider des efforts et de l'expérience de celle qui l'a précédée. La rhétorique n'existe point : l'histoire même, où l'orateur a sans cesse à puiser des leçons et des exemples, est encore inconnue. La voix de l'orateur le plus puissant, comme aujourd'hui celle d'un grand acteur, d'un Talma ou d'une Rachel, ne retentit pas au delà du cercle de ses auditeurs, et le souvenir s'en efface à mesure que disparaissent les derniers des contemporains. Jusqu'aux guerres médiques, dans cette vie tout à la fois intense et dispersée de la race grecque, bien des dons brillants et bien du talent se sont ainsi dépensés dans des luttes et des discussions dont l'écho n'est pas venu jusqu'à nous;

mais, qu'on ne s'y trompe pas, tout ce travail n'a
point été perdu. Comme l'enfant qui, sans raisonner
son effort, s'applique et s'amuse à répéter des syllabes
et à épeler des mots nouveaux, la Grèce, durant ces
deux ou trois siècles, fit son apprentissage de la parole
publique et se délia la langue.

Après Marathon, Salamine et Platée, c'est Athènes
qui prend, du droit de ses exploits et de son génie, ce
que les Grecs appelaient l'*hégémonie*, c'est-à-dire la
conduite, la direction des affaires. Elle donne alors,
pendant tout le vᵉ siècle, un spectacle auquel l'histoire
ne saurait rien comparer. A Rome, les lettres et les
arts n'ont jamais été qu'un plaisir aristocratique,
d'importation étrangère, destiné à une petite élite qui
défendait à grand'peine ses délicates jouissances contre
les dédains d'une foule brutale. Rome n'a pas produit
un grand artiste, elle n'a eu que des ingénieurs. Elle
possède, il est vrai, d'admirables écrivains, mais ce
sont encore des disciples de la Grèce ; ils sont originaux par certains côtés et certains accents, mais tous
pourtant imitent et traduisent plus ou moins, tous ont
devant les yeux un modèle hellénique. L'Italie du
xviᵉ siècle, la Florence des Médicis, égalent la Grèce
dans le domaine des arts plastiques ; elles y portent
autant d'imagination et de verve créatrice, seulement
leur littérature est bien moins riche, moins profonde,
moins variée : hors Machiavel, elles ne nous offrent
pas un seul écrivain de premier ordre. C'est que
l'Italie de la renaissance est découragée, dégoûtée de

l'action, usée par ses discordes intestines ; c'est qu'elle laisse, sans plus résister, s'étendre sur ses campagnes l'ombre de la domination étrangère. Le cœur n'y est pas au niveau du génie. Il en est tout autrement d'Athènes depuis les guerres médiques jusqu'à la fin de la guerre du Péloponèse. Elle continue à ses risques et périls la lutte contre les Perses, qu'allaient déserter l'incapacité et la lenteur spartiates ; elle se fait le soldat de la Grèce. Insoucieux de leur petit nombre et de l'effort prodigieux qui leur est imposé, ses citoyens sont partout à la fois, en Égypte, en Asie Mineure, dans l'Euxin, dans la mer Ionienne ; ils combattent sur terre et sur mer, jusqu'à ce qu'ils aient imposé à la Perse le glorieux traité qui affranchit toutes les cités asiatiques, et qui fait enfin de la mer Égée, fermée aux flottes phéniciennes, une mer grecque [1]. Alors même ils ne se reposent pas, si bien que les historiens, dans le tableau qu'ils nous tracent des hauts faits de l'infatigable Athènes, ne prennent pas le temps de noter au passage ce grand événement. Délivrés du soin de combattre les Perses, les Athéniens travaillent à étendre et à consolider ce vaste

---

1. Rien ne donne une idée plus sensible et plus vive de la prodigieuse activité déployée vers cette époque par les Athéniens qu'une inscription attique conservée au Louvre et connue sous le nom de *marbre de Nointel* (n° 112 dans le catalogue publié par M. Frœhner). Elle nous a conservé les noms des guerriers de l'une des dix tribus athéniennes, la tribu Erechtéide, qui, comme le dit le marbre, « sont morts à la guerre à Chypre, en Égypte, en Phénicie, à Haliés, à Égine et à Mégare une même année. » Cette année paraît être la troisième de l'Olympiade 80 c'est-à-dire 457 avant notre ère.

empire maritime dont Athènes est devenue le centre ;
quand leur suprématie est attaquée par la moitié de la
Grèce conjurée contre eux, ils la défendent avec une
énergie longtemps victorieuse, ils résistent même aux
désastres de Sicile, et ne succombent qu'après dix
années d'une lutte inégale où plus d'une fois encore
ils semblent tout près de ressaisir l'avantage. Pendant qu'ils luttent ainsi contre les Perses, puis contre
la ligue dorienne, ils transforment leur constitution ;
ils font, dans les conditions où elle était possible alors,
la plus large et la plus sincère application des principes démocratiques qui ait été tentée dans l'antiquité.
En même temps Athènes faisait porter au génie grec
les derniers, les plus beaux fruits de son radieux été.
L'art avait jusqu'ici retardé sur la poésie. La Grèce
adolescente avait eu l'épopée, clair miroir où s'étaient
réfléchis, comme font les arbres et les nuages en un lac
limpide et profond, les premières images des hommes
et des choses. Un peu plus tard, dans la suite de son
heureuse jeunesse, la Grèce avait inventé le poëme
didactique, l'élégie et l'ode, qui traduisaient le premier
effort de l'âme pour se replier sur elle-même, pour
prendre conscience de ses sentiments et de ses pensées.
La Grèce asiatique et insulaire avait accompli déjà cette
œuvre, que l'art grec en était encore à se dégager de
l'influence orientale et à chercher sa voie. En moins
d'un siècle, Athènes mène à bien une double tâche ;
dans le domaine des lettres comme dans celui de l'art,
elle termine ce qu'avaient si brillamment commencé

Ioniens, Éoliens et Doriens : elle conduit l'esprit grec à sa pleine et féconde maturité.

A la poésie, elle donne la seule forme qui lui manquât encore, le drame, qui marie l'action à la réflexion, le récit épique au chant lyrique. Dans ces mêmes années, avec Hérodote qu'elle inspire, avec Thucydide qu'elle enfante, Athènes fonde l'histoire; avec Socrate, elle ouvre cette grande école de philosophie morale d'où sortiront Platon et Aristote, Épicure et Zénon; avec Périclès, elle donne les premiers modèles de la haute éloquence politique. Athènes ne s'en tenait pas là; du même élan, par le merveilleux travail d'une seule génération, elle portait les arts plastiques à la perfection. Sous l'impulsion de Périclès, architectes, sculpteurs et peintres décoraient l'Acropole, la cité et l'Attique tout entière de monuments dans lesquels les contemporains reconnurent tout aussitôt l'idéal depuis longtemps entrevu et cherché; Ictinus, Phidias, Polygnote, étaient les égaux d'Eschyle, de Sophocle et d'Aristophane : ils donnaient une aussi complète satisfaction aux aspirations du peuple le plus épris du beau qui ait jamais été, aux exigences de son goût délicat et subtil. On peut même dire que ces artistes, en un certain sens, ont été supérieurs aux poëtes d'Athènes; la plastique en effet a par sa nature même un domaine plus restreint et des combinaisons moins variées que la poésie; elle n'a point, comme celle-ci, à rendre les nuances multiples et éternellement changeantes de tous les sentiments humains. Dans la tragédie et la comédie grecques, il y a tout un côté extérieur, toute une forme qui n'est plus pour nous qu'une pure curiosité archéologique, et notre âme se trouverait à l'étroit dans ce cadre, si magnifique qu'il puisse être. Au contraire, un temple comme le Parthénon n'est-il pas, aujourd'hui encore, le chef-d'œuvre même de l'architecture? Par l'exacte proportion de toutes ses parties, par sa solidité apparente et réelle, par ce qu'il y a de mesure et de justesse dans cette grandeur, le Parthénon l'emporte sur les édifices les plus vantés du moyen âge et des temps modernes. Quant à la statuaire, il y a moins encore matière à discussion : Michel-Ange est certes le plus grand sculpteur que l'Italie puisse opposer à l'antiquité; or, n'est-ce pas lui qui, vieux et aveugle, se faisait conduire auprès de cette merveille qui est connue sous le nom de *Torso del Belvedere,* et là, de ses mains tremblantes, pour jouir encore de ce que ses yeux ne pouvaient plus voir, palpait les muscles de la poitrine et du ventre, le large dos et les puissantes épaules? Qu'aurait-il donc fait, s'il avait eu la joie de connaître les marbres du Parthénon, la frise de la cella et les figures des deux frontons? En face des Parques, du Thésée, de l'Ilissus, cet ardent et sincère génie n'aurait-il pas été le premier à sentir en 'quoi Phidias lui était supérieur, pour avoir su réunir la force et la grâce, pour avoir su donner à la forme humaine le plus haut caractère de noblesse et de grandeur qu'elle puisse revêtir, sans jamais outrer les proportions et sortir du vrai?

## II.

Nous avons dû présenter dans un tableau d'ensemble les résultats généraux, grouper tous ces noms
qui se suffisent à eux – mêmes, rappeler en quelques
mots ce qu'Athènes avait fait, en ce siècle incomparable, pour la Grèce ou plutôt pour l'humanité tout
entière; mais c'est de l'éloquence politique et judiciaire
que nous voulons retracer ici l'histoire, c'est d'elle seule
qu'il sera question désormais. L'éloquence politique
commence à élever la voix avec Périclès, au moment
même où les grands poëtes dramatiques d'Athènes font
retentir le théâtre de leurs accents; mais elle n'atteint
son apogée qu'au siècle suivant, à l'heure où vont suc-
comber, sous l'effort écrasant d'une monarchie militaire, de la Macédoine, l'indépendance athénienne et
la liberté de la Grèce. Nous suivrons l'art oratoire
depuis ses débuts jusqu'à la tragique catastrophe qui
abat aux pieds des satellites d'Antipater l'éloquence
athénienne, vaincue, mais encore indomptée et protestant jusqu'au dernier souffle contre les victoires de la
force. Du Pnyx, où Périclès, par l'ascendant de son
génie et de sa parole, gouvernait un peuple libre qui
commandait à la Grèce tout entière, nous aurons le

courage d'aller jusqu'à Cléones, où Antipater fit couper et jeter aux chiens la langue d'Hypéride, — jusqu'à Calaurie, où Démosthène expire les yeux tournés de loin vers cette Athènes qu'il n'a pu sauver.

La constitution de Solon et surtout les réformes de Clisthènes, en appelant le peuple aux assemblées du Pnyx et en établissant la responsabilité des magistrats, avaient, dès le vi$^e$ siècle, fourni la matière de grands débats politiques et judiciaires auxquels le vif esprit des Athéniens prit tout d'abord un singulier plaisir. Malgré l'influence que gardait encore l'élément aristocratique, il fallait déjà, pour décider de la paix, de la guerre ou des alliances, une délibération publique où l'avantage devait être à celui qui apporterait les meilleures raisons et saurait le mieux les faire valoir; les comptes que les magistrats avaient à rendre en sortant de charge pouvaient devenir autant d'occasions de procès que passionerait la lutte des partis. Le droit civil d'Athènes avait été fixé par Solon sur des bases qui, grâce à son grand sens et à son esprit modéré et pratique, ne subirent jamais d'atteinte profonde. Judicieux compromis entre un antique droit coutumier qui avait ses racines dans les plus vieilles croyances religieuses de notre race et les besoins nouveaux d'une société qui se transformait, cette législation n'entrait pas dans les détails et ne cherchait pas à prévoir toutes les espèces; elle se bornait à poser les principes généraux, à régler d'une manière sommaire les principaux rapports que peuvent soutenir les hommes entre eux et avec les choses. Par là même,

elle laissait beaucoup à faire au discernement et à l'autorité souveraine du juge, et elle provoquait ainsi les
plaideurs à des discussions où il n'y avait pas seulement
à examiner une question de fait, mais encore à éclaircir le sens de la loi. Avec sa finesse et sa curiosité,
l'esprit grec se complaisait dans ce travail d'analyse et
de définition.

Tout concourait donc, après l'expulsion des Pisistratides, à favoriser dans Athènes affranchie les progrès
et l'essor de l'éloquence. Quand il s'agit de prendre
les résolutions hardies qui sauvent Athènes et la Grèce
dans la crise de l'invasion barbare, les hommes d'État
qui demandent ces sacrifices ont à les faire accepter
des Athéniens, à les justifier dans le sénat et dans l'assemblée populaire. Aristide et Thémistocle, hommes
supérieurs, l'un par le caractère, l'autre par le génie,
parlèrent, assurent les historiens, avec gravité, véhémence et habileté. Ce fut surtout l'éloquence de Thémistocle qui laissa des souvenirs. « Il était, dit Lysias,
aussi capable de parler que de juger et d'agir [1]. » Seul
de tous les hommes qui travaillent au salut d'Athènes,
Miltiade ne paraît pas avoir manié facilement la parole.
C'était à peine un citoyen : allié aux rois barbares de
Thrace, tyran de la Chersonèse, mercenaire infidèle du
roi de Perse, il ne compte qu'un beau jour dans sa vie,
Marathon. En dépit de toutes les déclamations senti-
mentales, c'est peut-être lui-même plutôt que l'ingrati-

---

1. Lysias, *Epitaphios*, § 42 : ἱκανώτατος εἰπεῖν καὶ γνῶναι καὶ πρᾶξαι.

tude et le caprice des Athéniens qu'il faut accuser de sa fin malheureuse.

Après la défaite et l'expulsion des Perses, la carrière ouverte à l'éloquence s'élargit encore. Tous les citoyens, riches et pauvres, laboureurs de la plaine de Thria, bûcherons du Parnès, vignerons de la Mésogée, matelots et rameurs du Pirée, fils d'Eupatrides illustrés par des alliances royales et des victoires aux jeux Olympiques, tous ont fait leur devoir sur terre et sur mer ; tous les fronts sont éclairés d'un rayon de la gloire commune. Le mouvement qui depuis Solon entraînait Athènes vers la démocratie s'accélère et se précipite. Aristide ouvre aux citoyens de la dernière classe, aux marins, aux petits commerçants, à tous ceux qui ne sont pas propriétaires ruraux, la porte des honneurs. Le sort commence, sans doute vers le même temps, à désigner les archontes, les membres du conseil ou sénat des cinq-cents, les jurés [1]. De cette manière, tous les Athéniens se trouvent mêlés au mouvement de la cité, initiés dans une certaine mesure aux affaires politiques, administratives et judiciaires. Éphialte et Périclès abaissent l'aréopage, qui représentait les traditions et les intérêts aristocratiques. Sous leur influence s'or-

1. Nous avons essayé, dans notre *Essai sur le droit public d'Athènes*, chapitre 1er, § 8, d'expliquer comment le rôle actif réservé aux magistrats issus de l'élection, comme les *stratèges* ou généraux, et aux *orateurs*, les vrais ministres du peuple athénien, corrigeait, dans la pratique, les inconvénients qu'aurait pu avoir le tirage au sort. Nous avons aussi montré comment les indignes se trouvaient écartés par la *dokimasie*, épreuve préalable qui précédait l'entrée en fonctions.

ganisent ces grands tribunaux populaires que forment, divisés en dix sections, les six mille jurés que le sort fait sortir chaque année des rangs du peuple ; les procès des citoyens et bientôt en appel ceux des alliés viennent tous aboutir devant ces cours, assez nombreuses pour que l'éloquence puisse y produire ses plus grands effets. Les assemblées où tout le peuple athénien est convoqué sur le Pnyx entendent discuter tout ce qui intéresse la république, et aucune mesure de quelque importance ne peut être adoptée qu'après un débat contradictoire. Une indemnité à peu près équivalente à la valeur d'une journée de travail eut pour but de permettre à chaque citoyen, quelle que fût sa fortune, de siéger à l'assemblée et sur les bancs du *dicastère* ou jury [1].

En échange du sacrifice que s'imposait le trésor, Athènes obtint-elle que les citoyens sans fortune exerçassent régulièrement les droits qu'elle avait travaillé à leur garantir? On n'en saurait douter : le résultat désiré fut atteint. Pendant plus d'un siècle, depuis les réformes d'Aristide, de Périclès et d'Éphialte jusqu'à la mort de Démosthène, la classe des artisans a dominé dans l'assemblée, non-seulement par le nombre, mais par son influence sur les décisions. A Athènes, les artisans formaient la majorité des citoyens réunis sur le Pnyx ; ils s'intéressaient aux affaires, ils les comprenaient, quoi qu'en disent les comiques dans leurs vives

1. Voir dans le même ouvrage, ch. 1, § 5, ce qui concerne l'indemnité accordée aux juges.

boutades et les philosophes dans leurs théories hostiles
à la démocratie ; c'étaient eux enfin qui par leurs votes
réglaient la marche de la politique et de l'administra-
tion, eux qui choisissaient les hommes à qui seraient
confiées les destinées de la république. Les témoignages abondent, qui prouvent cette prépondérance des
gens de métier à Athènes, dans l'assemblée. Je n'en
citerai qu'un ; mais il est des plus clairs et des plus
précis. Dans un de ces entretiens qu'a recueillis et
rapportés Xénophon, Socrate, engageant Charmide, fils
de Glaucon, à parler devant l'assemblée du peuple lui
dit : « Vous rougissez de parler devant la partie la
plus faible, la moins éclairée de la nation ? Seriez-vous
intimidé par des foulons, des cordonniers, des maçons,
des ouvriers sur métaux, des laboureurs, de petits
marchands, des colporteurs, des brocanteurs ? car voilà
le monde qui compose l'assemblée du peuple [1]. »

Ce qui explique et justifie le rôle joué par les artisans à Athènes, rôle plus considérable que nulle part
ailleurs dans l'ancien monde, c'est un trait fort honorable du caractère athénien, c'est la faveur et l'estime

---

1. *Memorab.* III, 17. Cf. Aristophane, qui parle « des orateurs élevés
sur le marché » (*Chevaliers,* 470, 668-674); Cléon était corroyeur (*Chev.* 45,
*Acharn.* 305, 306); Eucrate, marchand d'étoupes (*Chev.* 130, 131); Lysiclès,
celui qui épousa Aspasie après la mort de Périclès, marchand de bestiaux
(*Chev.* 135); Hyperbolos, charcutier (*Chev.* 740). Un peu plus tard, vers
la fin de la guerre du Péloponèse, un orateur qui exerçait une grande
influence sur le peuple et qui fut assassiné par le parti aristocratique
pendant que Lysandre bloquait Athènes, Cléophon, était luthier. Andocide
(i, 146) l'appelle avec une intention dédaigneuse très-marquée : Κλεοφῶν
ὁ λυροποιός.

que trouvait à Athènes le travail libre. Au contraire,
dans les autres États grecs, surtout dans les États
doriens, toute œuvre manuelle était considérée comme
servile et abandonnée aux serfs de la glèbe et aux
esclaves. Nous autres, fils d'une société où la fortune,
les honneurs, la considération, sont le prix du travail,
ne mettrons-nous pas ces corroyeurs et ces cordonniers,
pour qui Aristophane, Xénophon et Platon n'ont pas
assez de railleries, au-dessus du Spartiate, qui ne sait
que faire de la gymnastique ou se battre, et dont l'or
gueilleuse oisiveté suppose nécessairement, à côté et
au-dessous d'elle, le plus cruel, le plus monstrueux
esclavage qui fut jamais?

On éprouve sans doute quelque étonnement à voir
que les gens de métier prissent ainsi à Athènes une
part effective aux travaux de l'assemblée et des tribunaux, et que le hasard de la fève (c'étaient des fèves que
l'on mettait dans l'urne) pût élever le premier venu à
l'archontat ; c'est qu'à partir du v$^e$ siècle les fonctions
de l'archonte et en général toutes celles dont les titu-
laires étaient désignés par le sort étaient telles que tout
Athénien, pourvu qu'il fût honnête et sain d'esprit, pût
s'en trouver investi sans que la chose publique fût exposée à en souffrir. L'habitude de fréquenter l'assemblée
et de siéger dans le jury donnait à chaque citoyen
une connaissance pratique des formes administratives
et judiciaires, une expérience politique, une notion
des lois civiles, qui, de nos jours même et dans
les plus avancées de nos sociétés modernes, ne se

2

rencontreraient que bien rarement hors d'une élite
très-peu nombreuse. Le prolétaire athénien n'était
pas, comme l'ouvrier de nos manufactures, ab-
sorbé par un labeur opiniâtre, harassant, sans
trêve ni relâche, sans loisirs qui permettent au citoyen de se faire quelque idée des grandes questions
débattues dans le pays ; aidé par l'esclave, auquel il
réservait les travaux les plus fatigants, payé par les
alliés pendant un demi-siècle pour juger leurs procès,
indemnisé par le trésor quand il quittait ses intérêts
privés pour veiller sur ceux de l'État, vivant d'ailleurs
de peu dans une ville où le commerce faisait affluer
toutes les denrées, sous un ciel qui conseille et impose
la sobriété, il pouvait se tenir au courant de toutes
les discussions, suivre les luttes des partis, apprécier
leurs prétentions contradictoires, s'initier aux principaux usages constitutionnels et aux règles élémentaires de la procédure. L'artisan athénien était sans comparaison bien plus au courant des questions politiques
et législatives non-seulement que les ouvriers de nos
villes, mais même que beaucoup de nos bourgeois. Il
est juste d'ajouter que tout était alors plus simple, moins
complexe qu'aujourd'hui, que ces petites cités n'avaient
pas à résoudre d'aussi redoutables problèmes que ceux
qui se posent devant nos grandes sociétés modernes,
avec cette masse énorme et confuse du prolétariat
qu'elles traînent à leur suite.

Pourtant ce peuple, malgré ses aptitudes excep-
tionnelles et l'éducation que lui donnent les habitudes

démocratiques, n'aurait pas suffi, avec ses magistrats annuels, sortis du sort ou de l'élection, à gouverner ses propres affaires, à y mettre de la constance et de la suite. Ce rôle d'initiative et de direction, la force des choses l'assigna, par une conséquence naturelle d'un régime de liberté et de discussion, à ceux que l'on nommait à Athènes les *orateurs* (ῥήτορες). Nous aurons dans la suite à faire connaître les principaux de ceux qui illustrèrent ce titre à Athènes ; il importe, avant d'esquisser le portrait du grand homme qui le premier régna par sa parole sur la démocratie athénienne, de dire en quelques mots quelles étaient dans ces institutions la place et l'action des orateurs.

Les *orateurs,* c'était ce que nous appellerions les hommes politiques, les hommes d'État d'Athènes. C'étaient des citoyens qui prenaient l'habitude d'assister aux délibérations du sénat quand elles étaient publiques, de suivre avec attention celles de l'assemblée du peuple, d'y prendre souvent la parole, de proposer, sous forme de décrets qu'ils avaient rédigés, des résolutions qu'ils soutenaient à la tribune. Parmi ces orateurs, il y en avait certainement beaucoup qui n'étaient que des brouillons présomptueux doués de quelque faconde ; mais le peuple athénien, quoi qu'en dise Aristophane, n'était pas uniquement composé de « gobe-mouches [1] ». « Athéniens couronnés de violettes [2] » ou « splendide Athènes, » c'étaient là des compliments traditionnels,

1. *Chevaliers,* 1262.
2. *Acharniens,* 647-653.

de banales et sonores formules, qui pouvaient réussir
pendant quelques jours à un débutant, dont la belle
voix attirait les auditeurs, dont la bruyante obséquio-
sité et les hommages hyperboliques divertissaient la
multitude ; mais est-ce à Athènes seulement que les
charlatans ont le privilége de ramasser autour d'eux
la foule ? Aristophane a beau répéter que le peuple,
dès qu'il siége au Pnyx, est atteint d'aliénation men-
tale [1] ; énumérez les orateurs qui ont pris sur lui une
durable influence, et vous verrez que cette influence
s'explique autrement que par la folie et l'illusion des
Athéniens. Laissons de côté les hommes de génie, les
Thémistocle, les Périclès, les Démosthène, et ne parlons que de ceux qui figureront au second rang dans
cette galerie, d'un Callistrate d'Aphidna ou d'un Eu-
bule d'Anaphlyste, d'un Lycurgue ou d'un Hypéride ;
ceux-ci même, s'ils sont devenus et s'ils sont restés
pendant un certain nombre d'années les conseillers
ordinaires du peuple athénien, n'ont-ils pas dû cet honneur (l'histoire l'atteste quand leurs discours ne sont
plus là pour en témoigner) à des qualités sérieuses, à
des preuves répétées de compétence, de capacité politique, administrative ou financière? Obligés par la
situation qu'ils briguaient d'être toujours prêts à offrir
au peuple leur avis, les orateurs étaient tenus de réunir un double mérite : d'une part le souci de la forme
et l'art du bien dire, de l'autre la netteté, la sûreté du

1. *Chevaliers*, 753-756.

jugement et l'habitude des affaires. On sait par plus
d'une anecdote combien le peuple athénien avait
l'oreille fine et délicate ; il montait au Pnyx non pas
seulement pour exercer son droit d'initiative et de
contrôle, mais aussi pour se donner une jouissance
littéraire, pour trouver là ce vif et indéfinissable plaisir
que l'on éprouve à entendre bien parler une langue
souple, riche, harmonieuse et cadencée. Tel artisan
qui n'avait jamais pris la parole dans le sénat ni dans
l'assemblée était un amateur passionné du beau langage, un pointilleux critique. Nous verrons plus tard,
quand sera née la rhétorique, quelle patiente prépara-
tion s'imposaient ceux qui se destinaient à parler au
peuple, quel prix ils payaient pour s'assurer les leçons
de maîtres comme les Gorgias et les Protagoras, les
Isocrate et les Isée. Après ce noviciat théorique venait
l'éducation pratique, celle que l'on acquérait sur le
Pnyx, dans le sénat, dans les magistratures, en écoutant les orateurs accrédités déjà et applaudis, en s'exer-
çant à parler le langage des affaires. Pour s'astreindre
à tous ces travaux, il fallait presque toujours d'abord
une aisance qui pût payer de coûteuses leçons et fournir aux dépenses d'une sorte de stage qui durait plusieurs années ; il fallait de plus, outre d'heureux dons
naturels, quand la parole devint un art qui eut ses
règles et ses maîtres, l'étude de la rhétorique complétée
par l'expérience personnelle, par le maniement des
hommes et des choses. Dans de telles conditions, le
nombre des orateurs ne pouvait être que très-restreint.

En droit, la tribune était ouverte, comme le proclamait la voix du héraut, à tous les Athéniens que n'avait
point frappés une condamnation judiciaire; mais en
fait on ne comptait guère, à un moment quelconque
de la vie d'Athènes, qu'une trentaine, tout au plus
une cinquantaine de personnes qui abordassent habituellement la tribune; encore, sur ces cinquante, y
en avait-il une dizaine qui, plus éloquentes et plus
écoutées que les autres, absorbaient à elles seules presque toute l'attention et jouaient toujours les premiers
rôles [1]. Les orateurs formaient ainsi un groupe à part,
composé d'hommes politiques qui, sans titre officiel,
sans autre investiture que leur notoriété et leur autorité morale, se trouvaient posséder la réalité du pouvoir, donner l'impulsion première et avoir la haute
main sur les affaires.

Nous aurons l'occasion d'expliquer, à propos de
Démosthène par exemple ou de Lycurgue, comment,
par la force même des choses, il se faisait entre les
plus distingués et les plus capables des orateurs un
tacite partage d'attributions. Tel d'entre eux s'occupait
surtout de la politique extérieure, des alliances et des
guerres de la république; tel autre s'attachait de pré-

---

1. A la suite et au-dessous des quelques orateurs qui avaient l'oreille
du peuple et qui dirigeaient pendant un temps plus ou moins long les
affaires d'Athènes se trouvaient ceux dont Hypéride parle avec tant de
mépris, ceux qu'il appelle « les Orateurs de second ordre, ceux qui ne
savent que provoquer, dans l'assemblée, du désordre et des cris. » (Τοῖς
μὲν ἐλάττοσι ῥήτορσιν... τοῖς θορύβου μόνον καὶ κραυγῆς κυρίοις). *Contre
Démosthène*, fr. 102, l. 11-14.

férence à augmenter ses revenus et à les employer à de grands travaux publics. Il se formait ainsi des hommes spéciaux qui au fond étaient de véritables *ministres* ou *secrétaires d'État*. Périclès fut en quelque sorte le premier ministre d'Athènes, une sorte de président du cabinet qui resta plus de vingt ans .dans cette haute situation. Ce rôle prépondérant et supérieur, cet empire sur les esprits, Périclès le dut à son génie ou, pour mieux dire, à la manière dont son génie sut exposer à ses contemporains ses idées et ses vues, parler à leur âme et s'en emparer. Il n'entre pas dans notre pensée d'étudier ici la biographie de Périclès ou même l'histoire d'Athènes pendant le temps qu'il y occupa la première place ; nous voulons seulement chercher quel fut le caractère de cette éloquence par laquelle Périclès régna plus de trente ans sur un peuple libre. Par malheur, il n'en reste aucun monument. De même qu'au Parthénon les fidèles, maintenus à distance par la grille qui fermait le portique, apercevaient de loin, au fond du sanctuaire, la Minerve de Phidias et admiraient l'ensemble du colosse sans en distinguer les détails, de même se montre à nous dans le demi-jour, dans une ombre traversée par quelques rayons, l'image du fils de Xanthippe. Grâce à Thucydide et à Plutarque, nous en savons assez néanmoins pour ne la confondre avec aucune autre, pour voir de combien elle domine celle de tous les hommes illustres qui lui font cortége : nous saisissons les contours généraux de cette imposante figure, quelque chose même de ses traits et de l'expression du visage; mais le geste de la main et la flamme du regard n'arrivent plus jusqu'à nous, les lèvres sont immobiles et fermées, la voix qui seule pourrait nous révéler le fond même de cette grande âme ne parvient plus jusqu'à nos oreilles.

# III.

Pendant des siècles, toutes les pensées dont la Grèce a voulu conserver le souvenir ont d'elles-mêmes pris la forme poétique, se sont confiées au rhythme, ami de la mémoire. Jusqu'à une époque très-voisine des guerres médiques, la Grèce n'a eu que des poëtes. Au temps d'Homère, l'écriture était inconnue; quand plus tard se répandit l'usage de l'alphabet phénicien, adapté en diverses manières, suivant les lieux et les dialectes, aux sons élémentaires de la langue grecque, l'écriture ne fut employée longtemps encore que pour conserver des noms, des textes de lois ou de traités : la pierre, le bronze, le bois, ne se prêtaient pas à recevoir rapidement de longues files de lignes, à mobiliser la pensée, à en rendre la transmission aisée et prompte. Les relations établies avec l'Égypte, en fournissant à la Grèce le papyrus dans le cours du $vi^e$ siècle, favorisent enfin une révolution qu'annonçaient déjà bien des

symptômes; la prose peut naître [1]. L'heure avait sonné
de ce changement profond; la Grèce avait vécu, elle
était sortie de la première effusion, du premier enchan-
tement de la jeunesse. Après avoir, comme l'adolescent, joui naïvement du spectacle du monde, des
plaisirs et des aventures qui la sollicitaient et l'amusaient, elle commençait à se recueillir, à s'examiner
curieusement elle-même, à se demander quelle est la
raison des choses, pourquoi l'homme existe, quelles
voies lui sont tracées par la raison, à quelles lois est
soumise cette nature qui l'enveloppe, par quels moyens
on peut lutter contre elle et se l'asservir. De ce travail
de réflexion sortiront la philosophie, les sciences
morales, les sciences naturelles, les sciences exactes,
les arts, à prendre ce mot dans son sens le plus général,
c'est-à-dire comme un ensemble de règles méthodi-
quement classées qui conduisent l'activité humaine à
atteindre une certaine fin.

C'est ainsi qu'au v<sup>e</sup> siècle, en Sicile, naît la rhétorique à côté de l'éloquence. N'importe quel homme

1. C'est notre savant maître, M. Emile Egger, qui le premier, au
moins en France, a fait ressortir et mis en lumière les services que le
papyrus, apporté et répandu en Grèce par le commerce ionien, a rendus
à la pensée grecque. On lira encore avec intérêt, quoique l'idée ait depuis
lors fait son chemin et ait été reprise par d'autres, une intéressante dissertation qu'il a placée à la suite de son *Essai sur l'histoire de la critique chez les Grecs* (8°, 1849). Elle est intitulée : *De l'influence que
l'importation du papyrus égyptien en Grèce exerça sur le développement
de la littérature grecque.* M. Egger résume sa pensée en ces mots : « L'introduction du papyrus en Grèce ouvre, selon nous, pour le monde ancien,
une période de progrès comparable à celle qu'immortalisent, chez les
modernes, les deux découvertes de Guttemberg et de Christophe Colomb. »

habitué à la parole peut, sous le coup d'une émotion profonde, être éloquent et remuer les âmes : dans toutes ces petites républiques, on parlait toujours avec plus ou moins de talent et d'effet ; mais c'est pendant la vie de Périclès que l'on en vient à se demander si l'on ne peut pas faire à volonté des hommes éloquents, s'il n'y a pas un art de la parole susceptible d'être transmis par l'enseignement. La Grèce intelligente et cultivée répond par l'affirmative, et après Périclès aucun orateur ne monte à la tribune ou ne compose des discours pour les tribunaux qui n'ait plus ou moins profité de la discipline des rhéteurs.

Périclès forme comme la transition entre la période de l'éloquence naïve et celle de l'éloquence savante. Comme les orateurs qui l'ont précédé, comme un Thémistocle ou un Aristide, il n'a point eu de maître de rhétorique, et il ne songe pas, en prononçant un discours, à suivre certains préceptes, certaines règles ; après l'avoir prononcé, il ne pense pas à le recueillir, à le conserver par l'écriture. La conviction à produire, le vote à enlever, c'est là le but même du discours et sa fin.

Périclès n'est donc pas, comme Lysias, Isée et Démosthène, élève des rhéteurs ; mais il a subi des influences, il s'est assuré des secours dont n'avaient même pas l'idée ses prédécesseurs, les hommes qui fondèrent le gouvernement démocratique à Athènes, et qui la sauvèrent des Perses. De ceux-là, les plus instruits n'avaient guère eu autre chose qu'une cer-

taine culture poétique, ce que l'on appelait la connaissance de la *musique*, puis l'expérience des affaires,
la pratique et l'habitude de la parole. Chez Périclès, il y a
déjà quelque chose de plus ; son esprit, avant de s'appliquer à la politique, a reçu une forte éducation philosophique, une éducation à laquelle ont concouru tous
les efforts, toutes les conquêtes nouvelles du génie
grec. Déjà Thémistocle, encore jeune, s'était attaché
à un certain Mnésiphile, qui cultivait, comme un héritage de Solon, ce que l'on appelait alors la *sagesse*
(σοφία), et ce que Plutarque définit la capacité politique et l'intelligence pratique[1]. Plus encore que Thémistocle, Périclès a de véritables maîtres. Le premier
de ces maîtres avait été Damon, sur qui Plutarque nous
fournit quelques détails[2]. Damon se donnait comme
un simple professeur de *musique*, c'est-à-dire de belles-
lettres[3] ; mais, de même que Mnésiphile, il avait assez
réfléchi sur la politique et l'art de la parole, il avait
assez de ressources et de curiosité dans l'esprit pour
être devenu suspect au peuple, qui l'exila par l'ostracisme. On lui reprochait d'être intrigant et de regretter les tyrans, sans doute les Pisistratides, ce que ne
confirmeraient point les tendances de son élève Péri-

1. *Thémistocle*, 6. Dans un autre passage (*Banquet des sept sages,* XI),
Plutarque commet évidemment une erreur en faisant de ce Mnésiphile
un ami (ἑταῖρος) de Solon. Solon est mort vers 560, et nous voyons, dans
Hérodote, Mnésiphile aider encore Thémistocle de ses conseils au moment
de la bataille de Salamine, c'est-à-dire en 480 (VIII, 57, 58).
2. *Périclès*, IV, 1-3.
3. Sur le sens du mot *musique* dans l'âge classique de la Grèce, voir
Grote, *History,* t. VIII, pag. 349.

clès, ce sincère et glorieux promoteur des réformes
démocratiques. Ce qui me paraît plus vraisemblable,
c'est qu'il faut voir dans ce Damon, que nous voudrions mieux connaître, comme une première ébauche
de Socrate, comme un Socrate venu avant l'heure,
moins original et moins puissant ; il avait sans doute
ce tour d'esprit ironique et critique qui fit à la fois le
succès et l'impopularité de Socrate dans Athènes, qui
groupa autour de lui tant d'esprits distingués et lui
coûta la vie. Une telle attitude devait provoquer la
méfiance et la colère du peuple : en tout temps et en
tout pays, la foule n'aime point ceux qui ne s'inclinent
pas respectueusement devant elle, qui n'épousent
point ses préjugés, qui ne répètent point les mots
d'ordre auxquels elle obéit ; mais du commerce d'un
tel esprit, réservé et hautain, fin et railleur, Périclès
avait dû tirer un grand profit. Aussi les comiques
appelaient-ils Damon « le Chiron qui avait élevé cet
Achille. »

Périclès avait encore, assure Plutarque, entendu
Zénon d'Élée, le disciple de Parménide, pendant un des
séjours qu'avait faits à Athènes ce représentant d'une
des premières écoles philosophiques de la Grèce ; la
subtile dialectique de Zénon avait assoupli son esprit
et l'avait armé pour la discussion. Enfin et surtout il
avait été initié, par une longue et affectueuse intimité,
aux doctrines d'Anaxagore de Clazomène ; la noble
philosophie d'Anaxagore, dernier effort de l'école
ionienne et avant-courrière du platonisme, dut avoir

une singulière vertu pour lui ouvrir l'esprit et l'affranchir de toutes les superstitions, pour lui enseigner à dégager les lois de la multitude indéfinie des phénomènes et pour lui donner le goût des idées générales [1]. En même temps, par les hautes pensées dont le nourrissait celui que ses contemporains appelaient l'*Intelligence* (νοῦς), Périclès se fortifiait l'âme contre les épreuves souvent si cruelles de la vie publique ; dans la méditation de ces doctrines, de ce *cosmos* ou de cet ordre, de cette beauté éternelle de l'univers dont Anaxagore cherchait à pénétrer le secret, la vie privée et publique, les idées, toutes les expressions de Périclès avaient pris ce caractère d'élévation et de fière gravité qui frappa ses concitoyens. L'impression fut générale malgré le déchaînement des haines politiques et les sarcasmes de la comédie. Nous ne saurions mieux traduire cette impression qu'en citant les paroles mêmes de Thucydide. Après avoir raconté comment les Athéniens, sous le poids des premières souffrances de la guerre, s'en prirent d'abord à Périclès pour le remettre bientôt après à la tête des affaires, il ajoute ces mots, qui sont le fond de sa pensée et son jugement réfléchi sur l'homme d'État et l'orateur : « Puissant par sa dignité et par sa sagesse, signalé par une intégrité placée au-dessus du soupçon, Périclès maîtrisait le peuple avec franchise, et il le menait, au lieu d'être mené par lui ; c'est que, n'ayant pas conquis sa puis-

1. *Périclès*, IV, V, VI.

sance par des moyens illicites, il ne prenait pas la
parole pour lui faire plaisir, mais savait le contredire
d'un ton d'autorité et de colère[1]. Quand il s'apercevait
que mal à propos les Athéniens se portaient à une
insolente audace, il leur inspirait la terreur par ses
discours ; quand au contraire il les voyait abattus sans
motif, il relevait leur courage. De cette manière, le
gouvernement était une démocratie de nom, et de fait
une monarchie entre les mains du premier citoyen. »
Dieu veuille que notre démocratie, au moment où elle
reprend possession d'elle-même, trouve des orateurs
et des publicistes qui sachent, comme Périclès, « mener
le peuple au lieu d'être menés par lui, » et l'estimer
assez pour ne pas lui ménager la vérité !

Périclès, content de faire face par sa parole aux
besoins et aux exigences de chaque jour, n'avait pas
recueilli ses discours, et personne n'avait songé à le
faire autour de lui ; mais certains de ces discours, tel
par exemple que l'oraison funèbre prononcée dans la
première année de la guerre, avaient laissé de vifs et
longs souvenirs : on s'en rappelait le sens général, on
en citait certaines phrases, certains traits. Peut-
être au temps de Lysias eût-on pu recueillir, de la
bouche des survivants de la génération précédente,

---

1. Thucydide, II, 65. Nous donnons là le sens que les plus récents
interprètes ont attribué aux mots ἔχων ἐπ' ἀξιώσει καὶ πρὸς ὀργήν τι
ἀντειπεῖν. D'autres ont traduit πρὸς ὀργήν par *en bravant la colère du
peuple*. C'est la comparaison de locutions analogues, relevées chez Thucydide et chez d'autres prosateurs attiques, qui a conduit à l'explication
que nous adoptons quoiqu'elle semble au premier abord moins naturelle.

bien des débris de cette grande éloquence ; mais ce ne fut guère qu'un siècle plus tard, après Aristote, que l'érudition commença de ramasser ainsi les miettes du passé. Il ne nous est donc parvenu que bien peu de paroles authentiques de Périclès. Ce qui nous aide à aller plus loin dans nos conjectures que ne nous le permettraient ces rares et courts fragments, c'est Plutarque, qui a consulté bien des auteurs aujourd'hui perdus ; c'est surtout Thucydide, un contemporain, qui a mis dans la bouche de Périclès trois des plus importants discours que contienne son histoire.

Le premier de ces discours prouve la nécessité de la guerre contre les Péloponésiens et la probabilité d'une issue heureuse [1] ; le second, prononcé après les premiers succès de cette guerre, sous forme de discours funèbre, a pour but d'encourager les citoyens, par un magnifique éloge de la constitution athénienne et du génie athénien, à persévérer dans toute leur manière d'être et d'agir [2]. Enfin la troisième de ces harangues, après les souffrances que la peste, plus encore que la guerre, avait infligées aux Athéniens, leur offre la consolation la plus digne d'une âme virile en leur prouvant que jusque-là le destin, dont on ne saurait percer le mystère, les a seul trompés, que leurs calculs et leurs prévisions ont été justes, et que l'avenir en prouvera la sagesse, pourvu qu'ils ne se

1. Thucydide, I, 140-144.
2. Id., II, 35-46.

laissent point troubler par des accidents imprévus[1]. Le discours où Périclès donnait un aperçu des forces militaires et des ressources d'Athènes est rapporté par Thucydide en langage indirect et par extraits; c'est sans doute parce qu'il ne se prêtait pas autant que les autres à lui fournir l'occasion d'exprimer ces idées générales où se complaît son génie d'observateur et de théoricien politique[2].

Nous sommes loin sans doute de prétendre que ces trois discours, quoique attribués par Thucydide à Périclès, soient la transcription même des paroles prononcées par celui-ci dans chacune de ces circonstances. Il y a longtemps que la discussion est épuisée à ce sujet. Toutes les harangues contenues dans cette histoire ont entre elles des rapports si frappants, du moins pour ce qui est du style et du tour, qu'il est impossible de ne pas y voir l'œuvre de la même main. Thucydide nous avait d'ailleurs avertis qu'il lui « aurait été difficile de retenir et de reproduire exactement les propres paroles des orateurs, soit qu'il eût assisté lui-même au débat, soit que d'autres le lui rapportassent[3]. » Il faut noter cet aveu, mais tenir en même temps grand compte de la réserve qui l'accompagne. « J'ai travaillé, ajoute le scrupuleux et véridique historien, à me tenir le plus près possible du sens général des discours qui ont été réellement prononcés. »

1. Thucydide, II, 60-64.
2. *Id.*, II, 13.
3. *Id.*, I, 22.

Tout ce que contiennent ces harangues s'accorde le
mieux du monde avec ce que l'on sait d'ailleurs des
vues et des idées de Périclès; nous avons donc le droit
de chercher dans cette admirable triade de discours un
résumé de sa politique, telle que Thucydide la lui avait
souvent entendu exposer à lui-même sur le Pnyx.
Sinon pour la forme, qui porte la marque propre de
Thucydide, au moins pour le fond des pensées, c'était
ainsi qu'il devait parler aux Athéniens. Ce qui ressort
de toute sa conduite, c'est que pour lui le peuple
devait être le collaborateur volontaire de ses chefs, et
non l'instrument aveugle de leurs ambitions. Il prétendait faire d'Athènes, comme dit Isocrate, « la
capitale [1] », ou, pour prendre l'expression plus fine et
plus juste de Thucydide, « l'école de la Grèce [2] »; ce
n'était point par un despotisme plus ou moins bienfai-
sant et tutélaire qu'il voulait atteindre ce résultat, mais
en éclairant ses concitoyens, en les associant, par une
sorte d'enseignement que tous pouvaient comprendre,
à tous les projets qu'il avait formés pour la grandeur
de la patrie. Ce qu'il demandait, c'était le libre concours d'esprits convaincus, de volontés chaque jour
mieux trempées par l'effort de la lutte, d'âmes élevées
au-dessus d'elles-mêmes par le spectacle des chefs-
d'œuvre de toute espèce qui sollicitaient leur admiration,
qui éveillaient leur enthousiasme. Il avait confiance

1. *Sur l'antidosis,* 299, ἄστυ τῆς Ἑλλάδος.
2. II, 41 : Ξυνελών τε λέγω τήν τε πᾶσαν πόλιν τῆς Ἑλλάδος παίδευσιν
εἶναι, mot à mot, « l'enseignement de la Grèce. »

dans le génie et le cœur d'Athènes ; c'était un opti-
miste, un rêveur si l'on veut, en ce sens que le peuple,
lui disparu, écouta des conseillers dangereux, et par ses
propres fautes, alla aux catastrophes de Syracuse et
d'Ægos-Potamos. Il n'en est pas moins vrai que si
jamais l'idéal d'un homme d'État fut près d'être réalisé,
ce fut celui de Périclès. Grâce à lui, Athènes eut un
moment d'incomparable éclat, dont les rayons nous
éclairent encore, et si, après la ruine de l'édifice qu'il
avait élevé, elle ne recouvra jamais sa première puissance, au moins resta-t-elle jusqu'au jour suprême,
jusqu'à Chéronée et à Cranon, le dernier champion de
la liberté grecque. C'est à Périclès, c'est à la conscience
qu'il avait donnée aux Athéniens de leurs devoirs et
de leur rôle qu'il faut surtout attribuer l'honneur qu'ils
eurent de savoir, un siècle plus tard, écouter et suivre
Hypéride et Démosthène plutôt qu'Eschine et Démade.

Ce que contiennent les discours prêtés par Thucydide à Périclès, c'est donc bien ce que ses contempo
rains avaient dû retenir des harangues qu'il prononçait
dans les rares occasions où, au milieu d'une foule
recueillie, il abordait la tribune. Il n'aimait pas, selon
Plutarque, à se prodiguer et à s'user dans les luttes
de chaque jour et le détail des affaires[1] ; il se faisait
d'ordinaire remplacer par ses confidents, par ses amis
politiques, par Éphialte et par d'autres dont le nom
n'est pas venu jusqu'à nous : c'est quand les circon-

1. *Périclès*, VII, 6-7.

stances étaient graves qu'il apportait à ses concitoyens
le résultat de ses longues méditations. Aidé par les
habitudes philosophiques de son esprit, il était arrivé,
sur la politique d'Athènes, sur sa situation et ses véritables intérêts, à une suite d'idées, à un système dont
toutes les parties se tenaient et pouvaient résister à la
discussion. Dans cette conception, qui acquit chez lui une
netteté et une force singulières, entraient des éléments
qu'avait préparés le travail des générations antérieures. « Depuis que Solon eut fondé la démocratie
athénienne, il s'était formé, dit Ottfried Müller, chez
les hommes d'État les plus distingués, une idée déterminée de la mission d'Athènes, idée fondée sur des
réflexions pénétrantes au sujet de la situation extérieure et des ressources intérieures de l'Attique, du
caractère et des dispositions de ses habitants. Le développement de la souveraineté populaire, l'industrie et le
commerce, l'empire des mers, tels étaient aux yeux de
ces hommes d'État les points principaux de la mission
d'Athènes. Certaines de ces idées se transmirent de
Solon, par toute une série de politiques plus ou moins
connus aujourd'hui, jusqu'à Thémistocle et Périclès, et,
en passant de l'un à l'autre, elles gagnèrent en étendue tout à la fois et en précision. Lors même qu'un
parti opposé, celui de Cimon et de Thucydide l'ancien,
cherchait à enrayer ce mouvement, ce n'étaient pas,
après tout, ces points principaux qui formaient le sujet
de leurs dissentiments avec leurs adversaires; au fond,
ils ne voulaient que tempérer cette agitation trop pré-

cipitée qui ressemblait à la flamme d'un flambeau battu par le vent, afin de lui conserver une plus longue durée. Cette méditation profonde, jointe à ce sentiment très-juste des besoins d'Athènes, donnait aux discours d'hommes tels que Thémistocle et Périclès une vigueur et une solidité intrinsèques qui produisirent bien plus d'impression sur le peuple athénien que n'auraient pu le faire une proposition et un conseil utiles, mais isolés et ne visant qu'au cas particulier[1]. »

Le Périclès de ces trois discours de Thucydide est donc bien le Périclès qu'avait suivi à travers les hasards de la guerre la démocratie athénienne. Si Périclès avait assez vécu pour lire les paroles que lui prête Thucydide, il eût [peut-être réclamé contre le style, mais il n'eût désavoué aucune des idées que lui prête l'historien.

Ce caractère de gravité, Périclès ne le portait pas seulement dans la suite et le tour de ses idées; son attitude même et son action gardaient la marque de ses habitudes méditatives, de sa haute et fière réserve. Thucydide n'entre pas dans ces détails, mais Plutarque est heureusement moins discret. Au siècle suivant, la déclamation oratoire s'était rapprochée de la déclamation tragique; par l'élévation et les inflexions variées de la voix, par la vivacité de ses gestes et le mouve-

---

1. *Histoire de la littérature grecque jusqu'à Alexandre le Grand*, par Ottfried Müller, traduite, annotée et précédée d'une étude sur Ottfried Müller et sur l'école historique de la philologie allemande, par K. Hillebrand, 2 vol. 8°, Durand, 1865, t. II, pag. 493-494.

ment qu'il se donnait sur l'estrade ou *béma*, l'orateur faisait songer à l'acteur, dont il avait souvent pris les leçons, comme on le rapporte d'Eschine et de Démosthène. Alors les détracteurs du présent, ceux qui affectaient de regretter et de louer le bon vieux temps, opposaient à tout ce bruit et à toute cette agitation la tenue plus modeste des orateurs d'autrefois, des Solon et des Périclès. Sévère et recueillie, l'expression de la physionomie ne changeait guère, et le timbre de la voix, d'un bout à l'autre du discours, restait presque à la même hauteur; tout au plus, vers la péroraison, le débit se précipitait-il un peu, et l'accent de la voix devenait-il plus ému et plus pénétrant. Le vêtement, soigneusement arrangé, serré autour des épaules et de la ceinture, tombait à grands plis; seul, le bras droit, à demi dégagé du manteau, accompagnait la parole par un geste sobre et plein de dignité. Pour aider notre imagination, nous n'avons qu'à jeter les yeux sur les deux statues célèbres connues sous le nom du Sophocle et de l'Aristide; quelque titre qu'elles doivent porter, elles représentent certainement deux personnages grecs dans la pose et le costume des anciens orateurs. Autant que la majesté de cette âme, qui jamais ne descendit à la flatterie, la dignité de cette attitude avait imposé le respect aux contemporains; en présence de cet orateur qui dominait de si haut les attaques de ses adversaires et les tumultes de la foule, ils avaient involontairement songé à ce maître des dieux et des hommes dont Phidias venait d'offrir l'image à l'admiration de la Grèce. C'était de part et d'autre le même caractère, la force au repos, la puissance qui se contient et se modère. Les comiques avaient surnommé Périclès *l'Olympien,* et ce qui voulait être une plaisanterie tournait en éloge, Périclès étant de ces hommes qu'il est impossible de ne pas prendre au sérieux [1].

On peut donc, grâce à tous ces témoignages, déterminer le caractère général de cette éloquence, et se représenter à l'aide de la statuaire Périclès à la tribune. On est plus embarrassé quand il s'agit de caractériser le style même de l'orateur. Pour ne pas se tromper, il faut se servir plus encore de ce que l'on sait sur l'homme et sur son rôle que des quelques mots de lui conservés par la tradition. Ses discours, avons-nous dit, formaient une sorte d'enseignement dogmatique destiné à instruire les Athéniens, à éclaircir dans leur esprit certaines idées confuses qu'ils y sentaient bien naître, provoquées par l'éducation et les circonstances, mais qu'ils n'auraient pu d'eux-mêmes arriver à distinguer et à définir. Il ne faut donc rien chercher ici de ce pathétique dont l'éloquence attique fut toujours très-sobre, mais qui tient pourtant une certaine place chez les orateurs du siècle suivant. Périclès n'aurait jamais songé à produire une impression vive, mais momentanée; il n'aurait pas voulu, en

---

1. Plutarque, *Périclès,* V, 1; VIII, 3. Eschine, *contre Timarque,* 25-26. Plutarque (*Nicias,* VIII, 4) affirme que ce fut Cléon qui renonça le premier à cette sévérité de tenue et à cette sobriété de geste qu'avant lui l'usage imposait à l'orateur.

excitant l'émotion et la passion, plonger les esprits
dans une sorte d'ivresse. C'était une intelligence qui
parlait à d'autres intelligences, et elle les frappait tout
d'abord par l'abondance et la précision des pensées.
C'est ce qu'explique très-bien Ottfried Müller, un des
critiques qui ont le plus profondément étudié les lettres
grecques. « La réflexion, dit-il, que n'a pas usée
encore la longue habitude de l'abstraction, et qui ne
s'est pas encore amollie par la banalité des raisonnements, aborde vigoureusement le monde des choses
humaines, et, aidée par une expérience abondante et une
observation déliée, jette sur tout objet la lumière d'idées
nettes et ordonnatrices. »

Il n'y a rien là que l'on ne retrouve dans Thucydide, le contemporain et l'admirateur de Périclès .
comme Thucydide, Périclès cherchait à rapporter les
faits à leur principe, à dégager des phénomènes la loi
qui les gouverne et qui seule est intelligible. Les discours de Thucydide et les passages où, sous forme de
parenthèses et de réflexions, il interrompt le récit pour
exposer ses idées, tout cela peut nous aider à deviner
Périclès. Seulement, tandis que Thucydide écrit pour
des lecteurs qui ont tout le temps de méditer sur la
phrase qui leur aurait paru d'abord trop concise et un
peu obscure, Périclès, qui parlait du haut de la tribune,
avait besoin d'être compris tout de suite ; il pouvait
compter sur l'attention de ses auditeurs, mais il était
tenu de n'en pas abuser. De plus Périclès n'était pas,
comme Thucydide, élève du premier des rhéteurs

athéniens, Antiphon ; on ne lui avait pas appris à trouver un agrément et une beauté dans certains arrangements artificiels des sons et des mots, dans le fréquent retour de l'antithèse, dans un continuel effort, accusé par la forme même de la phrase, pour distinguer et pour définir. Le talent de Périclès s'était formé avant que ne fussent ouvertes les écoles des Corax et des Gorgias, et d'ailleurs il n'écrivait pas des harangues faites pour être lues à tête reposée ; il jetait sa pensée à une foule qui devait pouvoir la saisir au vol.

J'imagine donc que Périclès, tout en étant philosophe comme Thucydide, en cherchant comme lui les principes et les lois, donnait à sa phrase un tour bien autrement aisé et naturel, et qu'il évitait bien mieux toute apparence d'effort, toute ombre d'obscurité. Il n'y a d'orateur puissant que celui qui est clair. Ce n'est pas tout : Thucydide, dans ce qui est considérations générales, reste toujours concentré, grave, abstrait ; Périclès, qui s'adressait à un peuple vif, sensible et gai, ne craignait pas, on le voit par les mots de lui qui nous ont été conservés, de réveiller l'attention par des comparaisons familières et des tours poétiques. Ainsi il disait d'Égine que « c'était une taie sur l'œil du Pirée [1] » ; ailleurs il s'écriait « qu'il voyait la guerre se précipiter du Péloponèse sur Athènes [2] ». Les Samiens regimbaient contre la domination d'Athènes et étaient pourtant contraints de s'y soumettre ; Périclès

1. Plutarque, *Périclès*, VIII, 7.
2. *Ibidem.*

les comparait, sans doute au milieu des rires du peuple, « aux petits enfants qui crient tout en acceptant leur purée ». Pour rassurer les Athéniens engagés dans une lutte contre les Béotiens, il leur disait que ceux-ci s'usaient par leurs discordes intestines ; qu'ils ressemblaient à ces chênes verts qui s'entre-choquent dans les forêts sous l'effort du vent et se dépouillent, s'entraînent et s'abattent ainsi l'un l'autre [1]. On connaît enfin la belle image qu'il employa dans un de ses éloges funèbres à propos des jeunes gens morts à la guerre. « L'année, dit-il, a perdu son printemps [2]. »

Rien de pareil chez Thucydide ; pas de ces traits pittoresques. Ce qui serait plutôt dans le goût de l'historien, c'est une comparaison que résume Plutarque d'après Stésimbrote entre l'immortalité des dieux et celle des citoyens morts pour la patrie ; les uns et les autres ne se révèlent plus aux hommes que par leurs bienfaits [3]. Peut-être aussi trouverions-nous une ressemblance marquée entre l'orateur et l'historien, si nous possédions quelques-unes de ces phrases où Périclès, comme Thucydide, résumait en une brève formule quelque vérité morale ou politique, quelque observation profonde. On pourrait citer dans ce genre l'avis inutile qu'il adressa à Tolmidès. Celui-ci, rendu présomptueux par quelques succès dont il s'exagérait l'importance, avait fait décider une expédition en Béotie, et

1. Aristote, *Rhétorique*, III, 4, 3.
2. *Ibidem*, I, 7, 34.
3. Plutarque, *Périclès*, VIII, 9.

la fleur de la jeunesse athénienne s'enrôlait sous ses
ordres. Périclès, très-opposé à cette hasardeuse opéra-
tion entreprise à la hâte et sans préparatifs suffisants,
en combattit le projet dans l'assemblée, et conclut en
disant à Tolmidès : « Si tu ne veux pas en croire Périclès, tu ne peux mal faire de t'en rapporter au temps,
le plus sage des conseillers. » Quelques jours après
Tolmidès était battu, et beaucoup des meilleurs soldats d'Athènes restaient sur le carreau [1]. Eût-on
d'ailleurs plus d'éléments de comparaison, les différences n'en resteraient pas moins très-accusées. Périclès avait plus d'imagination que Thucydide ; orateur
qui voulait être compris et goûté de tous, même des
petites gens, il parlait avec plus de liberté et de souplesse la langue courante, ce dialecte attique qui se
pliait si heureusement à tous les tons, à la gravité d'un
Eschyle et d'un Sophocle, au rire et aux bouffonneries
d'un Aristophane.

Périclès, autant que l'on peut en juger d'après l'ensemble des témoignages que nous avons réunis et des
fragments que nous avons rapprochés, eut donc un don
rare, celui de penser d'une manière toute personnelle
et de savoir mettre sa pensée à la portée de tous, d'être
à la fois idéaliste et orateur, de revêtir de formes sensibles des idées élevées et originales. Ses discours,
s'ils étaient arrivés jusqu'à nous, seraient sans doute
un des produits les plus curieux du génie grec, et

1. Plutarque, *Périclès*, XVIII, 2, 3

peut-être diminueraient-ils un peu l'étonnement respectueux que nous causent la sagacité pénétrante de
Thucydide et la vigueur précoce de son talent. Avec
autant de profondeur, ils auraient plus de charme ;
nous y goûterions avec délices, à côté des réflexions
du grand homme d'État, ces tours vifs et heureux,
ces traits piquants grâce auxquels, selon la belle
image d'Eupolis, « les pensées de Périclès restèrent
au fond des esprits, comme le dard de l'abeille dans la
plaie [1]. »

1. Scholiaste d'Aristophane, au v. 529 des *Acharniens*.

Πειθώ τις ἐκάθιζεν ἐπὶ τοῖς χείλεσιν·
Οὕτως ἐκήλει, καὶ μόνος τῶν ῥητόρων
Τὸ κέντρον ἐγκατέλειπε τοῖς ἀκροωμένοις.

Ces belles images avaient frappé Cicéron. Ainsi, dans l'*Orator* (15), à
propos de la persuasion, *suada*, il écrit : « Quam deam in Periclis labris
scripsit Eupolis sessitavisse », et, au chapitre 9 du *Brutus* : « De Pericle
scripsit Eupolis, eum cum delectatione etiam aculeos reliquisse in animis
eorum, a quibus esset auditus. »

# CHAPITRE II.

## GORGIAS ET LES SOPHISTES.

----

## I.

Athènes, vers le milieu du $v^e$ siècle, avait admiré en Périclès son premier orateur. La parole de Périclès n'avait pas encore été recueillie par l'écriture, comme le sera, pour être transmise à la postérité, celle d'un Démosthène ou d'un Cicéron ; mais elle avait exercé sur les esprits une influence durable, elle les avait marqués d'une empreinte qui devait subsister autant que l'indépendance même d'Athènes. Les hommes d'État qui l'avaient précédé, les Miltiade, les Aristide, les Thémistocle, les Cimon, avaient valu surtout par leurs actes, par les batailles qu'ils avaient gagnées, par les résolutions qu'ils avaient inspirées, par les alliances qu'ils avaient conclues. Ce qui éleva Périclès au-dessus d'eux tous, ce fut le compte qu'il se rendit de l'œuvre qu'il avait entreprise, ce fut le talent avec lequel il en exposa les conditions à ses concitoyens

et leur en fit comprendre la noblesse. Avant lui,
Athènes avait fait de grandes choses; mais elle les
avait faites sous la pression des circonstances et comme
au jour le jour, sans trop savoir où la menaient l'élan
de sa jeunesse, les faveurs de la fortune et la sagacité
des chefs qu'elle s'était donnés. Ceux-ci, tout entiers à
la pensée de résoudre les difficultés du moment,
n'avaient fait qu'entrevoir et que deviner par instants
le but éloigné de tant d'efforts. Périclès le premier eut
une vue d'ensemble, un système, un idéal. Avec lui
et par lui, Athènes prit conscience d'elle-même, de son
génie, de ses destinées. C'est donc à juste titre que le
nom de Périclès est resté attaché au siècle qui le vit
naître; Périclès gouverne alors Athènes, et Athènes
marche à la tête de la Grèce.

Ce qu'il y a de particulier dans la situation de ce
grand homme, c'est qu'il clôt une période et qu'il en
commence une autre; il nous apparaît comme une
haute et fière statue dressée sur la frontière de deux
mondes. Derrière lui c'est la Grèce d'Homère et d'Hé-
siode, d'Archiloque et d'Alcée, de Pindare et d'Eschyle, la Grèce spontanée et poétique, dont le drame
athénien est l'épanouissement suprême; l'épopée et
l'idylle alexandrine ne seront que des fleurs d'arrière-
saison et des plantes de serre chaude, au feuillage
élégant et au parfum délicat, mais dépourvues de cette
vigueur et de ces riches couleurs que peuvent seuls
donner la pleine terre, la brise et le soleil. De l'autre
côté, — et c'est là ce que Périclès montre du geste et

du regard, — nous avons la Grèce arrivée à l'âge de
la réflexion, la Grèce de la prose, de l'histoire, de
l'éloquence politique, de la philosophie, de la science.
Nous devons nous renfermer ici dans notre cadre,
l'étude de la parole appliquée aux débats de la place
publique et des tribunaux ; mais dans ces limites mêmes
on pourra suivre tout le mouvement de l'esprit grec.
Pendant que Périclès offre à la Grèce le premier type
de l'orateur gouvernant par sa parole une cité libre,
ailleurs on ébauche la théorie de l'éloquence et du
raisonnement. La rhétorique naît en Sicile, la dialectique dans la Grande-Grèce. Bientôt après viennent
des esprits étendus et souples qui, comme Gorgias, sont
à la fois rhétoriciens et dialecticiens. Athènes est leur
principal rendez-vous ; mais ils parcourent la Grèce
tout entière, et ils exercent une grande influence sur
les plus distingués de leurs contemporains. Ce sont eux
que, depuis Platon, on appelle d'ordinaire *les sophistes*.
Ce terme, comme l'indique son étymologie, désignait
d'abord tous ceux qui cherchaient à en savoir plus que
le vulgaire, à être habiles dans un art quelconque, dans
un ordre de connaissances tant soit peu relevé. Hérodote l'applique à Solon et à Pythagore [1], pour lesquels
il professe la plus haute estime; un siècle plus tard,
Eschine l'emploiera, sans aucune intention de blâme

1. Hérodote, I, 29; IV, 95. D'après l'*Etymologicum magnum*, Aristote
donnait aussi le nom de σοφισταί aux sept sages de la Grèce. Pour l'histoire de ce titre et ses variations de sens, voir surtout Grote, *History*,
t. VIII, p. 350-355 (ch. 67).

ou de raillerie, en parlant de Socrate[1]. Il avait pourtant pris déjà, sous la plume de Platon, un sens plus spécial ; le philosophe l'avait réservé pour des gens qui n'étaient, selon lui, que de faux savants et de faux sages, et cette nuance méprisante est devenue plus marquée encore quand le mot a passé dans notre langue[2]. La suite de cette étude montrera jusqu'à quel point sont justifiées les attaques de Platon ; cependant, tout en faisant d'avance des réserves à ce sujet, je ne m'en conformerai pas moins à l'usage, et je désignerai sous ce titre le groupe dont Gorgias est le plus brillant et le plus célèbre représentant.

## II.

On connaît le mythe charmant de la nymphe Aréthuse et de l'Alphée, son amant malheureux. La claire fontaine de Syracuse et le beau fleuve arcadien, séparés par l'espace, allaient, nous disent les poëtes, au-devant l'un de l'autre sous les flots de la mer d'Ionie, et finis-

---

1. *Contre Timarque*, 173.
2. Platon (*Sophiste*, p. 231, D) définit le sophiste « un marchand qui trafique des moyens d'instruire l'âme », 'Εμπορός τις περὶ τὰ τῆς ψυχῆς μαθήματα. Il répète à peu près la même définition dans le *Protagoras* (p. 313, C) en se servant du terme dédaigneux de χαπηλός, « débitant, revendeur ».

saient par mêler leur onde. Sous cette aimable légende
se cache une vérité historique. De toutes les villes
grecques de la Sicile, ce fut Syracuse qui sut conserver avec la mère patrie les rapports les plus étroits,
qui se mêla le plus à ses affaires, qui s'associa le mieux
à ses efforts et à ses travaux dans l'ordre des choses
de l'esprit. Sélinonte tomba de bonne heure sous l'influence carthaginoise ; sans les intéressants débris de
ses édifices, on n'en saurait plus aujourd'hui que le
nom. Agrigente a plus fait : elle ne figure pas seulement par ses belles ruines dans l'histoire des arts plastiques, elle est la patrie de cet Empédocle dont la
gloire égala presque celle de Pythagore ; mais Syracuse
a été bien autrement féconde. Ne parlons pas des en-
couragements accordés aux poëtes par ses princes, les
Gélon et les Hiéron ; ces faveurs coûtent presque toujours quelque chose à la dignité des écrivains ; le génie
y perd plus qu'il n'y gagne. Ce qui est incontestable,
c'est la part prise par Syracuse à l'élaboration de la
prose grecque ; c'est que plus tard Syracuse donne à la
Grèce vieillissante son dernier grand poëte, Théocrite,
et son plus illustre mathématicien, Archimède.

Après la mort de Hiéron, ce souverain intelligent
et magnifique, mais soupçonneux et cruel, qu'avaient
chanté Pindare, Simonide, Épicharme et Bacchylide,
la tyrannie avait été, vers 465, abolie à Syracuse, et
toutes les cités de l'île avaient suivi l'exemple que leur
offrait une ville dont elles avaient appris à reconnaître la prépondérance. Partout les despotes, qui ne

pouvaient plus s'appuyer sur les princes syracusains, avaient été chassés ou s'étaient retirés avec leurs mercenaires, et on avait établi des gouvernements plus ou moins démocratiques. Nous manquons de détails sur toutes ces constitutions, et sur celle même de Syracuse. Ce que nous distinguons à travers les renseignements à la fois maigres et confus qui nous ont été conservés surtout par le Sicilien Diodore, c'est que le nouveau régime n'alla pas sans de longues agitations [1]. La dynastie tombée, avec ses victoires sur les autres cités siciliennes et sur les Carthaginois, avec ses triomphes dans les grands jeux de la Grèce, avec les éloges que lui avait prodigués la voix retentissante des poëtes, avait laissé des souvenirs et conservé un prestige que plus d'un ambitieux tenta d'exploiter ; par les droits civiques qu'elle avait conférés à ses mercenaires, par les maisons et les terres dont elle les avait gratifiés aux dépens des citoyens, elle avait créé des intérêts rivaux que sa chute laissait en face les uns des autres, irrités du passé ou inquiets de l'avenir. De là bien des périls, bien des menaces contre lesquelles la démocratie naissante sentit le besoin de se protéger. Une des précautions qu'elle prit à cet effet, ce fut l'institution du *pétalisme*, qui, par les services que l'on en attendait, comme par la forme même du mot, rappelle l'*ostracisme* athénien. La différence était que l'on inscrivait sur une feuille, *petalon*, et non sur une

1. XI, 53, 67-68, 72-73, 76, 86-87.

4

coquille ou un tesson, *ostracon*, le nom du citoyen
dangereux que l'on voulait écarter. Ainsi furent prononcées des sentences d'exil assez nombreuses pour
qu'au bout d'un certain temps le peuple ne crût plus
avoir besoin de cette arme redoutable : le *pétalisme*
fut aboli [1].

Le talent de la parole devait jouer un grand rôle
dans ces luttes où était engagée la personne des principaux chefs, et qui pouvaient toujours aboutir à des
arrêts de bannissement. Vers la même époque, les
procès civils ne fournissaient pas une moindre matière
à l'éloquence. Sous les tyrans, c'était le bon plaisir du
prince qui terminait tous les différends; il s'agissait
non de plaider, mais de plaire. Un des premiers actes
de la démocratie à Syracuse, comme dans les autres
cités siciliennes, dut être de constituer des tribunaux
populaires analogues à ceux d'Athènes, de grands
jurys dont les membres étaient, d'une manière ou
d'une autre, pris parmi les citoyens. C'est ce que
nous aurait permis de supposer la pratique con-
stante des démocraties grecques, qui cherchaient là
une de leurs plus sûres garanties; c'est ce que confirme d'ailleurs une phrase de Cicéron traduite d'Aristote [2]. L'auteur de la *Politique* atteste qu'après
l'expulsion des tyrans tous les intérêts lésés por-

1. XI, 87.
2. *Brutus,* XII, 46 : « Itaque, ait Aristoteles, quum sublatis in Sicilia
tyrannis res privatæ longo intervallo judiciis repeterentur, tum primum...
artem et præcepta Siculos Coracem et Tisiam conscripsisse. »

tèrent devant les tribunaux leurs revendications et leurs plaintes. De nombreux habitants avaient été enlevés à leurs cités natales et transportés par la force dans d'autres, que ces princes voulaient agrandir ou qu'ils fondaient dans des endroits déserts; d'anciens citoyens avaient été dépossédés et privés de leurs droits; des émigrants, des soldats, avaient reçu des domaines et des titres de bourgeoisie. On devine de combien de questions d'état et de propriété les cours furent saisies aussitôt qu'il y eut des juges à Syracuse.

Débats politiques conduisant à l'exil du chef de l'un des partis, débats judiciaires où il s'agissait pour les uns de recouvrer la fortune et la situation perdues, pour les autres de garder ce qu'ils étaient venus chercher de bien loin en quittant leur patrie sans esprit de retour, ou ce qu'ils avaient conquis au prix de leur sang dans les batailles, tout concourait donc à rendre l'éloquence utile et même nécessaire, à en donner le goût, à en favoriser l'essor. Ces progrès n'étaient pas moins aidés et appelés par le caractère national, tel que l'avaient fait de nombreux mélanges de races et tel qu'il se révèle à nous quand commence à se dessiner le rôle de la Sicile. Cette contrée avait reçu d'abord des colons ioniens, des Chalcidiens et surtout des Doriens; mais la Grèce avait ensuite, à différentes reprises et des points les plus divers, envoyé à la Sicile bien des aventuriers qui s'y étaient établis, bien des colons nouveaux; enfin une certaine quantité d'indigènes, Sicanes et Sicules, avaient réussi en plus d'un lieu à pénétrer dans les interstices de la société grecque et à s'allier par le sang aux colons hellé- niques. Ne parlons que de Syracuse, celle des villes siciliennes que nous connaissons le moins imparfaite- ment. Elle était dorienne d'origine, et pourtant elle ne ressemblait guère à Sparte ou à Cnosse. C'est surtout à Athènes que fait songer Syracuse avec son goût pour la parole publique et son orageuse démo- cratie. Ici rien de cette solidité un peu lourde, rien de cette gravité un peu tendue que l'on s'accorde à consi- dérer comme l'apanage de la race dorienne ; tout au contraire une légèreté joyeuse et bruyante, une viva- cité passionnée, une élasticité d'esprit et de caractère, qui avaient frappé les Romains, mis de bonne heure en rapport avec les Siciliens par le commerce d'abord, puis bientôt après par les guerres contre Carthage. « Les Siciliens, observe Cicéron à propos des origines de la rhétorique, c'est une race dont la nature a aiguisé l'esprit, et qu'elle a faite pour la discussion et la dispute [1]. » Et ailleurs en parlant de ces mêmes hommes, « ils ne sont jamais, dit-il, en un si mau- vais pas qu'ils ne trouvent quelque mot spirituel et ingénieux [2] ». Il est toute une partie de l'art oratoire,

1. *Brutus,* XII, 46 : « ...quod esset acuta illa gens et controversa natura. »
2. *In Verrem Actio II, liber IV,* 95 : « Nunquam tam male est Siculis quin aliquid facete et commode dicant. » Cicéron, qui avait vécu parmi les Siciliens, avait été très-frappé de ce trait de leur caractère. Il y revient à plusieurs reprises, ainsi dans le *De Oratore* (II, 217) et dans les *Tus- culanes* (I, 15).

celle que Démosthène plaçait si haut, l'action, où les
Siciliens d'autrefois, s'ils ressemblaient à leurs descendants, devaient réussir d'emblée et comme d'instinct.
Je me souviens de l'impression que j'éprouvai, il y a
quelques années, à Palerme. C'était au mois de juillet;
de midi à quatre heures, la ville dormait, toutes les
persiennes étaient fermées. Vers quatre heures, les
fenêtres se rouvraient, au moins du côté de la rue qui
était déjà dans l'ombre, et les femmes s'y montraient.
En même temps les promeneurs commençaient à circuler; ils s'arrêtaient sous les balcons, ils engageaient
des conversations où la parole jouait un moindre rôle
que le geste, que le mouvement des lèvres, des yeux
et des sourcils, que toute la personne et toute la
physionomie. Du rez-de-chaussée au troisième ou
quatrième étage, parmi tout le bruit de la ville, les
interlocuteurs, qui ne criaient point, ne pouvaient
guère entendre la voix les uns des autres; cependant
ils se comprenaient, et je les comprenais presque, tant
cette pantomime était animée, tant ces yeux étaient
expressifs. Dans tout Napolitain aussi il y a un
acteur; mais cet acteur est surtout un bouffon, proche
parent du *Maccus* et du *Bucco* de l'antique atellane
campanienne, ainsi que du *Pulcinella*, qui à San-
Carlino égaye encore la foule par ses lazzis et sa verve
gouailleuse. Il y a chez le Sicilien quelque chose de
plus sérieux, de plus exalté, de plus passionné.
Depuis le v$^e$ siècle avant notre ère, à travers bien
des révolutions apparentes, il a changé de religion,

de langue et de costume, non de caractère. Pour
ce qui est du geste et du débit, les premiers maîtres
qui tentèrent de faire la théorie de l'éloquence durent
donc trouver des élèves merveilleusement préparés ;
ils n'eurent même qu'à regarder autour d'eux, à
ériger en règle et en précepte ce que la nature sug-
gérait à tous ceux qui prenaient la parole en public
pour soutenir leurs intérêts ou faire triompher leur
parti.

Ce qui était plus important et plus difficile que de
régler la main et la voix de l'orateur, c'était de diriger
son esprit, de lui indiquer comment il convient de
disposer et de grouper ses pensées, comment on doit
modifier son langage et changer toute la couleur du
discours suivant le but que l'on veut atteindre ou les
auditeurs auxquels on s'adresse. Tout homme qui a
souvent parlé en public a fait à ce sujet des observations dont il se sert pour son propre usage ; il s'agissait
d'étendre aux autres le profit de cette expérience,
d'obtenir qu'elle ne s'enfermât point dans l'individu
et ne pérît pas avec lui, qu'elle se condensât et se
résumât en un certain nombre de préceptes classés par
ordre, faciles à transmettre et à retenir. En un mot,
de la pratique il fallait passer à la théorie, de l'empi-
risme à l'art. Les premiers pas dans cette voie
paraissent avoir été faits par le Syracusain Corax. Déjà
fort estimé du tyran Hiéron, Corax acquit une grande
réputation, après l'établissement de la démocratie,
comme orateur politique à la tribune, comme avocat

devant les tribunaux [1]. Dans le cours de sa longue carrière, il avait été amené à beaucoup réfléchir sur la méthode que doit suivre, sur les conditions auxquelles doit satisfaire quiconque aspire à persuader. L'importance que prenait alors la parole publique, à Syracuse comme dans les autres cités siciliennes, lui donna l'idée de communiquer le fruit de ses remarques aux jeunes gens avides des succès qu'assurait l'éloquence. De là sortit une espèce de manuel aujourd'hui perdu, mais dont l'existence nous est attestée par Aristote; il était intitulé *Art de la rhétorique* (τέχνη ῥητορική), titre que reçurent ensuite tous les autres traités analogues [2]. On sous-entendait même d'ordinaire pour aller plus vite le mot de *rhétorique*. Ainsi un autre Syracusain, élève, puis rival de Corax, Tisias, se fit connaître également et comme orateur et comme auteur d'un manuel [3], de même Gorgias bientôt après. Dans les

1. On trouvera tous les textes relatifs à Corax réunis dans deux ouvrages auxquels il nous faudrait renvoyer sans cesse si nous ne les indiquions une fois pour toutes à ceux qui désireraient approfondir cette matière. Ce sont ceux de Spengel et de Westermann. En voici les titres :

1º Συναγωγὴ τεχνῶν, *sive artium scriptores ab initiis usque ad editos Aristotelis de rhetorica libros, composuit Leonhardus Spengel*, in-8º, Stuttgard, 1828.

2º *Geschichte der Beredtsamkeit in Griechenland und Rom,* nach den Quellen bearbeitet von Dr Anton Westermann, 2 vol. 8º, Leipzig, 1833. Le premier volume (vii-352 pp.) est seul consacré à la Grèce.

Sur Corax, voir Spengel, p. 23 et suiv., ainsi que Westermann, I, § 27, notes 5 et suiv.; § 68, notes 8, 27.

2. Sur cette *Techné* de Corax, les témoignages principaux sont ceux d'Aristote (*Rhétor.* II, 24), et de Cicéron (*Brut.* XII, 46).

3. Sur Tisias, voir Spengel, p. 37 et suiv.; Westermann, § 28. Platon avait sous les yeux la rhétorique de Tisias : il en cite des passages et pa-

écoles, en citant ces ouvrages, on disait l'*art* de Corax, celui de Tisias, celui de Gorgias.

Le livre de Corax, rapide esquisse de théories qui avec le temps deviendront si étendues et si compliquées, était fort court; si nous le possédions, il nous rebuterait sans doute par sa sécheresse. Il ne nous en est même pas parvenu un seul fragment; pourtant on sait qu'il distinguait déjà dans le discours différentes parties, et qu'il insistait sur le *proème* (προοίμιον) ou exorde; il lui assignait le rôle de disposer favorablement les auditeurs et de gagner dès l'abord leur bienveillance. Ce qui mérite au nom de Corax l'honneur de ne point être oublié, c'est qu'il inaugura des études où l'antiquité grecque et romaine dépensa une patience et une subtilité infinies; c'est que son manuel est le premier ouvrage de ce genre qui ait paru en Grèce, ou, pour mieux dire, dans le monde ancien. Il ne semble pas qu'aucune des civilisations qui ont précédé la civilisation grecque, et dont elle a profité à certains égards, ait eu même l'idée de soumettre à cette analyse la parole humaine considérée comme un instrument de discussion et de persuasion, comme l'épée et le bouclier de tout citoyen qui veut compter dans la cité, et qui ne déserte point, par indifférence ou lâcheté, les luttes de la politique et du barreau. Plus tard, la rhétorique pourra être cultivée par habitude et comme distraction d'esprit dans des temps de servitude et

rait regarder Tisias comme le vrai créateur de cet art (*Phèdre*, p. 267, A; 273, B). Nulle part il ne nomme Corax.

d'abaissement moral, tels que la domination macédonienne et l'empire romain ; mais elle n'a pu naître que
sous un régime de publicité, elle est la fille légitime de
la liberté et de la démocratie.

## III.

Pendant que la Sicile et Syracuse ébauchent ainsi
la rhétorique, sur un autre point de cette même Grèce
occidentale, en Italie, à Élée, colonie phocéenne, un
groupe d'un caractère tout différent, à la tête duquel
marchent des philosophes idéalistes, Xénophane et
Parménide, étudiait de son côté, avec d'autres préoc-
cupations que les rhéteurs, les procédés et les démarches
de l'esprit humain. La méthode dont on lui attribue
l'invention reçut le nom d'*art du dialogue* (τέχνη
διαλεκτική), ou, pour prendre la forme abrégée qui a
passé dans notre langue, de *dialectique*. Avec Platon
et dans son école, ce terme désignera une certaine
marche logique par laquelle l'esprit, partant des phénomènes multiples de la nature, s'élève, comme de
degré en degré, jusqu'au nécessaire, à l'éternel, à
l'absolu ; mais à l'origine ce mot de dialectique a une
signification moins déterminée. Pour faire comprendre
quelle idée y attachaient les premiers qui l'ont mis en

usage, il faut revenir sur l'histoire de la philosophie
grecque avant les *éléates*.

« S'étonner, dit Platon, c'est le commencement de
la philosophie[1]. » Les Ioniens, cette brillante avant-
garde de la Grèce, ces fils aînés de son génie auxquels
elle avait dû l'épopée, furent aussi les premiers à
éprouver en face de l'univers ce sentiment de surprise
et d'admiration, cette curiosité qu'irritent, au lieu de
la décourager, les limites mêmes de nos facultés et de
notre courte vie. Sans doute, comme Jouffroy l'a
montré dans des pages célèbres, il n'est point d'âme,
quelque simple qu'elle soit, où ne se pose à certaines
heures le problème de la destinée humaine, de l'origine
et de la fin des choses; mais chez presque tous les
hommes ce n'est là qu'un désir d'un instant, qu'une
vague et passagère aspiration. Partout, dès que notre
espèce s'est élevée au-dessus de la bestialité, il s'est
rencontré des esprits que ces hautes questions passion-
naient; seulement, pendant de longs âges, chez les
peuples même les mieux doués, les réponses des sages
ne se produisirent que sous la forme religieuse, sous
le voile du symbole et du mythe. L'imagination était la
faculté dominante ; toutes les forces dont notre intelligence commençait à distinguer le rôle et à étudier le
jeu, toutes les lois qu'elle devinait, l'imagination les
personnifiait en des êtres semblables à l'homme, mais
plus grands et plus beaux, moins faibles et moins éphé-

---

1. *Théætète*, p. 155, D : Μάλα γὰρ φιλοσόφου τοῦτο τὸ πάθος, τὸ θαυμάζειν.

mères. Tout était merveille et miracle, intervention de volontés puissantes et capricieuses ; toute conception, tout enseignement prenait le caractère d'une révélation. C'est aux Grecs d'Asie que revient l'honneur d'avoir, vers la fin du vii° siècle, tenté d'affranchir la pensée en la dégageant de l'imagination et du sentiment. Ils ont commencé une révolution qui aujourd'hui même, après plus de vingt-cinq siècles, n'est pas encore achevée. Ce sont les sages de l'Ionie qui ont eu la première idée de ce que nous appelons d'un mot qu'il est inutile d'expliquer, la science.

Ce fut aux mathématiques, à l'astronomie, à la physique générale, que s'appliqua tout d'abord l'intelligence, quand elle tenta de classer les notions acquises par l'expérience, de soumettre les phénomènes à une observation régulière, de s'étudier elle-même et d'étudier le monde. Elle arriva bien, dès le début, à établir certaines théories, solides fondements de l'édifice que devait construire l'avenir : elle fit certaines découvertes qui, vu l'imperfection de la méthode et des instruments, témoignent d'une finesse et d'une pénétration singulière ; mais il n'était pas possible que la pensée, dans son premier élan et son premier orgueil, se résignât à la tâche, en apparence ingrate et stérile, de noter, de coordonner des faits et d'en tirer des lois. Elle devait se laisser tenter par le plaisir d'imaginer de brillantes hypothèses, de franchir ainsi d'un vol hardi les limites encore si étroites de ses connaissances positives. Aujourd'hui le savant qui mérite ce nom travaille à montrer *comment* se passent les choses, et renonce à se demander *pourquoi* elles sont ainsi, il se refuse à entrer dans les questions d'origine et de fin ; mais les premiers venus dans la carrière pouvaient-ils observer une méthode à laquelle, de notre temps même, bien des esprits sont encore infidèles ? Ils procédèrent donc sans cesse par intuition, et, comme pour la forme de la terre et pour son mouvement propre, ils devinèrent parfois ce qui ne devait être démontré que bien des siècles plus tard. Chacun d'eux eut son système sur l'origine du monde et en chercha le *principe* (ἀρχή), la *cause* (αἰτία), dans tel ou tel élément, Thalès dans l'eau, Anaximène dans l'air, Héraclite dans le feu.

Ce fut donc dans le monde sensible que se renfermèrent les *physiologues* ioniens, comme les appela l'antiquité. Le dernier représentant de cette école, Anaxagore, devait, il est vrai, chercher le principe suprême en dehors de la matière, dans ce qu'il appelait l'*intelligence* (νοῦς) ; mais il n'avait pas encore écrit, quand se produisit une première protestation contre la physique ionienne. Le signal de cette réaction fut donné par Xénophane de Colophon, un de ces émigrés que la conquête médique conduisit sur les rivages de la *Grande-Grèce* ou Grèce italienne. Xénophane, qui avait débuté par la poésie élégiaque, ne fit d'ailleurs qu'ébaucher le système qui reçut de son élève, Parménide d'Élée, sinon plus de clarté, au moins plus de cohésion et de force.

Au lieu de partir des données de l'expérience et de

remonter des phénomènes à la cause, les éléates débu-
taient par la notion de l'être pur, de l'absolu ; leur
doctrine, qui a vivement frappé Platon et tous les historiens de la philosophie, paraît avoir été une sorte de
panthéisme idéaliste également hostile au sensualisme
des physiciens d'Ionie et à l'anthropomorphisme de la
religion vulgaire. Pour exprimer l'espèce de ravisse-
ment que faisait éprouver à leur esprit la contemplation
de cette substance unique et immuable qui seule existe
et seule fait la matière de la science, Xénophane et
Parménide, qui l'un et l'autre, à ce qu'il semble, n'écrivirent qu'en vers, trouvèrent des images d'une beauté
et d'une hardiesse singulières ; les quelques fragments
qui nous en restent nous donnent la plus haute idée
de la sincérité de leur enthousiasme et de la puissance
de leur génie. A en juger d'après ses rares débris, le
poëme de Parménide, intitulé, suivant l'usage, *De la
nature* (περὶ φύσεως), est une des pertes les plus regret-
tables que nous ayons faites dans le grand naufrage de
l'antiquité [1].

Dans la doctrine des éléates, comme dans tout système analogue, la difficulté, c'était de redescendre de cette

1. Voir l'excellente thèse de notre ancien maître, M. Fr. Riaux, intitulée *Dissertation sur Parménide d'Élée* (Paris, 8°, 255 pages, 1840).
Elle contient, dans l'appendice, le texte et la traduction des fragments de
Parménide. Pour tous ces philosophes, pour l'indication de ce que l'on
sait de leur vie et pour le caractère général de leur doctrine, on consul-
tera avec fruit le chapitre xvii d'Ottfried Müller intitulé *Écrits philosophiques*. Ceux qui voudraient entrer dans le détail auraient à s'adresser
aux historiens spéciaux de la philosophie.

idée de l'être, qui, prise dans toute sa rigueur, exclut
la naissance et la mort, rend tout mouvement, tout
changement incompréhensibles; c'était de revenir à
cette nature phénoménale dont la réalité peut être
niée par la théorie, mais s'impose à nous dans
la pratique. Dans la seconde partie de son poëme,
Parménide avait cherché à rapprocher autant que
possible l'*opinion*, qui ne se fonde que sur les
impressions des sens, du *savoir* vrai, qui a sa source
dans la raison; mais, pas plus qu'aucun autre
métaphysicien, il n'avait dû réussir à résoudre un
problème qui, par la manière même dont il est posé,
est et restera toujours insoluble. Ce fut donc sur
ce point que durent porter surtout les objections des
adversaires. Afin de soutenir la lutte, les disciples du
maître, Mélissos de Samos et Zénon d'Élée, imagi-
nèrent de prendre l'offensive; en partant de la doctrine
de l'*un et tout*, c'est-à-dire de l'unité absolue, ils cher-
chèrent à démontrer à quelles absurdités et à quelles
contradictions aboutissent les idées de variété et de
mouvement. Sans songer que l'on eût pu retourner
leur thèse, ils dépensèrent dans cet effort une sagacité
et une subtilité qui firent l'admiration de leurs contemporains. La poésie se serait mal prêtée à ce travail
de discussion et de négation; l'un et l'autre écrivirent
en prose ionienne. Zénon surtout acquit une grande
réputation, à laquelle mit le dernier sceau le séjour prolongé qu'il fit en plusieurs fois à Athènes. On innove
peu en métaphysique; il est plus d'un argument de

Zénon que les sceptiques et les idéalistes modernes se sont bornés à reproduire en en rajeunissant légèrement l'apparence et le tour.

Une partie tout au moins des écrits de Zénon paraît avoir eu déjà cette forme du dialogue dont se serviront au siècle suivant tous les socratiques; en tout cas, il excellait dans la controverse orale. C'est ce qui attirait autour de lui, pendant les divers séjours qu'il fit à Athènes, à la fois les spéculatifs curieux de métaphysique, comme Socrate, et les politiques, comme Callias et Périclès, désireux de s'assouplir l'esprit en cette sorte de gymnastique intellectuelle. On venait écouter la conversation qui s'engageait entre Zénon et l'un des assistants. Que le philosophe posât les questions le premier ou qu'il se fît interroger, qu'il établît hardiment au début les principes qu'il voulait démontrer ou qu'il affectât l'ignorance comme Socrate, il devenait bientôt évident pour les auditeurs qu'il conduisait son interlocuteur, du moins qu'il ne se laissait diriger par celui-ci que vers un but qu'il s'était fixé d'avance. La réflexion et la pratique avaient mis à sa disposition plusieurs séries d'arguments, les uns affirmatifs, les autres, en plus grand nombre, critiques et négatifs. A travers d'apparents détours, il reprenait toujours la suite de son raisonnement, il rentrait dans la voie qu'il s'était tracée. C'est ainsi que dans un assaut un maître d'armes, après avoir étudié le jeu de son adversaire, sait l'amener par des feintes là où il l'attend, et lui porter les coups qu'il a le mieux en main.

D'un bout à l'autre du monde grec, vers le milieu
du v$^e$ siècle, on prend un singulier plaisir à ce jeu de
l'esprit, à cette sorte d'escrime. Partout on s'intéresse
à ces analyses logiques où un résultat inattendu surgit
tout d'un coup au terme d'une longue suite de questions, de définitions, de distinctions dont on ne devinait pas d'abord le sens et l'utilité. Il y a un vif agrément dans les surprises que l'esprit se prépare ainsi à
lui-même ; vous pouvez vous en faire quelque idée, si
vous avez jamais cherché et trouvé par les méthodes
algébriques la solution d'un problème de géométrie.
Les argumentations de nos scolastiques du moyen âge
rappellent bien aussi, à certains égards, les discussions
des dialecticiens grecs ; mais il y a des différences dont
il faut tenir grand compte. Ainsi le raisonnement sco-
lastique prenait pour point de départ des formules qu'il
empruntait à une philosophie antérieure, et il était
obligé d'aboutir à une doctrine qui ne fût pas en contradiction avec le dogme de la foi. Son élan, tout hardi
qu'il fût par moments, était contenu par deux autorités,
celle d'un Aristote plus ou moins apocryphe, celle de
l'Église, juge suprême de la vérité. Aucune barrière,
aucun lien, n'arrêtent l'essor de la pensée grecque ;
elle s'est tout d'abord affranchie des préjugés vulgaires
et de la théologie polythéiste, qu'elle confond sous le
nom dédaigneux de l'*opinion* (δόξα) : cette théologie,
elle affecte de l'ignorer, comme les sages ioniens, ou
bien, comme les éléates, elle l'attaque de front, malgré ses mécontentements gros de menaces. Ce qu'elle

prétend fonder, c'est la science (ἐπιστήμη). Pour y parvenir, il n'est point de région de la connaissance qu'elle ne tente d'explorer avec l'audace ingénue et l'entrain de la jeunesse.

Ce qui rend la nuance encore plus sensible, c'est que les langues dont on se sert de part et d'autre ne se ressemblent guère. Les Abélard, les Albert le Grand, les saint Thomas d'Aquin, n'ont, pour traduire leurs idées, qu'un idiome créé par une race et une civilisation autres que celles dont ils sont les fils. Ils font violence à l'instrument qu'ils emploient, ils bouleversent la grammaire et le vocabulaire du latin classique; ils créent des formes nouvelles, des mots nouveaux. Aussi ces termes, qui ne sont pas nés de l'usage et des besoins de la vie, gardent-ils toujours quelque chose d'artificiel et de lourd; ils ne seraient pas compris hors de l'école, ils composent une nomenclature et non une langue. Tout au contraire les premiers logiciens grecs se servent d'un idiome qui possède une liberté illimitée de formation et de dérivation; ce qu'ils entreprennent, c'est d'achever par la réflexion l'œuvre de la raison spontanée, c'est de définir les termes de la langue courante, sincère et naïve expression du génie de leur peuple. Comme M. Jourdain, la Grèce avait jusqu'alors « fait de la prose sans le savoir ». Ainsi que le personnage de la comédie, elle s'essaye, avec ses premiers maîtres de philosophie, à répéter, en s'observant elle-même, les opérations qu'elle avait d'abord accomplies d'instinct et d'inspiration; elle veut comprendre ce qu'elle dit quand elle prononce tous ces mots, *cause, substance, qualité, quantité, mouvement,* etc., qui correspondent aux catégories universelles de l'intelligence. A cet effet, elle explique, elle définit, elle distingue, elle oppose les idées par couples ou les groupe par classes. Cela devient pour elle un divertissement dont elle ne se lasse pas ; elle se prend ainsi à perdre un peu de vue le but qu'elle croit poursuivre, et à être moins curieuse de la vérité que distraite et amusée par les détours du chemin. Surprise et heureuse de se trouver si habile, elle s'oublie à admirer pour lui-même le mécanisme du raisonnement. Tel l'adolescent auquel on donne sa première montre ; il est moins occupé d'y regarder l'heure que d'observer les battements du balancier, la marche des roues et des aiguilles, la combinaison des engrenages. Vingt fois par jour il ouvre la boîte, et parfois même il ne résiste pas à l'envie de démonter la machine et de travailler à en rassembler les pièces.

Il y a donc dans tout cela quelque enfantillage, et quand on lit un dialogue de Platon, bien souvent on se défend mal d'une certaine impatience ; il semble que, pour établir telle ou telle distinction, tel ou tel principe auquel tient l'auteur, deux mots auraient suffi. C'est que depuis lors le sens des termes abstraits a été à peu près fixé ; c'est que les problèmes ont été, sinon tous résolus, au moins posés d'une manière plus précise ; c'est que, de place en place, ont été marqués des points de repère dont les distances respectives sont connues de tous ceux qui s'occupent de ces matières. Il n'en est pas moins vrai que, dans ces exercices auxquels l'ont soumis les premiers dialecticiens, l'esprit grec, au moment où il débute dans la carrière scientifique, a trouvé un utile emploi de ses forces et de sa curiosité. C'est ainsi, dit Platon dans le *Parménide* et dans le *Cratyle,* que l'on apprend « à faire le tour d'une question », à « y entrer et à en sortir par différents côtés, à voir devant et derrière soi [1]».

Ce fut donc alors que l'on vit apparaître dans la société grecque deux groupes d'hommes dont le nom même n'était connu ni des contemporains de Solon, ni de celui de Clisthène et d'Aristide : je veux parler des rhétoriciens et des dialecticiens. Comme toutes les grandes créations du génie grec, ces deux nouveautés, la rhétorique et la dialectique, avaient eu d'humbles débuts; pas plus que l'épopée, l'ode, le drame ou l'histoire, la Grèce ne les avait empruntées à ses voisins, mais elle les avait tirées de son propre fonds. C'était sous l'action de stimulants locaux et non d'influences extérieures qu'elles étaient nées, et qu'elles avaient pris une rapide croissance.

Ces deux enseignements s'adressent à deux familles d'esprits, à deux classes toutes différentes. Les leçons du rhéteur sont surtout recherchées par les ambitieux, par les jeunes gens riches qui veulent devenir puissants par

1. *Parménide,* pag. 136 : ἀγνοοῦσι γὰρ οἱ πολλοὶ ὅτι ἄνευ ταύτης τῆς διὰ πάντων διεξόδου τε καὶ πλάνης ἀδύνατον ἐντυχόντα τῷ ἀληθεῖ νοῦν ἔχειν. *Cratyle,* pag. 428, D : ἅμα πρόσσω καὶ ὀπίσσω βλέπειν.

la parole. Ce que le rhéteur promet, c'est de rendre ses disciples « capables de persuader par leurs discours les juges dans les tribunaux, les sénateurs dans le sénat, le peuple dans les assemblées, en un mot tous ceux qui composent une réunion politique [1] ». Cependant il est des esprits actifs et curieux qui ne se sentent pas le goût ou la force d'entrer dans la vie publique. A ceux-là, la dialectique offre un plaisir d'un ordre très-raffiné : c'est un genre de conversation tout particulier qui tient le milieu entre les libres causeries des banquets antiques ou des modernes salons et ces argumentations en forme qu'institueront plus tard les écoles des philosophes. Ces discussions ne peuvent s'engager qu'entre gens instruits et cultivés ; elles éveillent et excitent l'intelligence bien plus vivement que la méditation solitaire. Elles offrent à la fois la joie de la découverte et l'animation du débat oratoire : c'est la recherche de la vérité, la spéculation, avec ce que lui donnent de plus attachant cette lutte contre l'adversaire et les satisfactions d'amour-propre que l'on en attend.

Séparés dès le début, ces deux arts le resteront quand le travail successif de plusieurs générations les aura développés et perfectionnés. Dans le cours du siècle suivant, les disciples de Socrate, héritiers des dialecticiens d'Élée, et les rhéteurs de l'école d'Isocrate, successeurs de Corax et de Tisias, auront les uns pour

1. Platon, *Gorgias*, p. 452, E.

les autres peu de sympathie et d'estime. On sait quel arrêt sévère Platon prononce dans le *Gorgias* contre la rhétorique ; il n'y voit qu'une simple routine, ouvrière de corruption et de mensonge [1]. Il y a pourtant un moment, avant que les théories de ces deux arts aient pris une forme plus compliquée et plus savante, où certains esprits réunissent ces deux études, et s'approprient à la fois les procédés de la rhétorique et ceux de la dialectique. Leur prétention, c'est de confondre en un seul l'art de présenter le vraisemblable et l'art de découvrir le vrai. Par la prestigieuse habileté avec laquelle ils mêlent ces deux méthodes, ils séduisent et éblouissent d'abord la Grèce tout entière. Toujours également prêts à discuter et à disserter, qu'il s'agisse de métaphysique, de morale ou de politique, ils acquièrent une réputation et une situation hors ligne. De tous ceux qui suivirent cette voie, le plus célèbre par les éloges de ses admirateurs comme par les attaques de Platon, c'est Gorgias. Autour de lui se pressent des rivaux et des élèves dont chacun a sa physionomie particulière; mais Gorgias n'en reste pas moins par son talent et sa haute fortune le vrai maître du chœur, le vrai chef de l'école.

---

1. Voir particulièrement p. 462 et suivantes. Socrate refuse à la rhétorique le nom d'*art* (τέχνη); il ne lui concède que celui d'ἐμπειρία, une *habileté pratique* d'un ordre inférieur, qu'il compare à celle du cuisinier.

## IV.

Gorgias naquit dans les premières années du
v<sup>e</sup> siècle, à Léontini, petite ville sicilienne située non
loin de Syracuse, qui tint presque constamment dans
sa dépendance cette faible voisine. Le jeune homme
quitta cette étroite patrie ; il n'y aurait trouvé ni assez
de ressources pour former son talent, ni assez d'occasions de le faire briller. Ce fut dans les grandes cités
de la Sicile qu'il alla chercher d'abord des maîtres,
puis bientôt un auditoire et de fructueux applaudissements. Comme nous l'attestent des témoignagnes dont
quelques-uns sont presque contemporains, il fréquenta
Empédocle à Agrigente [1] et Tisias à Syracuse [2]. Tisias
n'était qu'un avocat et un rhéteur, tandis que dans
Empédocle l'antiquité a surtout admiré un philosophe,
rival de Pythagore, d'Héraclite et de Parménide, l'auteur d'un poëme *sur la nature*, que Lucrèce a souvent
imité, et dont il parle avec enthousiasme [3]. Dès le
premier jour, Gorgias subit ainsi une double influence ;
en lui vinrent se réunir deux courants qui jusqu'alors

1. Diog. Laërt., VIII, 58, 59.
2. Pausanias, VI, 17, 5.
3. *De rerum natura*, I, 719.

avaient coulé chacun de leur côté, et qui devaient ensuite séparer leurs eaux pour ne plus se rejoindre.

Ce serait, si l'on avait le loisir de s'y arrêter, une intéressante figure à étudier que celle de cet Empédocle, l'esprit le plus élevé et le plus puissant qu'ait produit la Sicile [1]. Il est contemporain d'Anaxagore, et il ne précède guère que d'une génération Socrate, deux personnages qui apparaissent posés sur le terrain solide de l'histoire et éclairés de son plein jour ; Empédocle au contraire, comme un autre Pythagore, ne se laisse entrevoir qu'à travers le nuage doré de la légende. Dès le temps d'Aristote, de Théophraste et de Timée, qui avaient écrit sa biographie, tant de fables s'étaient attachées à son nom qu'il était déjà bien difficile d'en dégager les quelques faits authentiques qui s'y trouvaient mêlés. Ce que prouvent tous ces récits, c'est la profonde impression que le génie et la science d'Empédocle avaient produite sur ses compatriotes ; moins initiés que les Ioniens aux recherches fécondes des physiciens, demeurés plus simples, plus religieux, plus crédules, les Doriens de Sicile avaient vu des prodiges dans les grands travaux publics qui, sur le conseil d'Empédocle, avaient transformé les environs de Sélinonte et d'Agrigente. Des cures heureuses opérées par lui au milieu de gens encore étrangers à toute notion de thérapeutique

---

1. Personne n'a mieux fait ressortir le génie et l'originalité d'Empédocle qu'Ottfried Müller, dans le chapitre XVII de son *Histoire de la littérature grecque* (in 8°, t. II, p. 83-88).

n'avaient pas moins frappé les esprits. C'était donc
pour le peuple un magicien ; on lui prêtait le don des
miracles. La vérité est qu'Empédocle, par ses études
et ses méditations, était arrivé à déterminer certaines
loi naturelles, à en pressentir et à en deviner d'autres :
ainsi son hypothèse sur l'origine des montagnes par
l'action d'un foyer interne semble avoir été comme
une première ébauche de la célèbre théorie moderne
qu'a fait prévaloir M. Élie de Beaumont, et il décrivait
les formations grossières et gigantesques des premiers
animaux, de façon presque à faire croire qu'il a connu
les restes fossiles du règne animal antédiluvien. On
ne sait pas s'il avait exposé un système de politique ;
mais l'influence qu'il exerce sur les cités doriennes de
Sicile nous donne une aussi haute idée de son caractère que de son intelligence. Ennemi de la tyrannie,
il ne veut pas pour lui-même du pouvoir que lui aurait
volontiers déféré le respect universel ; en même temps
se préserve d'une erreur vers laquelle ont de tout
temps incliné les idéalistes, et où est tombée presque
toute l'école socratique : il ne rêve pas une oligarchie
entre les mains de qui seraient concentrées toute
richesse, toute sagesse et toute autorité ; bien au contraire, il délivre Agrigente de l'aristocratie des mille, et
concourt à y substituer une démocratie modérée. Un
char magnifique, traîné par quatre mules, l'amenait,
raconte-t-on, sur la place publique, et là, par l'ascendant de sa parole grave, mesurée, qui retentissait au
milieu du silence, il calmait les âmes et y rétablissait

l'harmonie qu'avaient troublée les haines de parti. Lorsqu'en 444 presque toutes les tribus helléniques se concertent pour fonder Thurium sur l'emplacement de Sybaris détruite, Empédocle s'associe par sa présence à l'entreprise ; peut-être contribua-t-il à régler la constitution de la cité nouvelle, qui comptait l'historien Hérodote parmi ses premiers habitants.

Des renseignements de valeur très-inégale attribuent à Empédocle une part dans l'invention et les premiers progrès de la rhétorique. Il y a là, si je ne me trompe, un malentendu auquel a donné lieu le fait bien avéré de relations suivies entre Empédocle et Gorgias. Le dialogue platonicien qui porte le nom de *Gorgias* avait fait de ce personnage le représentant et le patron même de la rhétorique ; on en a conclu sans autre examen que, si Empédocle avait enseigné quelque chose à Gorgias, ce ne pouvait être que la rhétorique. On aurait dû pourtant faire une observation, c'est que dans un passage du dialogue où Gorgias, selon Diogène de Laërte, témoignait de ses rapports avec Empédocle, il est question non pas de rhétorique, mais d'opérations magiques auxquelles le disciple aurait assisté près du maître. Il ne paraît pas douteux qu'Empédocle ait parlé en public ; seulement c'était dans d'autres circonstances et d'un autre ton qu'un Corax et un Tisias. Comme nous l'indique une tradition que confirment certains des fragments conservés de ses poëmes, l'éloquence d'Empédocle était surtout celle d'un révélateur, d'un prophète inspiré ; on l'écoutait

comme un oracle. Il n'y a point là de place pour ces
habiletés et pour ces observations que suggèrent à
l'orateur les luttes judiciaires et politiques. La tournure de ce génie, épris des plus hauts problèmes,
occupé à sonder les mystères de la nature, le sépare de
ces avocats qui songèrent les premiers à tirer de leur
propre expérience toute une série de règles et de conseils. La rhétorique est née surtout dans les cours de
justice où se discutent les questions les plus variées,
où il faut prendre tous les tons, où on a en face de
soi un adversaire toujours prêt à vous prendre en
défaut, où l'honneur, la vie et la fortune sont engagés
dans chaque débat; elle est fille de la pratique et du
métier.

C'est donc par d'autres côtés que Gorgias profita
du commerce d'Empédocle. Sans adopter son système,
dont nous ne pouvons ici entreprendre même une
rapide analyse, il s'initia auprès de lui aux spéculations et aux hypothèses des philosophes antérieurs. A
certains égards, par ses théories de physique générale
et par le rôle qu'il assigne aux quatre éléments, Empédocle se rattache aux physiologues ioniens; par ses
idées sur la métempsycose, sur la chute des âmes, sur
la discipline morale qui peut les relever et les faire
remonter jusqu'à la dignité divine, il tient de Pythagore. Enfin, quand il affirmait l'éternité de l'être en
dépit de toutes les apparences contraires, quand il
niait que les mots naissance et mort eussent un sens,
il se rapprochait des éléates, si bien que Zénon com-

menta, dit-on, son poëme. Dans ce cercle, Gorgias
prit connaissance de toutes ces doctrines et des arguments au moyen desquels on attaquait et on défendait
chacune d'elles ; il fit là son éducation de dialecticien.
Orateur, inventeur du discours d'apparat, il écrivit
en prose; mais cette prose garda toujours un rhythme,
une couleur poétique, qui s'expliquent en partie par
l'impression qu'avaient produite sur l'esprit du jeune
homme le poëte mystique d'Agrigente et l'éclat de ses
images grandioses et hardies. Enfin, Gorgias, quand il
paraissait dans une assemblée, prévenait tout d'abord
les esprits par sa haute stature et l'élégante richesse de
son costume, par la beauté de sa voix et la noblesse
de son action. Dans cette sorte de mise en scène où
il excellait, n'y a-t-il pas un souvenir de l'effet que
produisait sur le peuple d'Agrigente ou de Sélinonte,
dans les grandes occasions, l'arrivée d'Empédocle,
dominant la foule du haut de son char, vêtu de la
longue robe de pourpre, le front ceint de la couronne,
les yeux ardents et inspirés? Seulement ce qui chez
Empédocle tenait à la personne même, et n'en était
que l'expression sincère, avait tourné chez Gorgias au
calcul, à l'artifice théâtral.

Empédocle exerça donc sur la forme du talent de
Gorgias une influence réelle et durable; au fond, il y
avait entre ces deux esprits bien plus de différences que
de rapports. Gorgias n'avait pas la sainte curiosité, la
passion du vrai. Son but, c'était le succès, sa véritable
vocation, la rhétorique. Le maître dont il relève sur-

tout, dont il fut le brillant successeur, c'est Tisias[1].
Eut-il, comme celui-ci, sa période d'activité pratique,
fut-il avocat et orateur politique? C'est ce que nous
ignorons. Ce qui est certain, c'est que, vers le commencement de la guerre du Péloponèse, Gorgias jouissait déjà en Sicile d'une grande réputation. En 427,
les Léontins, serrés de près par leurs puissants voisins
de Syracuse, se décidèrent à implorer le secours
d'Athènes, qui avait déjà plusieurs fois laissé percer le
désir d'intervenir dans les affaires de la Sicile. Gorgias
consentit à couvrir ses concitoyens du prestige de son
talent; il fut placé à la tête des envoyés qui partirent
pour Athènes. On obtint l'envoi d'une escadre com-
mandée par Lachès, et chargée de soutenir les Ioniens
de Sicile; mais le moment n'était pas encore venu où
Athènes devait s'engager dans une lutte à fond contre
Syracuse et les cités doriennes : on se borna de part et
d'autre à une petite guerre assez mollement conduite et
mêlée de négociations. L'importance de cette ambassade
est ailleurs : ce fut un véritable événement littéraire. Par
l'impression qu'elle fit et les souvenirs qu'elle laissa,
elle peut se comparer à la mission que remplirent à
Rome, du temps de Caton, en l'année 156 avant notre
ère, le stoïcien Diogène, le péripatéticien Critolaos et
l'académicien Carnéade. Ce que Carnéade et ses collègues représentèrent à Rome, ce fut bien plutôt la philosophie grecque que les chétifs intérêts d'Athènes dans

---

1. Platon rapproche expressément, dans le *Phèdre* (p. 267), Tisias et
Gorgias.

une mesquine querelle de frontière; de même ce que Gorgias vint apporter à Athènes, ce fut moins une politique et une alliance que le goût de la nouvelle éloquence sicilienne [1].

Gorgias émerveilla Athènes, qui pourtant, par la culture et le raffinement de l'esprit, n'avait rien à envier aux cités de la Sicile et de la Grande-Grèce. Après avoir charmé tout le peuple sur le Pnyx, l'ambassadeur dut donner des séances dans des maisons privées, se faire professeur de dialectique et de rhétotorique. Les riches se disputèrent ses leçons, que l'on payait à la fois par une somptueuse hospitalité et par une somme d'argent qui variait suivant la fortune de l'élève. Depuis ce moment, Gorgias, prenant goût à des succès dont sa vanité et sa bourse s'accommodaient également, fit en Grèce de fréquents séjours, et y passa presque tout le reste d'une vie qui paraît s'être prolongée au delà de cent ans. Il revint souvent à Athènes, où se trouvaient les plus fins connaisseurs, ceux dont les suffrages consacraient le mieux une réputation, comme font aujourd'hui, pour un artiste ou un chanteur, les applaudissements de Paris; mais il ne se fixa nulle part. Comme celle du *conférencier* moderne, la vie du sophiste ancien était une vie de voyages; il trouvait plaisir et profit à promener de ville en ville sa brillante éloquence et le cortége des disciples qui le suivaient. Démocrates ambitieux, aristocrates jaloux de relever

1. Diodore, XII, 53. Platon, *le grand Hippias*, p. 282.

par l'éclat du talent le lustre de leur naissance et de
leur richesse, tous rivalisaient à qui le retiendrait le
plus longtemps. Nulle part la réception ne fut plus
magnifique et il ne résida plus volontiers que chez
ces princes thessaliens, les Aleuades de Larisse, qui,
vers la fin du siècle précédent, avaient été les hôtes
de Pindare. Aussi Gorgias paraît-il avoir aimé la Thessalie et y avoir exercé une certaine influence. On
devine, à quelques mots ironiques de Platon, que la
mode s'en mêla [1]. Ces esprits un peu lourds et un peu
endormis s'éveillèrent ; il ne suffit plus aux jeunes nobles
thessaliens d'avoir le renom de hardis cavaliers et d'in-
trépides buveurs, ils s'essayèrent à l'éloquence, et
comme le Ménon qui discute avec Socrate dans le dialogue auquel il a donné son nom, ils se piquèrent de philosophie. Ce ne fut d'ailleurs là qu'un engouement pas-
sager. En dépit de ces tentatives, les Thessaliens, comme
les Epirotes, restèrent toujours à demi barbares et, à
tout prendre, moins voisins des Grecs que des Macédoniens et des Illyriens, dont ils les séparaient.

Comment Gorgias agit-il sur les esprits, et quelle
idée faut-il se faire de ce que nous avons appelé, faute
d'un terme plus juste, son enseignement? C'est là une
question à laquelle permettent de répondre d'une part
les dialogues socratiques, tels que nous les lisons dans
Xénophon et dans Platon, de l'autre les titres conservés de plusieurs écrits de Gorgias. Il ne faut se figurer

1. *Ménon*, pag. 70-71.

ici rien qui ressemble aux cours érudits de nos professeurs modernes, ou même aux leçons que firent plus tard dans le Lycée Aristote et Théophraste. Une méthode sévèrement didactique suppose une science faite ou qui se croit faite. Au début, durant toute la période de l'invention, pendant que la science s'ébauche, la manière dont on la communique se ressent des capricieuses allures et des bonds de l'esprit. Celui-ci est sollicité à la fois par toute sorte de tentations; il court les aventures, il prend à travers champs, et le maître entraîne avec lui l'élève dans cette poursuite, qui a, comme une espèce de chasse, ses hasards, ses déceptions et ses bonnes fortunes. Le meilleur mode de transmission, celui qui associe le mieux le disciple aux recherches du sage, c'est alors la conversation, cette espèce de conversation d'un genre tout particulier que nous avons essayé de définir à propos des premiers dialecticiens. C'était donc ainsi que procédait le plus souvent Gorgias. Une fois que, dans la cour ou le jardin de quelque riche demeure, les curieux s'étaient groupés autour du sophiste, celui-ci, comme dit Platon dans le *Ménon*, « se mettait à la disposition de quiconque voulait l'interroger ». Alors un des assistants posait une question : il demandait par exemple « ce que c'est que la rhétorique et ce qu'elle promet à ceux qui l'étudient », ou bien « si la vertu, au lieu d'être, comme beaucoup le pensent, un don de nature, se laisse enseigner et s'apprend comme la peinture et la musique ». L'entretien s'engageait. Tantôt le maître restait assis sur un siége élevé, espèce de trône autour duquel les auditeurs, serrés sur des bancs et des escabeaux, se rangeaient en cercle; tantôt il marchait tout en parlant, et on le suivait en tâchant de se tenir aussi près de lui que possible pour ne rien perdre de ses paroles. « Quand nous fûmes entrés, dit Socrate dans un de ces prologues qui sont des chefs-d'œuvre, nous aperçûmes Protagoras qui se promenait dans l'avant-portique; sur la même ligne étaient d'un côté Callias, fils d'Hipponicos, et son frère utérin, Paralos, fils de Périclès, et Charmides, fils de Glaucon; de l'autre côté, Xanthippe, l'autre fils de Périclès, et Philippide, fils de Philomélès, et Antimœros de Mende, le plus fameux disciple de Protagoras, et qui aspire à être sophiste. Derrière eux marchait une troupe de gens qui écoutaient la conversation; la plupart paraissaient des étrangers que Protagoras mène toujours avec lui dans toutes les villes où il passe, les entraînant par la douceur de sa voix comme Orphée. Il y avait quelques-uns de nos compatriotes parmi eux. J'eus vraiment un singulier plaisir à voir avec quelle discrétion cette belle troupe prenait garde de ne point se trouver devant Protagoras, et avec quel soin, dès que Protagoras retournait sur ses pas avec sa compagnie, elle s'ouvrait devant lui, se rangeait de chaque côté dans le plus bel ordre et se remettait toujours derrière lui avec respect [1]. »

Dans ce même dialogue, où Platon a réuni et mis

---

1. *Protagoras*, pag. 314-315.

en scène tous les principaux émules de Gorgias, on voit un autre groupe entourer le lit sur lequel est paresseusement étendu, « tout enveloppé de peaux et de couvertures, » le vieux Prodicos de Céos. Peut-être ce jour-là, pendant toute la matinée, avait-il soufflé une de ces aigres bises du nord qui en novembre et en mars font grelotter les Athéniens sous leurs manteaux, et leur jettent au visage des tourbillons de poussière.

Pour ce qui est de la manière dont étaient conduits ces entretiens, nous renvoyons aux dialogues qui portent les noms des plus célèbres sophistes du temps, au *Gorgias,* au *Protagoras,* etc. Platon, comme Pascal dans *les Provinciales,* possède à un trop haut degré le talent dramatique et l'art de la mise en scène pour n'avoir pas imité aussi fidèlement que possible leurs procédés et leurs allures. Il a même eu soin de conserver à chacun sa physionomie particulière et le tour original de son esprit et de son langage. La différence dont il convient d'ailleurs de tenir grand compte, c'est que chez Platon c'est Socrate qui a le beau rôle, tandis que les sophistes, là où ils trônaient, avaient bien soin de se le réserver. C'est Socrate qui les embarrasse et les réfute, qui les contraint à des réponses qu'ils font à leur corps défendant; au milieu de leurs disciples, c'étaient eux qui réduisaient leur interlocuteur à ces mêmes extrémités : ils s'arrangeaient toujours pour avoir le dernier mot. Il y a de plus à rappeler que la pensée a chez Platon une élévation où n'atteignirent jamais ni Gorgias ni aucun de ses rivaux.

Mais Gorgias n'était pas tout entier dans ces discussions et ces conversations. Il ne suffisait pas de
rompre les jeunes gens à la controverse; il fallait leur
apprendre à traiter un sujet, à se tirer d'une harangue.
Gorgias avait exposé les préceptes dans un *art* ou manuel de rhétorique dont il ne nous est rien parvenu[1].
Il est probable que cet opuscule ne différait que par un
peu plus d'étendue et de développement des traités de
Corax et de Tisias; mais il n'est point de leçon qui
vaille l'exemple : le maître avait voulu offrir des modèles qui montrassent ce que l'on gagnait à suivre ses
conseils. Dans ces grandes fêtes nationales où toute la
Grèce était représentée, il prononça des discours qui
excitèrent une vive admiration. L'*Olympique* date sans
doute de la courte période de trêve et de repos qui
sépare la paix de Nicias de l'expédition de Sicile. Gorgias y exhortait les Grecs à abjurer leurs haines, à
s'unir pour tourner leurs forces contre l'éternel ennemi,
contre le barbare. C'est la thèse que reprendront Lysias
et Isocrate; elle devient, jusqu'aux conquêtes d'Alexandre,
un des lieux communs de la rhétorique. Nous ignorons
le sujet du *discours pythique;* il valut à son auteur,
assure Philostrate, une statue dressée tout près de cet

1. Spengel (p. 81-83) incline à croire que Gorgias n'avait pas écrit
de traité de rhétorique. Les témoignages sont contradictoires; si pourtant il y a quelques textes qui sembleraient indiquer que Gorgias n'avait
point rédigé de manuel, d'autres, très-formels, attestent l'existence d'une
rhétorique de Gorgias, ou qui, du moins, portait son nom. Charles Müller,
le savant éditeur des fragments des orateurs grecs, dans la collection
Didot, ne paraît point douter de la τέχνη de Gorgias.

autel d'Apollon devant lequel l'orateur s'était placé
pour parler à la foule. On ne sait rien non plus de
l'*Éloge des Éléens*, que mentionne Aristote. Le seul
de ces ouvrages dont quelques phrases nous aient été
conservées, c'est l'*Oraison funèbre* (ἐπιτάφιος λόγος)[1].
Il ne faut point y voir un discours qui ait été réellement prononcé, comme l'oraison funèbre de Périclès
ou celle d'Hypéride, en l'honneur des morts de telle ou
telle campagne. Gorgias n'avait point qualité pour parler, comme ces orateurs, dans le Céramique, au nom
de la cité, en face de la cendre des soldats morts pour
la patrie. Il ne s'était point associé de cœur, comme le
fera bientôt un autre Sicilien, Lysias, à la fortune et aux
épreuves d'Athènes; une seule chose lui importait, le
bien dire : c'était un virtuose de la parole. Dans cette
harangue dont Athènes eut la primeur il ne s'est donc
proposé qu'une chose, prouver quel parti le talent pouvait tirer de ces cérémonies que consacrait l'usage
attique. Ses louanges s'adressent à tous ceux qui, sur
divers champs de bataille, sont tombés pour la défense
de la cité; il exalte surtout ceux qui ont péri dans les
guerres médiques, et il montre combien les victoires
remportées sur les barbares l'emportent sur celles où
d'autres Grecs ont été les vaincus. C'étaient là des idées
qu'il avait déjà développées dans son *Olympique;* Isocrate exécutera aussi plus d'une variation sur ce thème.

1. Ottfried Müller ne doute pas de l'authenticité de ce fragment, qui
nous a été conservé par un commentateur d'Hermogène (*Rhet. Gr.*, t. V.
p. 548, éd. Walz).

Quant aux deux discours qui figurent dans nos recueils sous le nom de Gorgias, on est d'accord aujourd'hui pour n'y voir que de médiocres pastiches dus à quelque rhéteur de l'époque romaine : ils ont pour titre l'un *Éloge d'Hélène*, l'autre *Défense de Palamède*.

On voit par cette énumération que tous les discours de Gorgias rentrent dans le genre que les Grecs ont appelé *épideictique*, mot que nos manuels, trompés par le terme employé dans les rhétoriques latines, ont mal à propos rendu par *démonstratif*. Le vrai sens de ce mot, c'est *discours d'apparat*, discours destiné non point à faire voter une loi ou gagner un procès, mais à *montrer*, à faire briller le talent de l'orateur. Ce qui dans nos usages s'en rapproche le plus, se sont nos éloges, nos discours académiques ; ce que nous nommons le genre *académique* est, à très-peu de chose près, l'*épideictique* des Grecs. Gorgias et Isocrate sont des académiciens nés quelques siècles trop tôt, avant que les académies fussent inventées ; à Paris, il se seraient appelés Balzac et Voiture.

Ces discours que Gorgias avait prononcés en public, dans des occasions solennelles, il les répétait sans doute dans le cercle de ses disciples ; il leur en expliquait les beautés et leur en faisait apprendre les plus brillants morceaux. Ces jeunes gens s'essayaient sur des sujets analogues ; il les écoutait, leur signalait leurs fautes, et leur indiquait comment ils auraient dû s'y prendre. Le premier, dit-on, il enseigna à traiter les *lieux communs*, c'est-à-dire à développer certaines idées générales qui, par leur nature même, appartiennent à toutes les causes[1]. On a beaucoup médit des lieux communs; mais ces critiques et ces plaintes ne reposent que sur un malentendu. Il est impossible de traiter une question quelconque, qu'il s'agisse de politique, de droit, de morale ou de littérature, sans avoir recours à un lieu commun. Il y a en effet de certaines séries de jugements qui ont été suggérés à l'esprit par l'expérience dès qu'il a commencé à réfléchir : ils ne sauraient changer qu'avec les catégories mêmes de l'entendement et les lois du monde extérieur; ils forment le fonds permanent où puisent et puiseront toujours toutes les opinions et toutes les doctrines. Le difficile, c'est de s'approprier, par ce que l'on y met de sa personne, ce que l'on emprunte à ce patrimoine sans maître, c'est d'adapter ces vérités universelles à un cas particulier, c'est de les teindre des couleurs de son âme et de sa passion. A ce prix seulement, on est original, on compte parmi les grands orateurs ou les grands écrivains. Gorgias et les sophistes n'ont pas eu cette gloire ; mais ils n'en ont pas moins fait une œuvre utile quand ils ont signalé l'importance des idées générales, quand ils ont montré comment il convient d'en user pour donner au discours de la force et de la solidité.

Gorgias se piquait de philosophie : c'est ce qui le distingue, lui et son école, des purs rhétoriciens comme

---

1. Quintilien, *Inst. orat.* III, 1, 12.

il y en avait eu avant, comme il y en aura après les sophistes. Ceux qui, tout en négligeant la philosophie, ont l'ambition d'acquérir une instruction étendue et variée, il les comparait aux prétendants de Pénélope qui aspirent à la main de la reine, mais qui commencent par séduire ses suivantes[1]. De Gorgias et des principaux sophistes, on a conservé des thèses doctrinales qui portent sur la question de la méthode et sur celle de la valeur et des limites de nos connaissances.

Les sophistes s'accordent en général pour admettre que l'on doit renoncer à toute vraie science, à toute affirmation sur la réalité objective des choses. Ils sont *subjectivistes,* comme on dirait en Allemagne ; pour parler français, nous dirons que leur système n'est qu'une forme ingénieuse du scepticisme. Cette tendance s'explique par l'histoire antérieure de la philosophie. L'école ionienne avait multiplié les hypothèses physiques et cosmogoniques. Les éléates, dédaignant l'étude des phénomènes, avaient tenté d'atteindre tout d'abord la substance absolue : le dernier mot de leur dialectique avait été la négation du changement, du mouvement, de la vie. Protagoras d'Abdère et Gorgias, chacun de son côté, tentèrent de réagir contre ces ambitions, contre ces conséquences extrêmes, que désavouait le bon sens. « L'homme est la mesure de tout, » disait Protagoras. Quant à Gorgias, il exposa sa doctrine dans un écrit dont Aristote nous a conservé une

---

1. Fragment 28 (C. Müller).

succincte analyse. Il était intitulé *De la nature ou du non-être* ( περὶ φύσεως ἢ τοῦ μὴ ὄντος ). Ce titre même, emprunté, sauf l'addition de la particule négative, aux éléates, indiquait bien les visées polémiques de Gorgias. Celui-ci posait en effet en principe et cherchait à prouver d'abord que rien n'est ; si quelque chose est, continuait-il, ce quelque chose ne peut être connu. Enfin, si quelque chose est et peut être connu, on ne saurait le communiquer par la parole. Ce qui se cache derrière ces subtiles formules, c'est cette affirmation, irréfutable en un certain sens, que toute vérité a un caractère relatif. On ne devait pas s'en tenir là : en partant de ces prémisses, on devait en venir à déclarer que ce n'était pas l'esprit humain, dans ce qu'il a de permanent et de partout semblable à lui-même, qui est la mesure de la vérité, mais que c'est l'esprit de chaque homme en particulier ; que la vérité n'est pas seulement relative, mais individuelle. En vertu de la loi qui veut que toute doctrine finisse par être poussée jusqu'à ses plus extrêmes conséquences, les disciples firent le pas, franchirent les limites devant lesquelles le maître aurait reculé. On voit d'ici les dangers que de pareilles théories font courir à la morale : il n'y a plus de bien et de mal que ce qui est agréable et utile ou ce qui est désagréable et nuisible à l'individu. Il est naturel de passer de là à l'application, et de soutenir, comme le fait Calliclès dans le *Gorgias,* que les lois n'ont aucun droit au respect des hommes vraiment intelligents et émancipés des préjugés vulgaires, qu'elles ont été inventées par les faibles pour leur servir d'abri et de protection, que le plus fort ne fait qu'user de son droit quand il force les autres hommes à satisfaire ses passions et à servir ses intérêts. La rhétorique est l'instrument le plus puissant dont il puisse s'aider pour atteindre ce résultat. Rien n'est vrai : il s'agit donc seulement de prêter à une opinion toutes les apparences de la vérité, de la faire paraître momentanément vraie. Ce talent de persuader à la foule tout ce que l'orateur est intéressé à lui faire croire, on l'acquiert à prix d'argent auprès des sophistes ; voilà pourquoi tous les ambitieux se pressent alors auprès de ces maîtres, et voilà aussi par quel lien les doctrines philosophiques d'un Gorgias et d'un Protagoras aboutissent à proclamer la souveraineté de la rhétorique, maîtresse de l'opinion et dispensatrice de tous les biens terrestres. A Athènes, vers cette époque, il y a tout un groupe d'hommes qui transportent ces doctrines dans la politique : ils réunissent tous à un singulier raffinement de l'esprit une ambition sans scrupules, un goût effréné de toutes les jouissances et une rare perversité morale. Il nous suffira de citer Alcibiade et un personnage curieux que nous rencontrerons encore sur notre chemin, Critias, l'oncle de Platon et le plus cruel de ceux que l'on a appelés *les trente tyrans*.

Il serait injuste d'accuser les sophistes d'avoir, de propos délibéré, corrompu leurs contemporains. Il ne semble point que leur vie privée ait prêté à de graves reproches, ni que leurs ennemis mêmes les aient accu-

sés d'autres vices que d'une excessive vanité et d'un
goût trop marqué pour l'argent et pour le luxe. Quant
aux conséquences immorales de leurs doctrinès, ils ne
paraissent point les avoir aperçues, ou tout au moins
plusieurs d'entre eux semblent-ils avoir été préoccupés
d'y échapper en sauvegardant, fût-ce aux dépens de
la logique, les droits de la justice et de la vertu. La
réaction sceptique dont ils donnent le signal était peut-
être d'ailleurs inévitable après les témérités d'une
science dépourvue de méthode. Au moment où les anciens dogmes perdaient leur efficacité bienfaisante et
en attendant qu'une haute philosophie morale fût née
avec Socrate, il devait y avoir une période d'anarchie
intellectuelle et de critique à outrance, pendant laquelle
les notions les plus nécessaires seraient toutes discutées
et ébranlées jusque dans leurs fondements.

En tous cas, les services rendus par les sophistes
à l'esprit grec, à la prose grecque sont incontestables.
Traitant à la fois les sujets philosophiques et ceux qui
rentraient dans le cadre de la rhétorique, ils commencèrent cette culture savante de la prose qui devait
aboutir à la perfection d'un Platon et d'un Démosthène.
Chacun d'eux y travaillait à sa manière. Les sophistes
de la Grèce continentale songèrent surtout à la justesse, ceux de la Sicile à la beauté du langage.

Protagoras, en même temps que par la hardiesse
de ses opinions philosophiques il effrayait l'orthodoxie
polythéiste et se faisait bannir d'Athènes, s'adonnait
aussi à des recherches de correction grammaticale

(ὀρθοέπεια) [1]. Prodicos s'appliquait à des études sur la signification exacte et l'usage des mots, ainsi que sur la distinction des synonymes. Dans ses propres discours, il s'arrêtait pour marquer ces nuances et ces différences, comme on le voit par le spirituel pastiche que Platon fait de son style dans le *Protagoras*[2]. Prodicos excellait également à revêtir de tous les ornements du langage des lieux communs de morale ; il est le premier auteur de cette belle fiction « d'Hercule entre le vice et la vertu » que nous connaissons par l'arrangement ou l'abrégé que nous en a laissé Xénophon[3].

Quant à Gorgias, ce qu'il cherche surtout, c'est la pompe oratoire, c'est l'élégance brillante et parée. Le style oratoire avait jusqu'alors gardé à Athènes le caractère qui frappe dans la sculpture attique antérieure à Phidias, une certaine fermeté sobre et un peu maigre où l'imagination et la passion se dissimulaient de parti pris ; mais à mesure que cette société s'enrichit, s'instruit et se raffine, ce qui lui suffisait autrefois cesse de la satisfaire : elle poursuit, dans les lettres comme dans les arts, un autre idéal, elle cherche, elle veut trouver, dans les œuvres de ses statuaires et de ses peintres, comme sur la scène du théâtre de Bacchus et à

---

1. Platon, *Phèdre*, p. 267.
2. *Protagoras*, p. 341. Cf. *Charmide*, p. 163, *Lachès*, p. 197 ; *Euthydème*, p. 187 ; *Cratyle*, p. 384. Distinguer les synonymes, c'est ce que Platon appelle ὀνόματα διαιρεῖν. Quant à cette enquête sur le sens propre des mots, il la désigne ainsi : περὶ ὀνομάτων ὀρθότητος.
3. *Mémorables*, I, 1, 21.

la tribune du Pnyx, quelque chose de plus complexe, de plus animé et de plus coloré. C'est à ce besoin que répond Gorgias vers le temps même où, malgré les protestations des Athéniens de la vieille roche, Euripide commence à faire applaudir ses inventions romanesques et son pathétique qui remue et trouble les âmes. Gorgias vint à propos; c'est ce qui explique son rapide, son immense succès.

Si courts qu'ils soient, les fragments que nous possédons, rapprochés des indications que nous devons aux critiques anciens, nous expliquent comment les Athéniens furent séduits et charmés, sans pourtant nous faire beaucoup regretter la perte des discours auxquels ils prirent tant de plaisir. Le fond de toutes ces compositions semble avoir eu assez peu d'intérêt; indifférent par système et niant qu'il y eût rien de vrai, l'écrivain devait bien moins tenir aux choses qu'à la manière de les dire. Le style de Gorgias accuse d'ailleurs un travail si minutieux, si patient, que tout son effort devait s'y épuiser; tout entier au souci de la forme, il ne pouvait beaucoup se préoccuper des idées, et les plus communes étaient celles qu'il aurait le plus de mérite à relever par les agréments de sa diction.

Cette diction, il s'attache à lui donner une couleur poétique, qui plus tard, quand les grands écrivains d'Athènes auront fixé la langue de la prose, choquera les gens de goût; au contraire, pour le moment, on y trouve du charme. C'est que la poésie avait de beau-

coup précédé la prose; elle avait suffi à la Grèce pendant de long siècles, et c'était elle qui avait fait l'éducation de son esprit et de ses oreilles, elle qui alors
encore était la première institutrice de la jeunesse : il
semblait que la poésie seule fût capable de parler à
l'imagination et de lui donner de vives jouissances.
Voilà pourquoi Gorgias s'en tient aussi près que possible. Il emploie de préférence des termes poétiques;
il multiplie les métaphores hardies, il crée des composés étranges et des alliances de mots comme les aimaient l'ode et le dithyrambe. Ce n'est pas seulement
par le choix des termes qu'il prétend rivaliser avec la
poésie; il veut, pour que l'illusion soit plus complète,
garder quelque chose de la cadence et du rhythme des
vers. A cette fin, il impose à la prose une construction
symétrique dont aucune traduction, quelque soignée
qu'elle fût, ne saurait donner l'idée. Pour s'en rendre
compte, il faut avoir recours au fragment de l'*Oraison
funèbre* et aux imitations que d'autres rhéteurs ont
faites du style de Gorgias. Tantôt les phrases sont
d'égale longueur, tantôt les mots s'y correspondent
dans le même ordre; elles contiennent des mots composés d'éléments analogues qui se répondent d'un
membre à l'autre; elles se terminent, l'une après
l'autre, par une cadence semblable et par des sons qui
font la même impression sur l'oreille. L'antithèse, cela
va sans dire, est une des figures qui reviennent le plus
souvent dans cette prose où tout semble tiré au cor-
deau. Ce style, où sont combinés avec une industrieuse

patience tous les effets que nous venons d'énumérer, n'est ni de la prose ni de la poésie, c'est quelque chose qui tient à la fois de toutes les deux. Les disciples de Gorgias renchérirent encore sur lui. On cite surtout Polos d'Agrigente, qui faisait la chasse aux assonances, et Alcidamas, dont Aristote critique l'afféterie [1].

· Les Athéniens avaient l'esprit trop sain pour être longtemps dupes de ces fausses beautés. On revint vite de ce premier engouement. Pour porter ces mots poétiques, il aurait fallu une chaleur de passion, une originalité, qui manquaient à Gorgias. Les progrès de l'éloquence judiciaire et politique, chaque jour plus préoccupée de parler avec netteté et précision la langue des affaires, firent sentir les défauts de cette diction artificielle et laborieuse. En lisant Thucydide, en écoutant Socrate et Platon, on s'aperçut que le fonds était bien pauvre dans ces discours jadis si admirés, et que ces brillants parleurs manquaient d'idées, ou n'en avaient que de médiocres et de communes. On en vint ainsi à prendre pour le type du mauvais goût ce que l'on avait un moment si fort applaudi ; le verbe *gorgiazein*, parler comme Gorgias, désigna l'emphatique et le boursouflé.

Il n'en demeure pas moins vrai que les sophistes représentent une phase importante du travail intellectuel de la Grèce, et que ceux même qui, comme Pla-

---

1. *Rhétorique*, III, 3.

ton, les ont le plus vivement attaqués ont subi jusqu'à un certain point leur influence et profité de leur effort. Sans doute il eût été fâcheux que la Grèce persistât longtemps dans la voie où ils l'avaient engagée ; mais leur scepticisme critique, en montrant la vanité des hypothèses où s'était complu la philosophie antérieure, ne provoque-t-il pas à son tour ce grand mouvement de l'école socratique, d'où sortiront les hautes doctrines morales de Platon, d'Aristote et de Zénon ? Par l'usage simultané qu'ils ont fait des procédés de la rhétorique et de la dialectique, n'ont-ils pas beaucoup contribué à assouplir l'esprit grec, à fixer le sens des termes abstraits, à préparer ainsi les matériaux de la langue que parleront des génies comme Thucydide, Platon et Aristote ? L'enflure même d'un Gorgias n'a pas été sans apprendre quelque chose à ceux qui sont venus après lui, comme celle d'un Balzac a profité à Descartes et à Pascal. Gorgias et Balzac ont l'un et l'autre dépassé le but, mais ils ont eu le mérite de l'indiquer : ils ont fait sentir à quelle noblesse soutenue, à quelle perfection savante pouvait aspirer la prose, qui, chez les écrivains ioniens, dont Hérodote est le dernier et le plus grand, comme chez nos auteurs du xvie siècle, garde toujours quelque chose d'inégal et de lâché, et rappelle trop la conversation avec son laisser aller, ses répétitions et ses caprices.

Ce n'est pas un médiocre honneur pour Gorgias, Protagoras, Prodicos et leurs élèves que d'avoir pris une telle part à l'élaboration de cette prose attique qui.

comme instrument d'analyse et de civilisation, n'aura de rivale au monde que la prose française. Il convenait donc d'étudier les sophistes avec quelque soin, de bien distinguer les prétentions qu'ils affichaient et les services réels qu'ils ont pu rendre. Platon les a traités comme un autre écrivain de la même famille, Pascal, a traité les jésuites ; l'un et l'autre, par la puissance de leur ironie, ont réussi à faire du nom même de leurs adversaires une mortelle injure. Le procès, dans les deux cas, mérite peut-être d'être revisé, ou tout au moins y a-t-il lieu à plaider les circonstances atténuantes; mais il faut se garder en même temps de tenter une de ces réactions à outrance, une de ces réhabilitations qui ne servent qu'à faire briller l'esprit de leurs auteurs. Ce n'est que sur la nuance et le détail qu'ont pu se tromper le génie et la conscience d'un Platon et d'un Pascal; ils ont pu dépasser l'exacte mesure et ne pas tenir compte à tel ou tel accusé d'excuses plausibles qui le rendaient moins coupable ; mais ils n'ont pas calomnié et condamné des innocents.

# CHAPITRE III.

## ANTIPHON, LE PREMIER RHÉTEUR ATHÉNIEN.

---

## I.

Après Alexandre, quand la Grèce eut débordé sur tout le monde connu des anciens, lorsqu'elle eut poussé ses conquêtes jusqu'au centre de l'Asie, jusqu'à l'Indus, jusqu'aux cataractes du Nil et aux déserts de l'Afrique, son génie, comme épuisé par ce prodigieux effort, parut perdre sa fécondité créatrice et ne produisit plus rien de grand. En vain l'Achille macédonien soumit l'immense empire des Perses en moins d'années qu'il n'en fallait, semblait-il, pour le parcourir tout entier, en vain il entra dans toutes ses capitales, et mourut à trente-deux ans, après la plus étonnante suite de victoires qu'on eût jamais vue : les dieux restèrent sourds à la prière qu'il leur avait adressée auprès de la tombe du fils de Pélée ; il ne trouva pas de nouvel Homère pour chanter ses exploits, ou même de nouvel Hérodote pour raconter ce brillant épisode de la lutte séculaire entre l'Europe et l'Asie. Non-seulement, quoique jamais héros n'eût paru plus fait pour l'épopée que le vainqueur du Granique, d'Issus et d'Arbelles, la 'Grèce ne vit pas naître une seconde *Iliade,* mais ces extraordinaires aventures n'inspirèrent même pas un historien qui méritât ce titre; Alexandre n'eut que des historiographes. Dans toute cette littérature de journaux militaires et de mémoires qu'a compulsée et résumée Arrien, il n'y avait pas un ouvrage qui pût même rivaliser avec l'*Anabase* de Xénophon. Quant à ceux qui conçurent de plus hautes ambitions, comme Clitarque, ils restèrent encore bien plus au-dessous de leur tâche; ils se mirent à l'école des rhéteurs, élèves d'Isocrate, tels qu'Éphore et Théopompe; ils ne surent tirer d'un si beau thème que des amplifications où manquaient la critique, la mesure et le goût. Toutes les œuvres de l'esprit, vers cette époque, portent la trace de ce même affaiblissement. Après Aristote, Théophraste, Épicure et Zénon, il n'y aura plus de philosophes, il n'y aura, pendant des siècles, que des professeurs de philosophie, ce qui est bien différent. La grande éloquence, elle n'a plus de place dans le monde macédonien, elle est morte avec la liberté. La poésie, malgré la réputation dont jouirent auprès de leurs contemporains les Apollonius, les Callimaque et les Philétas, elle n'existe plus que de nom; tous ces hommes ne sont que des érudits, gens d'esprit qui savent bien faire les hexamètres ou les ïambes. Seul, au milieu de tous ces versificateurs, Théocrite

7

est un vrai poëte : l'idylle, entre ses mains, possède
une grâce et une couleur dont la vivacité et le charme
n'ont jamais été égalés par aucun de ses imitateurs;
mais lui non plus n'est pas exempt de quelque recherche,
et là même où il approche le plus de la perfection,
encore n'est-ce que dans un cadre étroit et dans de
courtes pièces. L'idylle, ce *petit tableau,* comme le
dit son nom même, ne peut, à elle seule, suffire à
compenser ce qui manque à la littérature alexandrine
du côté des genres supérieurs., l'épopée, l'ode et le
drame.

Cette décadence du génie grec, on l'a parfois attribuée aux conquêtes mêmes d'Alexandre; on a dit qu'il
avait vu diminuer sa force pour être sorti de chez lui,
pour être entré en contact avec l'esprit étranger, pour
avoir inondé l'Égypte, la Phénicie, l'Assyrie et la
Perse. Tel un beau fleuve qui, après avoir roulé à
grand bruit, entre de hautes berges, ses eaux lim-
pides, arrive à des terrains plats où il peut se répandre
en tout sens sur de vastes espaces; il perd alors en
profondeur ce qu'il gagne en étendue; la poussière le
trouble, le soleil l'échauffe, le courant devient lac ou
marais. Il y a dans cette explication une part de vérité;
mais là n'est pourtant point la cause principale de ce
changement. A y bien regarder, cette fatigue du génie
grec se trahissait déjà par plus d'un grave symptôme
avant qu'Alexandre n'eût ouvert à la Grèce les portes
de l'Asie. La Grèce avait subi la loi à laquelle sont
soumis tous les êtres vivants, les peuples comme les

individus : elle touchait à la vieillesse. Ses jours
n'étaient point comptés : avec un sage régime, elle
pouvait vivre encore de longues années; mais elle
n'avait plus cette jeune séve qui aspire à se répandre
au dehors et à donner la vie, elle avait passé l'âge
d'enfanter. Il y avait six ou sept siècles que la Grèce
avait produit son premier chef-d'œuvre, l'épopée
homérique; à partir de ce moment, ç'avait été une
suite ininterrompue de merveilles; après l'épopée
étaient venues la poésie didactique, l'ode et l'élégie,
puis le drame athénien avec la riche diversité de ses
formes, d'Eschyle à Euripide, d'Aristophane à Ménandre. Au moment où baissait le souffle poétique, la
prose était née : on avait eu l'histoire, l'éloquence et
la philosophie. Les arts plastiques, pour ne s'être développés qu'après les lettres, n'avaient pas été moins
féconds : architectes, peintres et sculpteurs s'étaient
montrés les dignes émules des poëtes dont ils traduisaient les conceptions, et ce qui reste de leurs ouvrages
n'a depuis lors cessé de faire l'admiration et le désespoir de la postérité. Chaque saison, on le voit, avait
eu sa récolte. Le tronc puissant de ce grand arbre avait
poussé en tout sens, l'une après l'autre, des branches
vigoureuses qui, chacune à son tour, s'étaient couvertes
de fleurs et de fruits; puis, peu à peu, tout en gardant
un vert feuillage qui prouvait que la vie n'était pas
éteinte au cœur du vieux chêne, elles étaient toutes
devenues stériles. Plus tard, à la faveur de la paix
romaine, il devait même y avoir une sorte de

renaissance. Comme ces marronniers que l'on voit
parfois, quand l'automne est beau, prendre le mois
d'octobre pour le mois d'avril, et faire une seconde
fois leur toilette de printemps, la Grèce devait avoir
encore, sous les empereurs, sinon des poëtes, sinon
même des prosateurs qui égalassent les anciens
maîtres, tout au moins des artistes distingués, des
historiens intéressants, de profonds philosophes,
d'éloquents orateurs; mais il lui fallait, avant ce
regain de vitalité féconde, un repos de deux ou
trois siècles.

Ce repos, dont la Grèce avait besoin, ne fut pas
d'ailleurs l'inaction. L'imagination était lasse; elle se
sentait incapable de plus rien créer de simple et de
grand, et jamais pourtant l'esprit grec ne se donna plus
de mouvement, ne fut plus actif et plus curieux. Ce
fut Alexandrie qui, pendant toute cette période, grâce
à sa situation et aux établissements scientifiques dont
la dotèrent les premiers Ptolémées, fut la vraie capitale
intellectuelle de l'hellénisme; sans méconnaître les titres
de Pergame, de Rhodes et d'Athènes, qui eurent aussi
leurs bibliothèques et leurs chaires, nous nous con-
formerons donc à l'usage généralement reçu : Alexandrie résumera pour nous tout l'effort, tout le travail
de la Grèce macédonienne[1].

---

1. Sur le mouvement d'études dont le *Musée* d'Alexandrie a été le
centre principal, on peut consulter surtout les ouvrages suivants : Ritschl,
*die Alexandrinische Bibliothek unter den ersten Ptolemœen* (Breslau,
1838); Parthey, *das Alexandrinische Museum* (Berlin, 1838); Em. Egger,
*Aristarque ( Mémoires de littérature ancienne*, VI).

La partie utile et vraiment féconde de cet effort, de ce travail, elle est tout entière dans ce que nous appelons aujourd'hui l'érudition et la critique. Arrivée au terme de son évolution, la race grecque, qui, depuis six siècles environ, n'a cessé de multiplier les œuvres originales, a l'idée de classer ses richesses. Comme l'industriel ou le négociant qui songe à la retraite, elle veut mettre ses comptes en ordre, faire ce que dans la langue commerciale on nomme son inventaire. Les ouvrages qui ont survécu au temps qui les vit naître sont d'inégale valeur : il s'agit de reconnaître ceux qui méritent le mieux d'être conservés et étudiés. Bien des livres ne portent pas le nom de leur véritable auteur, d'autres ont été altérés par des interpolations plus ou moins graves; enfin, même pour les chefs-d'œuvre, comme les poëmes d'Homère et les drames des trois grands tragiques, c'est à peine si tout récemment on a commencé à se préoccuper de les lire dans un texte exact et correct. Entre toutes ces recherches, les savants hommes qui se groupèrent autour du Musée d'Alexandrie n'avaient que l'embarras du choix; l'admirable collection de livres qu'y avait formée la munificence des Ptolémées facilitait singulièrement leurs études et leurs travaux. Quelques-uns de ces érudits, comme Zénodote, Aristophane de Byzance, Aristarque, furent surtout des éditeurs; on connaît leurs récensions d'Homère et de différents auteurs célèbres. D'autres, comme, par exemple, Callimaque, paraissent s'être occupés plutôt de dresser le bilan du passé, de déterminer

les genres, de vider les questions d'authenticité, de
signaler, parmi ces milliers d'auteurs dont on avait
recueilli les ouvrages, ceux qui dans chaque genre
étaient le plus dignes de servir de modèles. Le Musée
était aussi une université en même temps qu'une
bibliothèque et une académie : il y avait là des chaires
de grammaire, de critique verbale, d'histoire littéraire.
C'est pour répondre aux exigences de l'enseignement,
pour guider les maîtres et les élèves, que Callimaque
rédigea un livre qui n'est point arrivé jusqu'à nous,
mais d'où proviennent une foule de renseignements
qu'on trouve épars chez les lexicographes et les sco-
liastes. On le rencontre cité tantôt sous ce titre :
*Tableau de toute espèce d'écrits*[1], tantôt sous cet autre,
qui n'est que le développement du premier : *Tableaux
de ceux qui ont brillé dans les lettres et des ouvrages
qu'ils ont laissés*[2].

C'est, à ce qu'il semble, la première histoire littéraire qu'ait vue paraître le monde ancien. Elle était
distribuée en cent vingt livres, par ordre de matières.
Chaque livre comprenait un genre ou plutôt une sub-
division de tel ou tel genre. Au nom de chaque auteur
s'ajoutaient des renseignements chronologiques et bio-
graphiques avec l'indication des ouvrages authentiques,
douteux ou apocryphes qui lui étaient attribués. C'était
là, on le devine d'après le titre, plutôt un manuel destiné

---

1. Πίναξ παντοδάπων συγγραμμάτων.
2. Πίνακες τῶν ἐν πάσῃ παιδείᾳ διαλαμψάντων καὶ ὧν συνέγραψαν, ἐν
βιβλίοις κ΄ καὶ ρ΄.

aux bibliothécaires, aux professeurs, aux étudiants, qu'une composition semblable à nos cours de littérature, où l'on pût chercher quelque intérêt et quelque agrément. Tout ce que l'on pouvait demander à l'auteur, c'était la solidité de l'érudition et la sûreté de la critique. Quelle confiance Callimaque méritait-il à cet égard? Il est difficile de répondre à cette question. Nous savons qu'Aristophane de Byzance, un des maîtres de la science alexandrine, avait écrit un livre où il discutait et critiquait les tables de Callimaque [1]. Ce qui paraît probable, c'est que toutes les parties de ce vaste ensemble étaient bien loin d'avoir la même valeur; un seul homme n'aurait pu suffire à cette immense tâche. Poëte lui-même, Callimaque avait étudié avec le plus grand soin les épiques, les hymnographes, les élégiaques, les lyriques, qu'il imitait avec un art ingénieux; il était moins compétent pour ce qui regardait l'éloquence attique. On a lieu de croire que c'est lui qui a rangé les discours dont se compose la collection des orateurs dans l'ordre et sous les rubriques où nous les trouvons dans nos manuscrits [2]; or, pour ne parler que de Démosthène, la collection des discours qui portent son nom contient un certain nombre de pièces à propos desquelles le doute n'est point permis, qui ne peuvent évidemment pas lui appartenir. Callimaque, dans ce chapitre de son encyclopédie, aurait donc fait preuve

1. Athénée, IX, p. 408, F.
2. C'était la partie qui portait le titre de ἀναγραφὴ τῶν ῥητορικῶν, sous-entendu συγγραμμάτων.

de quelque insuffisance et de quelque légèreté [1].

Pour chaque genre, Callimaque, dont l'exemple fut suivi par ses successeurs, avait dressé la liste des auteurs qui l'avaient cultivé avec le plus de succès, qui étaient ce que nous appellerions *les classiques*. Ces listes portaient le titre, sous lequel on les apprenait par cœur dans les écoles, de *canons* ou règles. Il y eut le *canon* des poëtes épiques, celui des lyriques, celui des orateurs. Il va de soi que l'arbitraire dut jouer un grand rôle dans la rédaction de ces listes; le désir d'atteindre ou de ne pas dépasser un certain chiffre, d'aider la mémoire et d'obtenir l'uniformité, dut ici faire admettre parmi les classiques tel auteur médiocre, et là au contraire exclure et exposer ainsi à l'oubli tel écrivain distingué. Le nombre dix revient souvent dans ces tables, qu'ont reproduites les grammairiens postérieurs. C'est

---

1. Photius, qui n'est là sans doute que l'écho de critiques antérieurs, n'accorde pas grande autorité à Callimaque. A propos d'un discours intitulé : *Pour Satyros à propos d'une tutelle contre Charidème,* il dit que les plus habiles connaisseurs y signalent tous les caractères d'une composition de Démosthène, mais que Callimaque, médiocre juge, l'attribue à Dinarque (ὁ δὲ Καλλίμαχος, οὐχ ἱκανὸς ὢν κρίνειν, Δεινάρχου νομίζει). *Bibl.,* cod. 265, p. 491, 6, 29.

La bibliothèque de Pergame avait aussi ses catalogues, rédigés sans doute par quelque autre grammairien, et qui ne devaient pas s'accorder toujours, sur les questions d'attribution, avec ceux d'Alexandrie. On les trouve cités par Denys, à propos d'un orateur qu'il dit ne pas connaître d'ailleurs, sous ce titre : Ἐν τοῖς περγαμηνοῖς πίναξι, t. V, p. 661. Sur les raisons que nous avons de croire que Callimaque mérite moins de confiance pour tout ce qui regarde les orateurs que pour les autres parties de son œuvre, voir dans Schæfer (*Demosthenes, Beilage,* p. 317-322) la conclusion de ses laborieuses recherches sur l'authenticité des discours de Démosthène. Schæfer cite là une note de Redhantz où cet érudit résume la discussion avec beaucoup d'autorité et de précision.

celui qui nous est donné pour les orateurs attiques. Ils y sont ainsi rangés, par ordre chronologique : Antiphon, Andocide, Lysias, Isocrate, Isée, Eschine, Lycurgue, Démosthène, Hypéride et Dinarque. Nous nous proposons d'étudier d'abord l'homme remarquable qui figure en tête de cette liste, Antiphon : c'est à la fois un type curieux d'aristocrate athénien et un écrivain d'une haute valeur, le maître et le modèle du plus grand historien de l'antiquité, de Thucydide [1].

## II.

Antiphon, fils de Sophilos, était du bourg de Rhamnunte, situé sur la côte septentrionale de l'Attique, en face de l'Eubée, au milieu d'âpres montagnes. Ce canton sauvage et privé d'eau, avec sa plage qui n'a point de ports, avec les profonds ravins qui le coupent en tout sens, n'a jamais dû être très-peuplé, ni posséder une ville florissante par l'agriculture ou le commerce maritime. C'était surtout comme centre religieux, comme domicile d'un culte antique et particulier, celui de la vieille déesse Némésis, c'était

1. Sur Antiphon, voir Ottfried Müller, ch. XXXIII; Westermann, § 40 et 41 ; Spengel, 105-120.

aussi comme position militaire sur cette pointe avancée d'où l'on surveille toute l'entrée de l'Euripe que Rhamnunte avait dû attirer l'attention des Athéniens. Toujours est-il que, dans le cours du $v^e$ siècle et du temps même où vivait Antiphon, on construisit là une acropole tout en marbre blanc, qui, par la perfection de l'appareil, est un des plus beaux modèles aujour- d'hui conservés de l'architecture militaire des Grecs. Au-dessus de cette citadelle, qui domine le rivage, se dressaient deux temples, portés sur une terrasse qui, comme l'un de ces édifices religieux et comme la forteresse, est aussi construite en belles assises régu- lières de marbre. Des deux temples, le plus petit, bâti en pierre, doit, avec son appareil polygonal, être le plus ancien ; on l'a cru parfois antérieur aux guerres médiques. Quant à l'autre, d'après les architectes qui l'ont étudié de près, il rappelle à certains égards le temple de Thésée ; il appartiendrait donc, comme la terrassse qui le soutient, comme la citadelle qui en défendait les abords, à l'âge classique de l'art athé- nien, à l'époque de Cimon et de Périclès.

Aujourd'hui tout ce district est presque désert ; seuls, quelques archéologues et quelques artistes affrontent ces gorges pierreuses et ces scabreux sen- tiers ; on prend alors ce chemin pour aller de Mara- thon à Chalcis et revenir à Athènes par Décélie, entre le Pentélique et le Parnès. Ces monuments de Rhamnunte offrent des traits curieux qui les rendent intéressants pour le voyageur érudit ; mais de plus les

ruines mêmes et le site ont assez de beauté pour
 édommager de leur peine ceux qui recherchent surtout le pittoresque. Je n'oublierai jamais les quelques
heures que j'ai passées là, il y a déjà longtemps,
par une radieuse matinée d'avril. Pendant que nous
examinions ce qui restait des anciens sanctuaires et
de leurs défenses, notre guide songeait au déjeuner;
il avait acheté un agneau à l'un de ces pâtres appelés
*Vlaques* qui, avec leurs brebis et leurs chèvres éparses
dans les buissons de myrtes et de lentisques, sont à
peu près les seuls habitants de ce canton. Quand nous
revînmes, l'agneau, soutenu sur deux fourches fichées
en terre par un jeune pin sylvestre qui servait de
broche, cuisait tout entier devant un feu clair, et la
graisse coulait à grosses gouttes sur les charbons
ardents. Devant notre tapis étendu à l'ombre avait été
préparée une jonchée de verts branchages sur lesquels le succulent rôti, rapidement découpé par le
coutelas d'un berger, laissa bientôt tomber côtelettes
et gigots.

Ce qui nous fit prolonger là notre halte après
que notre appétit fut satisfait, ce fut la vue magnifique dont on jouissait de la plate-forme où nous
étions établis, dans un coin de l'acropole. A nos pieds,
c'était la mer, veloutée de chatoyants reflets par le
soleil, par la brise, par les nuages qui passaient au
ciel. En face de nous se dressaient les hautes et sévères
côtes de l'Eubée, dominée par la pyramide du Dir-
phys. Ce fier sommet était encore tout blanc des

neiges de l'hiver ; au contraire, si nous nous retour-
nions vers les gorges qui se creusaient autour de nous
dans la montagne, entre des parois de marbre rougies
et comme hâlées par le soleil, c'était le printemps de
la Grèce dans tout son épanouissement et son éclat.
Dans le fond des ravins, là où un peu d'eau filtrait
sous les cailloux, arbres de Judée et cytises mêlaient
leurs brillantes couleurs au tendre feuillage des platanes,
et sur les pentes les plus âpres des milliers de genêts
en fleur étincelaient parmi la verdure des genévriers,
des chênes et des oliviers francs.

Dans l'antiquité, toute cette portion du territoire
athénien, qui faisait partie de ce que l'on appelait la
*Diakria* ou le « haut pays », sans avoir de gros villages ni une population aussi dense que celle des plaines
d'Athènes ou d'Éleusis, devait pourtant présenter un
aspect assez différent de celui qu'elle offre aujourd'hui ;
je me la représente assez semblable à ce que sont maintenant certains districts montueux de la Grèce moderne
où le désir d'éviter le contact des Turcs avait rejeté et
cantonné les Hellènes : il en était ainsi du Magne, de
la Tzaconie, des environs de Karytena en Arcadie.
Partout là, une industrieuse persévérance a mis à profit
tout ce que pouvaient offrir de ressources le sol et le
climat. Sur des pentes abruptes et presque verticales,
de petits murs en pierres sèches s'efforcent de retenir
une mince couche de terre végétale ; malgré ces précautions, les grandes pluies de l'hiver et les vents de
l'été en emportent une partie jusqu'au fond de la vallée,

sans jamais se lasser, hommes, femmes, enfants, travaillent sans relâche à réparer ces dégâts. Que de fois,
admirant la patience de ces sobres et tenaces montagnards, je les ai suivis des yeux pendant qu'ils allaient
ainsi lentement, le dos courbé sous leurs hottes pleines,
gravissant des sentiers sablonneux ou d'étroits esca-
caliers taillés à même la roche qui leur renvoyait toutes
les ardeurs du soleil ! Au bout de quelques années,
il n'est pas peut-être une parcelle du terrain dans
chacun de ces petits champs qui n'ait fait plusieurs
fois le voyage, qui n'ait glissé jusqu'au bord du tor-
rent pour être ensuite ramenée, pelletée par pelletée,
sur une des terrasses supérieures. Ces sacrifices sont
récompensés. Le long du ruisseau, là où les côtes
s'écartent et laissent entre elles un peu d'espace, l'eau,
soigneusement ménagée, mesurée par heures et par
minutes à chaque propriétaire, court bruyante et claire
dans les rigoles ; elle arrose des vergers où croissent,
suivant les lieux, soit l'oranger, le citronnier et le gre-
nadier, soit les arbres de nos climats tempérés, le
pêcher, le pommier et le poirier ; à leur ombre gros-
sissent la fève et l'énorme courge. Plus haut, sur les
versants les moins roides et les moins pierreux, là où
la légère charrue inventée par Triptolème a trouvé assez
de place pour tracer le sillon, l'orge et le seigle ver-
dissent au printemps, et, dans les bonnes années,
profitent pour mûrir des tardifs soleils d'automne. Ce
qui d'ailleurs réussit le mieux dans ces montagnes, ce
qui paye vraiment les habitants de leurs peines, c'est

l'olivier, dont les puissantes racines étreignent le roc
et semblent faire corps avec lui ; c'est la vigne, qui,
d'étage en étage, grimpe presque jusqu'aux sommets.
A l'un et à l'autre, pour donner une huile et un vin
qui seraient les plus savoureux du monde, s'ils étaient
mieux préparés, il suffit de beaucoup de soleil, d'un
peu de terre et de quelques coups de hoyau qui viennent
à propos ameublir le sol et le dégager des plantes
parasites.

C'est ainsi que dans l'Attique, au temps de sa
prospérité, même les cantons aujourd'hui les plus
déserts et les plus ′stériles devaient être habités et
cultivés. Sur beaucoup de ces croupes où le roc
affleure presque partout, où verdit à peine , aux
premiers jours du printemps, une herbe courte, diaprée
d'anémones et de cistes, qui jaunira dès le mois de mai,
il y avait jadis une couche plus épaisse de terre végétale. Dans les ravins, là où j'ai perdu plus d'une fois
mon chemin en poursuivant la perdrix rouge ou la
bécasse à travers des maquis touffus, on a, pendant
bien des siècles, fait la vendange et la cueillette des
olives ; c'est ce dont témoignent, sur les pentes les
mieux exposées aux rayons du midi ou du couchant,
des restes de murs et de terrassements que l'on distingue encore dans l'épaisseur du fourré. Dans les
endroits où la culture était à peu près impossible, des
bois de pins, aujourd'hui presque entièrement détruits,
empêchaient la montagne de se dénuder ; dans les
clairières et entre les rocs mêmes poussaient la sauge,

la campanule et le thym, toutes ces plantes aromatiques, tous ces vigoureux arbustes que se plaît à tondre la dent des moutons et des chèvres.

Tous ces cantons agrestes et montueux de l'Attique semblent avoir été, dans le siècle de Solon et surtout après les guerres médiques, l'asile et le rempart des traditions aristocratiques. Les matelots du Pirée, les artisans et les petits marchands de la ville, enhardis par les services rendus à la cité, enrichis par le commerce, éprouvèrent de bonne heure le désir de s'assurer des garanties contre l'autorité que les *eupatrides* ou nobles avaient jusqu'alors exercée sans contrôle. Bientôt ces garanties, qui, après Solon et Clisthènes, étaient déjà sérieuses, ne suffirent plus à leur ambition; victorieuse à Salamine, « la foule maritime, » comme l'appelle Aristote[1], voulut un rôle plus actif et réclama sa part du pouvoir. Aristide ouvrit aux citoyens de la dernière classe l'accès des magistratures; d'autres, peut-être Éphialte et Périclès, établirent les grands jurys populaires et les firent présider par des archontes que le sort avait désignés[2]. Quoique ces réformes eussent profondément changé la constitution d'Athènes, les héritiers des eupatrides ne se résignèrent point. Pendant tout le v^e siècle, ils ne cessèrent de lutter sur le Pnyx en faisant, ce qui était leur droit, le plus habile usage de toutes les armes légales; mais, ce qui est

---

1. *Politique*, V, 3, 5 (éd. Didot).
2. Voir mon *Essai sur le droit public d'Athènes*, 213-224.

moins à leur honneur, quand ils voyaient le scrutin se
prononcer contre eux, ils n'hésitaient point à recourir aux complots et à conspirer avec l'étranger. Ils
avaient souhaité la victoire des Spartiates; ils ne rou-
girent donc pas, après Ægos-Potamos, d'accepter des
mains de Lysandre Athènes vaincue, affamée, agoni-
sante. Là les attendait le châtiment. Par la manière
dont elle exerça le pouvoir, l'oligarchie des Trente
déshonora sans retour sa cause et son nom même. Ce
furent moins Thrasybule et ses braves compagnons que
Critias et ses complices qui tuèrent à Athènes la tradition aristocratique. Pendant quelques mois, ce fut une
véritable orgie de vengeance, de rapine et de folle
cruauté; puis ce parti disparut à jamais de l'histoire
d'Athènes. Il avait fini, comme finissent dans leur dernier retour de fortune tous les partis rétrogrades, par
un suicide.

On n'en était pas encore là dans les brillantes
années qui virent, au lendemain de Salamine et de
Platée, la société athénienne se reconstituer. Entre les
grandes familles avec leur héréditaire prestige et ce
peuple qui devenait d'année en année plus nombreux
et plus entreprenant, les forces paraissaient à peu près
balancées. Le parti aristocratique représentait la propriété foncière, le parti démocratique la propriété mobi-
lière. Pendant des siècles, il n'y avait guère eu d'autre
manière d'être riche que de posséder beaucoup de
terres et de troupeaux; c'était le commerce qui, depuis
le moment où Athènes était maîtresse des mers, avait fait

travailler l'argent et créé aussi une nouvelle forme de la richesse. Les laboureurs de la plaine et les vignerons des collines tournées vers Athènes, cultivant les meilleures ou, si l'on veut, les moins mauvaises terres de l'Attique, avaient dû acquérir de l'aisance et devenir peu à peu propriétaires d'une partie tout au moins du sol. Voisins de la ville où leurs affaires les amenaient sans cesse, il leur était plus facile d'assister régulièrement aux assemblées et de s'y imprégner de l'esprit nouveau, de s'associer aux réclamations et aux ambitions de la petite bourgeoisie urbaine. Au contraire les habitants de ces districts reculés, auxquels il fallait pour gagner Athènes une grande journée de marche, s'y rendaient bien moins souvent ; ils n'y paraissaient que de loin en loin. Plus disséminés, plus pauvres et plus rudes que leurs concitoyens de la ville et du port, ils restaient sans doute plus soumis à la tradition, plus fidèles aux anciens usages, plus respectueux envers les riches propriétaires qui de père en fils possédaient de vastes domaines dans ces montagnes, livrées en grande partie à la vaine pâture. L'aristocratie ne pouvait manquer de compter beaucoup de clients parmi ces vignerons, ces bûcherons et ces bergers. Là, dans les rangs de ces montagnards accoutumés aux durs ouvrages, se trouvaient ces « soldats de Marathon », ces *Marathonomaches,* comme dit Aristophane [1], qu'il célèbre comme les vrais représentants de l'ancienne

1. *Acharniens,* 181 ; *Nuées,* 986.

8

énergie et des vieilles vertus nationales. Accoutumés à
vivre sous le patronage d'Eupatrides dont la demeure
patrimoniale était la plus belle maison de leur vi lage
et dont la généalogie se rattachait à des légendes et à
des religions locales, ces hommes, quand ils descendaient à Athènes pour assister à l'assemblée, appuyaient
en général de leur vote les chefs de ce que nous appellerions dans la langue de la politique moderne le parti
conservateur.

C'est sans doute à une ancienne famille, qui avait
là ses propriétés et son influence héréditaire, qu'appartenait Antiphon, du bourg de Rhamnunte, l'homme qui,
sans jouer en public le premier rôle, fut, pendant la
guerre du Péloponèse, la plus forte tête et le véritable
meneur du parti aristocratique. Par malheur, si nous
en savons assez pour nous faire une haute idée du
talent d'Antiphon et de l'importance de son rôle, nous
manquons de détails sur les circonstances de sa vie.
Les biographies que lui ont consacrées le Pseudo-Plu-
tarque et Philostrate sont pleines de confusions et de
contradictions ; ce qui nous est resté de ses œuvres ne
nous apprend rien sur sa personne. Le texte capital,
celui qui, bien mieux que tous les bavardages des compilateurs, nous fait connaître Antiphon, c'est une page
d'un contemporain, de Thucydide. C'est à propos de
la révolution aristocratique, tentée en 411 pour sup-
primer la constitution athénienne, qu'il insiste sur Antiphon et sur la part que prit ce personnage à toutes
ces intrigues. Le nouveau gouvernement, raconte-t il,

fut publiquement proposé au peuple par Pisandre ;
mais celui qui en avait tracé tout le plan et qui
s'était occupé surtout de l'exécution, c'était Antiphon,
« homme, continue l'historien, qui ne le cédait en
mérite à aucun de ses compatriotes, et qui excellait
tout à la fois à concevoir et à exprimer ses pensées. Il
est vrai qu'il ne prononçait pas de discours devant le
peuple et ne s'engageait de lui-même dans aucun débat
public, car il craignait la méfiance qu'inspirait au peuple
la puissance de sa parole ; mais il n'y avait personne
à Athènes de plus capable de servir par ses conseils
ceux qui avaient une lutte à soutenir en justice ou
devant le peuple, et la défense la plus parfaite qui ait
été jusqu'à ce jour entendue dans une cause capitale
est celle que prononça Antiphon alors qu'après la
chute des Quatre-Cents il fut accusé comme leur
partisan [1] ».

Cette éloquence ne suffit pas à le sauver. Selon le
droit du temps, il ne méritait que trop la mort. Depuis
plusieurs mois, ses amis et lui avaient fait disparaître
tous les plus honnêtes gens du parti opposé. Les uns
avaient été frappés dans l'ombre par des spadassins
qu'enrôlaient et que payaient les membres des *hétairies*
ou clubs aristocratiques ; les autres avaient succombé
sous des verdicts arrachés aux tribunaux par la terreur, et qui n'étaient autre chose que des meurtres juridiques. Tous ceux qui n'avaient point cherché à temps

1. Thucydide, VIII, 68.

un refuge auprès de l'armée de Samos étaient ainsi
tombés tour à tour. Bientôt les meneurs oligarchiques
avaient vu que la résistance de cette armée, sincère-
ment attachée aux institutions démocratiques et dirigée
par des hommes de cœur tels que Thrasylle et Thrasybule, pouvait faire avorter leurs projets. Alors Phrynichos et Antiphon étaient partis pour Sparte comme
ambassadeurs; en échange de l'autorité qui leur serait
garantie, ils offraient de recevoir la flotte péloponésienne dans le Pirée et une garnison dans l'acropole;
ils voulaient livrer Athènes à l'étranger. Si Athènes fut
alors sauvée, elle ne le dut qu'à l'apathie et à la lenteur
spartiates. Voilà ce qu'avait fait Antiphon : n'était-ce
point assez pour justifier toutes les représailles, toutes
les violences même de la démocratie triomphante? Mais
un siècle de gouvernement libre avait donné à ce
peuple athénien, que l'on a tant calomnié, un profond
respect de la légalité; ceux mêmes qui avaient mis
à mort sans jugement beaucoup des meilleurs parmi
leurs concitoyens obtinrent le bénéfice d'un débat
public et contradictoire. On peut lire dans le Pseudo-
Plutarque le texte du plébiscite qui renvoya devant le
jury Antiphon, accusé de haute trahison, et celui de
la sentence qui le frappa [1]. Des principaux auteurs du
coup d'État qui avait mis Athènes à deux doigts de sa
ruine, Antiphon était, avec un certain Archéptolème,
le seul qui ne se fût pas soustrait par la fuite à la juste

---

1. *Vies des dix orateurs*, I, 23-29.

colère du peuple. Fut-ce l'âge et les infirmités qui le retinrent, comptait-il sur le pouvoir et le charme de son éloquence ? On ne sait ; toujours est-il qu'il ne fit aucun effort pour éviter le danger et qu'il se présenta au jour dit devant le tribunal qui devait prononcer sur son sort.

Les débats de ce procès, où se pressa la foule, firent sur l'esprit des Athéniens une profonde impression, et laissèrent des souvenirs dont la vivacité nous est attestée par les expressions mêmes de Thucydide, ainsi que par différentes allusions et anecdotes qu'il serait aisé de recueillir chez les anciens. L'importance politique de l'affaire aurait déjà suffi à éveiller l'attention : il s'agissait de savoir si des ambitieux, ennemis héréditaires des institutions que s'était données la majorité du peuple athénien et qui lui avaient assuré tout un siècle de prospérité et de grandeur, pourraient impunément continuer à troubler la cité, à l'agiter de leurs rancunes et de leurs haines, à conspirer dans l'ombre de leurs sociétés secrètes, et à menacer son indépendance en mendiant contre elle le secours de l'étranger. Les Athéniens en ce moment étaient d'autant plus attachés à leurs libertés qu'ils les avaient crues, quelques semaines auparavant, détruites pour toujours ; ils avaient d'ailleurs pu juger à l'essai le régime dont les feraient jouir, quand ils seraient les maîtres, ceux qui se décernaient si complaisamment à eux-mêmes le titre de parti des *meilleurs*, des *honnêtes gens*. Le sentiment démocratique avait donc alors un entrain, une chaleur qu'atteste assez l'éloquent décret de Démophante. Ce texte curieux nous a été conservé dans le discours d'Andocide *sur les mystères;* il contient un serment que durent prêter en 410 tous les Athéniens, serment par lequel ils s'engageaient à maintenir envers et contre tous les vieilles lois de Solon et les franchises qu'elles consacraient [1].

Par la véhémence de ces paroles enflammées, on peut se faire une idée de la sourde indignation qui fermentait dans tous les cœurs le jour où le jury, pour la première fois convoqué après quatre mois de clôture de la salle de ses séances, vit paraître à sa barre les deux prévenus qui, en l'absence des autres conspirateurs plus avisés, venaient seuls répondre des intrigues et des violences au moyen desquelles on avait essayé de changer la constitution d'Athènes.

Mais là n'était pas tout l'intérêt. Les Athéniens étaient trop amateurs du talent et du beau langage, trop artistes en un mot, pour que la curiosité, même en de si graves conjonctures,. ne conservât pas ses droits. Antiphon n'était pas populaire. Les Athéniens avaient conscience de l'empire qu'exerçait sur eux l'éloquence, et ils craignaient toujours de ne point être assez en garde contre ses séductions. Ils étaient mal disposés pour tous ces esprits raffinés que l'on désignait sous le nom de *sophistes,* lesquels aimaient à se

---

1. *Sur les mystères,* 96-98.

vanter de savoir persuader à la foule ce qu'il leur plaisait de lui faire croire, d'enseigner à la tromper et à se jouer de sa crédulité. La foule se sentait, non sans quelque raison, méprisée par eux ; elle savait qu'ils ne se faisaient point faute de railler dans leurs petits cercles fermés les institutions démocratiques et l'égalité qu'elles prétendaient établir entre les hommes. Le peuple se méfiait donc de ces gens qui se donnaient comme plus sages que tous leurs concitoyens et que le législateur lui-même ; il les craignait comme des magiciens toujours disposés à faire sur lui l'expérience de leur pouvoir et de leurs sortiléges ; il devinait chez eux un dédain et une malveillance qui pouvaient, comme ce fut le cas pour Antiphon, se changer au premier jour en une hostilité déclarée. Déjà, on le sait, un des maîtres de Périclès, Damon, avait été victime de ces soupçons ; l'ostracisme l'avait frappé moins pour un crime défini que pour les sentiments qui lui étaient attribués par les inquiétudes de l'opinion. Plus tard, ce qui surtout perdit Socrate, ce fut la réputation qu'il avait d'être ennemi de la démocratie. Antiphon, bien avant même que, dans les dernières années de sa vie, il ne jouât un rôle important, avait dû être suspect au public. L'aïeul d'Antiphon, qui, suivant l'usage athénien, portait sans doute le même nom que son petit-fils, passait déjà pour avoir été mêlé à je ne sais quelles menées factieuses, probablement comme partisan de l'oligarchie ; c'est ce que nous apprennent quelques mots de la défense d'Antiphon conservés par un lexi-

cographe[1]. Son père, Sophilos, s'il faut en croire l'auteur de ces *Vies des dix orateurs* qui ont été recueillies
parmi les œuvres de Plutarque, était lui-même sophiste[2];
Sophilos avait été le premier maître de son fils. Ainsi
Antiphon avait hérité tout à la fois des connaissances
paternelles et de la défaveur qui s'attachait aux études
des sophistes. L'attitude qu'il prit n'était pas faite pour
lui ramener les sympathies que s'était déjà aliénées sa
famille. En effet, il ne s'était pas contenté d'enseigner
la rhétorique, comme Tisias ou Gorgias; il avait le premier donné l'exemple d'écrire à prix d'argent des discours pour ceux qui avaient à paraître en justice, et
qui ne se sentaient point capables de rédiger eux-mêmes
le plaidoyer qu'ils devaient prononcer. Le plaideur
apprenait par cœur la harangue qu'il avait achetée, et
la récitait de son mieux en tâchant de faire croire qu'il
en était l'auteur. Il y avait là une sorte de tricherie que
les Athéniens toléraient, tout en éprouvant quelque dé-
plaisir de ne pouvoir faire autrement : c'était un moyen
d'éluder la loi qui exigeait que tout Athénien compa-
rût en personne et exposât lui-même son affaire, c'était
une fraude qui exposait les juges à se voir trompés par
les secrètes habiletés et l'art subtil du rhéteur, caché
derrière le plaideur, simple bourgeois ou paysan que
l'on était disposé à écouter sans défiance. Le jury athénien sentait là un piége tendu à sa bonne foi; il en
voulait à ceux qui, en faisant métier et marchandise

1. Fragments d'Antiphon, 1.
2. *Vies des dix orateurs,* I, 1.

de la parole, le forçaient à se mettre toujours en garde
contre des surprises dont souffriraient l'équité et le bon
droit. Déjà mal vu comme sophiste et rhéteur, Antiphon s'était rendu plus suspect encore en créant à
Athènes cette nouvelle et profitable industrie du *logographe* ou fabricant de discours [1]. Ce n'était pas, comme
plus tard Isocrate, une invincible timidité qui l'avait
écarté de la tribune du Pnyx et empêché d'être, tant
que dura le régime démocratique, un orateur, un homme
public : il ne donna, dans la dernière partie de sa
carrière, que trop de preuves d'une décision et d'une
énergie qui ne reculaient même pas devant le crime.
Non, ce qui l'avait tenu à l'écart, ce qui l'avait réduit,
jusqu'au jour où ses amis s'emparèrent violemment
du pouvoir, à n'être qu'une sorte d'homme d'Etat
consultant, chef occulte d'un parti de conspirateurs,
c'étaient les craintes et l'antipathie qu'il inspirait.

On ne l'aimait donc pas, mais on n'en avait qu'une
plus haute idée des ressources de son art et de son
talent. Les méfiances qui lui avaient fermé le Pnyx et
les tribunaux avaient privé le public des moyens de
l'entendre ; ce privilége n'avait été accordé qu'à ses
élèves et à ses amis politiques. Sans doute, depuis qu'il
avait assumé la direction de l'intrigue oligarchique,
Antiphon avait dû plus d'une fois prendre la parole
dans les réunions des conjurés et dans le conseil des
Quatre-Cents; mais ce qui est certain, c'est que ce lettré,

1. Thucydide, VIII, 63. *Vies des dix orateurs*, I, 3, 16. Philostrate,
*Vies des sophistes*, p. 498.

ce rhéteur, cet ennemi des institutions démocratiques n'avait jamais fait à ce peuple qu'il méprisait l'honneur de lui adresser la parole soit sur le Pnyx, soit dans un de ses tribunaux. La nécessité le contraignait enfin à sortir de ce silence dédaigneux; on allait voir comment se tirerait d'affaire, maintenant que sa propre vie était en péril, cet habile avocat dont l'adresse avait peut-être soustrait tant d'accusés à une juste condamnation. Il y avait là pour le peuple une satisfaction de vanité tout à la fois et un grand intérêt de curiosité; tout en punissant des actes qu'il semblait devoir être bien difficile de justifier, on aurait le plaisir d'entendre enfin l'homme qui, depuis que Gorgias ne séjournait plus à Athènes, y représentait avec le plus d'éclat cet art nouveau de la rhétorique. Plus d'un ennemi politique d'Antiphon se demandait si ses disciples et son parti ne l'avaient pas surfait, si ce n'était point là une de ces réputations de coterie qui ne supportent point l'épreuve de la discussion publique et du plein jour. Quant aux lettrés et aux délicats, ils savaient à quoi s'en tenir, et dès l'aube ils étaient à leur poste, pressés devant les portes encore fermées du tribunal; ils voulaient être les premiers à les franchir dès qu'elles s'ouvriraient, afin d'être placés tout près de la barrière qui séparait les jurés de l'auditoire; il ne fallait pas perdre une seule des paroles de l'éloquent orateur, qu'élèverait encore au-dessus de lui-même la gravité des circonstances. Comme plus tard ce procès de Callistrate d'Aphidna auquel on attribue le mérite d'avoir éveillé le génie du jeune Démosthène, le procès d'Antiphon, dans cette ville passionnée pour les choses de l'esprit, fut un événement littéraire autant que politique.

Les débats répondirent à l'attente qu'ils avaient excitée. Dix coaccusateurs (συνήγοροι) avaient été chargés de porter la parole au nom de la cité [1]. C'est ce qui se faisait d'habitude dans les procès de haute trahison ; de plus le décret du sénat qui renvoyait Antiphon devant le jury avait réservé à tout citoyen la faculté de s'adjoindre à ces délégués pour mieux mettre en lumière les crimes d'Antiphon. C'était en effet au patriotisme des particuliers qu'était confié, dans le cours ordinaire des choses, le soin de faire observer les lois et de citer devant le magistrat compétent ceux qui les enfreignaient; pour que l'État prît la peine de se donner à lui-même des avocats, de désigner les orateurs qui seraient investis du droit de poursuivre, il fallait des cas exceptionnels et une procédure spéciale, que l'on appelait *eisangélie* (εἰσαγγελία) ou dénonciation; mais alors même qu'elle instituait une sorte de ministère public, Athènes tenait à ne point décourager, à ne jamais exclure l'initiative privée [2].

Quelque ennemi personnel d'Antiphon profita-t-il de la permission, les accusateurs qu'avait nommés le sénat firent-ils honneur à ce choix? Tout ce que nous savons

---

1. *Vies des dix orateurs*, I, 25, 26.
2. Voir sur l'εἰσαγγελία surtout le discours récemment retrouvé d'Hypéride *contre Euxénippe*, prononcé dans une cause de ce genre, et l'*Essai sur le droit public* d'Athènes, p. 321-324.

par un court fragment d'Antiphon, c'est que l'un de
ceux qui portèrent la parole contre lui s'appelait Apo-
lexis[1]. Ce personnage est d'ailleurs à peu près inconnu.
La seule chose certaine, c'est que le principal acteur
du drame, Antiphon, se montra tout à fait à la hauteur de sa réputation. Son discours avait été recueilli
et conservé. C'est, on n'en saurait guère douter, celui
que les grammairiens mentionnent à plusieurs reprises
sous ce titre : *De la révolution* (περὶ μεταστάσεως). Antiphon dut en effet se trouver conduit à y exposer tout
le plan des prétendues réformes que ses amis et lui
avaient essayé d'accomplir; il ne pouvait dissimuler la
part qu'il avait prise à ces tentatives. Malheureusement
les fragments qui nous sont donnés comme appartenant
à ce plaidoyer ne se composent guère que d'un mot ou
d'une phrase sans aucun intérêt; mais Suidas cite, sans
indication du discours auquel il l'emprunte, un fragment qui doit être restitué à cette apologie : « On vous
a demandé de ne pas vous laisser prendre de pitié pour
moi; on a craint que par des larmes et des supplica-
tions je ne m'efforçasse de vous fléchir[2]. » Ceci s'en-
cadre merveilleusement dans l'exorde de cette défense,
telle que nous pouvions nous l'imaginer d'après ce que
nous savons des habitudes de l'ancienne éloquence
athénienne et du caractère même d'Antiphon. L'orateur à Athènes était forcé de s'interdire tout ce qui
aurait semblé ne s'adresser qu'à la partie sensible de

1. Fragment 1.
2. Fragment 135 (Suidas. S, V. ἱκετεύω).

l'âme. Sans doute un habile homme, comme Antiphon ou Lysias, savait bien trouver moyen de toucher et de remuer les cœurs sans en avoir l'air; mais il fallait qu'il cachât son jeu, autrement ses auditeurs se seraient mis en garde. Les cordes qu'il voulait faire vibrer se fussent détendues ou brisées sous l'archet. Antiphon avait une trop haute idée de lui-même et de son art pour s'exposer à recevoir de personne une leçon de goût.

Il avait aussi trop d'orgueil pour chercher à se soustraire, par un humble et tardif désaveu, aux conséquences de ses actes. Peut-être le sentiment qui l'avait décidé à rester, quand ses complices fuyaient de toutes parts, le porta-t-il à revendiquer hautement la pleine responsabilité de la politique dont il avait été le principal inspirateur. Sa seule chance de salut, c'était de prouver aux juges qu'il n'avait agi ou cru agir que pour le bien d'Athènes. La rhétorique, pour emprunter les mots mêmes dont se sert un des successeurs les plus convaincus d'Antiphon, Isocrate, « sait faire paraître petites les grandes choses, et grandes les petites [1] ». Ce n'était vraiment pas trop vanter sa puissance, si elle réussissait à désarmer d'une juste colère la démocratie victorieuse, à la convaincre des bonnes intentions de ceux qui avaient assassiné ses chefs et tout preparé pour ouvrir les portes d'Athènes

---

1. Maximus Planudes, t. V. p. 551, éd. Walz : Καὶ γὰρ Ἰσοκράτης ἔργον ἔφασκεν εἶναι ῥητορικῆς τὰ μὲν σμικρὰ μεγάλως εἰπεῖν, τὰ δὲ μεγάλα σμικρῶς, καὶ τὰ μὲν καινὰ παλαιῶς, τὰ δὲ παλαιὰ καινῶς.

à son cruel ennemi. Malgré tout son talent, Antiphon ne pouvait pas faire, ne fit pas ce miracle. Le jury, nous ne savons à quelle majorité, déclara par son verdict les deux prévenus coupables du crime de haute trahison. Antiphon était sans doute le premier à prévoir cette sentence; il n'en fut point abattu; il jouit plutôt de l'impression produite par son style savant et sa ferme parole. Les juges même qui le condamnaient n'avaient pu dissimuler le plaisir qu'ils éprouvaient à l'entendre; peut-être avaient-ils eu grand'peine à s'empêcher d'applaudir aux beaux endroits. Quant aux curieux et aux connaisseurs, ils laissaient éclater bien haut leur enthousiasme. Le poëte tragique Agathon, que Platon nous présente dans *le Banquet* comme l'un des esprits les plus vifs et les plus délicats de son temps, comme le digne interlocuteur de Socrate, d'Aristophane et d'Alcibiade, avait assisté à cette joute oratoire. Après l'arrêt, il s'approcha d'Antiphon pour lui dire combien il avait été frappé de son éloquence et attristé de sa condamnation. « Le suffrage d'un seul homme de goût, répondit Antiphon en souriant, a pour moi plus de valeur que celui de toute une foule de gens du commun [1]. » Il y avait à la fois dans Antiphon l'orgueil

---

1. Ce n'est pas là une de ces anecdotes apocryphes qui fourmillent dans les compilateurs de l'époque romaine. Le mot nous a été conservé dans un livre qui est arrivé jusqu'à nous sous le nom d'Aristote, les *Éthiques à Eudémos*. Il est admis aujourd'hui que les *Éthiques à Eudémos* ne sont pas d'Aristote, mais de quelqu'un de ses successeurs et de ses élèves. C'est donc encore un ouvrage qui remonte à une époque assez

de l'aristocrate et la vanité de l'acteur; avoir contraint
à l'admiration ce peuple qu'il méprisait et par son
attitude lui témoigner jusqu'au bout son dédain,
recueillir en même temps le sincère hommage de ceux
qu'il reconnaissait comme ses pairs en matière d'éducation et de langue, quitter sur un grand succès la
scène où il venait enfin de jouer le premier rôle, ce
n'était pas un sort fait pour déplaire à cet énergique et
hautain personnage.

Le texte de la sentence existe. « Ont été condamnés
pour trahison Archéptolème, fils d'Hippodamos, du
dème d'Agrylé, qui a comparu ; Antiphon, fils de
Sophilos, du dème de Rhamnunte, qui a comparu. La
peine qui a été prononcée contre eux est celle-ci : ils
seront livrés aux Onze ; leur fortune sera confisquée,
et la dîme en sera consacrée à la déesse. Leurs maisons
à tous les deux seront démolies, et sur l'emplacement
qu'elles occupaient on dressera des bornes portant
cette inscription : « MAISON D'ARCHÉPTOLÈME, MAISON
D'ANTIPHON, TRAITRES A LA PATRIE. » Les démarques
de leurs bourgs indiqueront au magistrat leurs maisons
et leurs biens. Archéptolème ni Antiphon ne pourront
être ensevelis à Athènes, ni nulle part en terre athénienne. Archéptolème et Antiphon seront notés d'infamie, ainsi que leurs descendants légitimes ou bâtards ;
si quelqu'un adopte un descendant d'Archéptolème ou
d'Antiphon, que celui qui aura fait l'adoption soit

_____

voisine d'Antiphon. L'auteur, quel qu'il soit, cite cette réponse comme un
exemple de ce qu'il appelle *la grandeur d'âme* (μεγαλοψυχία).

aussi noté d'infamie. Cette sentence sera gravée sur
une table de bronze, table qui sera placée à côté de
celle qui contient le jugement rendu contre Phrynichos. » Phrynichos était un autre des chefs de la faction aristocratique et du conseil des Quatre-Cents ; il
avait accompagné Antiphon à Sparte dans cette ambassade qui avait pour but d'admettre dans le Pirée la
flotte lacédémonienne. A son retour, il avait été tué
par un jeune soldat athénien, et après enquête le jury
avait approuvé ce meurtre et flétri la mémoire de
Phrynichos par un arrêt qui devait être rédigé à peu
près dans les mêmes termes que la sentence rendue
contre Archéptolème et Antiphon.

Avec son caractère et son tour d'esprit, Antiphon
ne dut pas s'émouvoir beaucoup des peines accessoires
que cette sentence prétendait ajouter pour lui à la
rigueur du dernier supplice. Antiphon devait être élève
des sophistes en matière de morale aussi bien que d'art,
et se rattacher à l'école sceptique. L'œuvre de Thucydide, dont les relations avec Antiphon ne sont pas
douteuses, nous fournit aussi quelques indices ; il en
ressort que, dans le groupe auquel appartenait l'orateur, on ne partageait pas les croyances et les craintes
religieuses du peuple athénien ; on y était aussi dégagé
que possible de sentiments que l'on traitait de préjugés. Pour conquérir la puissance, Antiphon avait fait
un effort hardi et vigoureux ; la tentative avait échoué
par la faute des circonstances ; il avait perdu la partie ;
en beau joueur, il était prêt à en payer l'enjeu. Que

lui importait que sa cendre fût jetée au vent? Il ne croyait pas aux fables des enfers et aux mânes exilés des sombres bords pour n'avoir pas reçu les derniers honneurs. Ne s'est-il pas moqué, dans une phrase que nous a conservée Stobée, de ces gens « qui ne vivent pas la vie présente, mais qui se préparent à grand'peine, comme s'ils avaient à vivre une autre vie, et non la vie présente; en attendant, le temps leur échappe et fuit [1]. » Quant à la note d'infamie que les démocrates athéniens prétendaient attacher à sa mémoire, il les méprisait trop pour s'inquiéter de ce que diraient de lui, après sa mort, ceux dont il n'avait jamais, pendant sa longue vie, cherché à gagner l'estime et les sympathies; si la pensée de l'avenir pouvait le toucher, n'aurait-il pas, pour protester contre ces anathèmes gravés sur le bronze, le fidèle souvenir de ces « gens de goût » dont le poëte Agathon s'était fait l'interprète au moment même où les autres prononçaient leur arrêt? N'aurait-il pas surtout cet élève, cet ami dont il avait dû apprécier l'un des premiers le rare mérite, ce Thucydide qui, dans son exil, les yeux fixés sur Athènes, écrivait l'histoire de ses luttes militaires et civiles ? Certes Thucydide, quand il raconterait cette révolution si habilement conduite, ne manquerait pas de s'arrêter un instant pour honorer d'un impérissable hommage le maître auquel il devait tout ce qui n'était pas chez lui

1. Fragment 125.

9

don de nature et de génie. Peut-être enfin, avec la sagacité de la haine, Antiphon entrevit-il, par delà cette victoire apparente de la démocratie, ses prochains revers ; peut-être, par un pressentiment de la dernière heure, devina-t-il comment Critias et les Trente, au bout de quelques années, vengeraient les Quatre-Cents et verseraient à flots le sang de ces orateurs qui avaient porté la parole contre lui, de ces juges qui l'avaient condamné.

Antiphon, aussitôt le verdict rendu, fut donc livré aux Onze : c'était un collége de magistrats inférieurs qui exerçaient à peu près les mêmes fonctions qu'à Rome les *triumvirs capitaux;* ils étaient chargés de garder les prisonniers, de mettre à la torture, quand il y avait lieu, les esclaves ou les étrangers, et de faire exécuter les sentences prononcées contre toute espèce de coupable [1]. Humaine jusque dans ses sévérités, la loi athénienne ne connaissait pas pour les citoyens d'autre forme du dernier supplice que l'empoisonnement par la ciguë, et le condamné s'éteignait sans vives douleurs, dans la prison, loin des regards cruels et des insultes de la foule, entouré de paroles amies et de mains pieuses empressées à lui fermer les yeux. Nous ne savons rien des derniers moments d'Antiphon ; je me le représente prenant et vidant la coupe sans pâlir, et, tant que la voix ne lui manqua point, trouvant, comme un peu plus tard Théramène,

---

1. *Essai sur le droit public d'Athènes*, 272-276.

pour railler ses ennemis, des paroles amères et
moqueuses que les gens d'esprit se répétaient le
lendemain sur l'Agora. Au moment où le saisissait
la torpeur avant-courrière du sommeil suprême, lorsqu'il s'étendait, comme Platon nous le raconte de
Socrate dans le *Phédon,* sur la couche d'où il ne
devait pas se relever, regrettait-il beaucoup la vie? Il
serait permis d'en douter, si ceux qui paraissent les
plus fermes n'étaient exposés à se démentir sous les
affres de la mort, s'il ne leur arrivait d'oublier alors
tout ce qu'ils ont dit et écrit autrefois à ce sujet.
Voici en effet comment notre orateur, nous ne savons
dans lequel de ses écrits, avait jugé la condition
humaine : « Notre existence, c'est une journée de
prison; la longueur, c'en est un jour pendant lequel
nous levons les yeux vers la lumière pour céder
ensuite la place à nos successeurs [1]. » Ailleurs éclatait
ce cri de mélancolie qui fait songer à Lucrèce : « Oui,
mon cher, toute vie humaine justifie merveilleusement
le reproche et la plainte; elle n'a rien de satisfaisant,
de grand et d'auguste, mais ce ne sont que choses
mesquines, chétives et de courte durée, mêlées de
grands chagrins [2]. »

1. Fragment 130.
2. Fragment 129.

## III.

C'est l'homme, son caractère et son rôle, que nous avons vu jusqu'ici dans Antiphon; nous avons tenté de dégager, à force d'attention, cette figure originale des ombres qui l'enveloppent, d'en retrouver le mouvement et l'expression vraie. Il nous reste à étudier l'écrivain, à montrer ce qu'il fit pour l'éloquence et pour la prose attique.

On avait à l'époque romaine soixante discours qui portaient le nom d'Antiphon; mais déjà le grammairien Cæcilius, contemporain d'Auguste et l'un des critiques qui paraissent avoir le mieux connu les orateurs, dans son *Commentaire sur Antiphon* (σύνταγμα περὶ Ἀντιφῶντος), en rejetait vingt-cinq comme apocryphes. Nous n'en possédons aujourd'hui plus que quinze : tous ces quinze ont été prononcés ou sont censés l'avoir été dans des causes de meurtre ; on peut donc croire qu'ils appartenaient à une même partie de la collection, qu'ils formaient le livre ou rouleau renfermant toute cette catégorie de plaidoyers. On reconnaît à divers signes que, dans les éditions des orateurs, les discours et plaidoyers étaient en général disposés non par ordre chronologique, mais par ordre de matières. Il est arrivé ainsi que, quand l'œuvre d'un orateur ne nous parvenait pas tout entière, la partie conservée, qui faisait une des subdivisions de la collection complète, ne renfermât que des plaidoyers de même espèce. Il en est ainsi pour Isée : les onze discours que nous possédons ont tous été prononcés dans des questions d'héritage. Dans ce que nous avons de Lysias, on a cru reconnaître d'une part certains livres d'une édition ordonnée d'après ce principe, et de l'autre des restes d'une édition qui n'aurait compris que les meilleurs discours, les œuvres choisies.

Des quinze discours d'Antiphon, trois sont de vrais plaidoyers, qui ont tout l'air d'avoir été débités devant un tribunal athénien; ils ont pour titres : *Accusation d'empoisonnement contre une belle-mère,* — *Défense pour Hélos à propos du meurtre d'Hérode,* — *Sur le choreute.* Les douze autres sont évidemment des exercices d'école ; ils forment trois *tétralogies,* c'est-à-dire trois groupes composés chacun de quatre discours. Chacune de ces tétralogies contient l'accusation, la défense, une réplique du demandeur, une autre du défendeur. Toutes ces compositions sont fort courtes ; ce sont plutôt des sommaires, des canevas que des discours ; les arguments y sont plutôt indiqués que développés. Il s'agissait de montrer à l'élève, à propos d'une cause fictive, comment, dans tous les cas analogues, il pourrait tirer parti de son sujet. Voici par exemple la matière de la première tétralogie : un homme a été assailli la nuit avec l'esclave qui l'accom-

pagnait; il a été tué sur le coup; son esclave a survécu assez longtemps pour déposer qu'il avait reconnu
dans l'assassin un citoyen avec qui son maître était en
procès. Ce citoyen est accusé du meurtre. Les preuves
font également défaut à l'attaque et à la défense; tout
le débat porte sur des vraisemblances. C'était là ce
que les rhéteurs appelaient la *démonstration artificielle*
(ἔντεχνοι πίστεις), parce que, pour donner à toutes ces
inductions, à toutes ces conjectures un air de vérité,
pour les imposer à l'esprit du juge tout au moins
comme un commencement de preuve, il fallait toute
l'adresse d'uu avocat consommé. Là au contraire où
l'une des parties avait à produire un document qui par
lui-même tranchait la discussion, il y avait, disait-on,
*démonstration étrangère à l'art* (ἄτεχνοι πίστεις) [1].
Qu'est-il en effet besoin de talent pour faire entendre
un témoignage formel ou exhiber un acte authentique,
et que peut opposer le plus habile homme du monde
à l'adversaire pourvu de pareilles armes? Il me semble
d'ailleurs, pour prendre le cas qui fait ici l'objet du
litige, qu'aucun tribunal, pas plus à Athènes que chez
nous, n'oserait condamner un prévenu sur de simples
probabilités, sous quelque jour spécieux qu'elles
fussent présentées. Pas plus que celle-ci, les deux
autres tétralogies ne contiennent de noms d'hommes

1. Aristote, *Rhétorique*, I, 2, 2 : Τῶν δὲ πίστεων αἱ μὲν ἄτεχνοί εἰσιν,
αἱ δ' ἔντεχνοι. Ἄτεχνα δὲ λέγω ὅσα μὴ δι' ἡμῶν πεπόρισται, ἀλλὰ προὐπῆρχεν,
οἷον μάρτυρες, βάσανοι, σύγγραφαι καὶ ὅσα τοιαῦτα · ἔντεχνα δὲ ὅσα διὰ τῆς
μεθόδου καὶ δι' ἡμῶν κατασκευασθῆναι δυνατόν. Ὥστε δεῖ τούτων τοῖς μὲν
χρήσασθαι, τὰ δὲ εὑρεῖν.

ou de lieu; c'est partout le même caractère abstrait et fictif. Cela seul suffirait, à défaut d'autres arguments, pour nous avertir qu'il n'y a point à chercher ici des monuments de l'éloquence judiciaire à Athènes, qu'il faut seulement y voir un échantillon des modèles que ce rhéteur proposait à ses disciples. A cette même catégorie appartenait un recueil que nous trouvons plusieurs fois cité sous ce titre : *Exordes et péroraisons* (Προοίμια καὶ ἐπίλογοι) [1]. La collection d'exordes qui nous a été conservée sous le nom de Démosthène suffit à nous donner une idée de ce que pouvait être cet ouvrage ; il ne semble pas qu'il y ait lieu d'en beaucoup regretter la perte.

Pour un homme tel qu'Antiphon, ce n'était pas tout de se rompre lui-même, par de semblables exercices, à tous les tours de force de la controverse judiciaire et d'y former ses élèves. Ni le maître ni ceux qui l'écoutaient ne se fussent résignés à se contenter de l'habileté pratique ; on avait de plus hautes ambitions, on aspirait à faire la théorie de cet art auquel on attribuait une irrésistible puissance, un pouvoir analogue à celui que prêtaient aux magiciens les vieilles légendes. Aujourd'hui nous ne nous faisons plus d'illusions ; nous savons que, pour remuer les âmes par la parole, il n'est qu'un secret, bien connaître les hommes, avoir de la passion et des idées claires. L'éloquence est pour nous affaire de dispositions natu-

1. Suidas et Photius y renvoient.

relles, d'expérience et d'émotion; elle se passe quelquefois de l'éducation, et celle-ci ne peut jamais suffire à la donner. Les modernes ne voient dans la rhétorique qu'une série de remarques sur les procédés que l'esprit humain emploie de préférence quand il veut réussir à communiquer ce qu'il croit être la vérité, à entraîner et à dominer d'autres intelligences; ils y trouvent surtout cet avantage qu'elle fournit l'occasion de former le goût des jeunes gens, qu'elle fait passer sous leurs yeux les plus beaux traits des orateurs, les chefs-d'œuvre de l'éloquence. A proprement parler, elle ne comporte pas de règles et de préceptes, mais elle suggère des observations, et, pour celui qui veut apprendre à écrire ou à parler, elle éveille la sagacité, elle devance et prépare l'expérience. Aux yeux des anciens, c'était bien autre chose; pour ces esprits à la fois raffinés et encore naïfs, celui qui aurait été maître de tous les secrets de la rhétorique se serait, par là même, rendu maître de toutes les intelligences et de tous les cœurs : il en aurait eu, pour employer une expression vulgaire, mais qui rend bien leur pensée, la clef dans sa poche. C'était là un idéal dont chaque rhéteur en renom prétendait approcher d'un peu plus près que ses devanciers; Antiphon ne pouvait donc manquer d'écrire sa *techné* ou son manuel de l'art. Nous savons en effet qu'il avait laissé une rhétorique en trois livres; mais il n'en est rien arrivé jusqu'à nous[1].

---

1. Cette rhétorique nous est citée par Longin, Ammonius et le lexique anonyme de Bekker; mais Pollux, qui y renvoie aussi ( s. v. ἀπαρασκεύαστον),

Une question délicate, déjà douteuse pour les anciens, c'était de savoir s'il fallait attribuer à Antiphon de Rhamnunte, le célèbre orateur, un traité qui avait pour titre : *Livres de vérité* ('Αληθείας λόγοι), qui existait encore à l'époque romaine. Les courtes citations qui nous en sont parvenues ne nous permettent pas de juger du style de cet ouvrage; mais Hermogène, qui l'avait sous les yeux, affirme que la diction en différait sensiblement de celle qu'il était accoutumé à trouver dans les plaidoyers d'Antiphon, et c'était aussi l'avis de Didyme, un des plus savants grammairiens de l'antiquité[1]. Il semble bien y avoir eu, tous deux contemporains de Socrate, deux Antiphon, l'un l'homme politique, l'orateur que nous étudions, l'autre un simple sophiste, qui s'était occupé surtout d'interpréter les prodiges et les songes; il cherchait, autant que nous pouvons en juger d'après de rares débris, à en bannir le merveilleux, à en donner des explications qui eussent un caractère scientifique. D'après ce qu'en dit Origène dans sa controverse contre Celse, ce serait une sorte de précurseur d'Épicure. Comme presque tous les philosophes grecs, il avait mêlé dans son livre la métaphysique à des théories de physique générale[2].

---

doutait de son authenticité. D'après une ingénieuse conjecture de Spengel et de Sauppe (*Quæstiones antiphonteæ*), les trois tétralogies qui nous sont parvenues formaient peut-être comme un appendice du traité de rhétorique.

1. Hermogène, περὶ ἰδεῶν, II, 11, p. 387, édit. Waltz.
2. Voir les fragments 115, 97, 99, 108, 109, 119. Tout en inclinant à croire que ce traité n'est point du fils de Sophilos, M. Ch. Müller a compris parmi les fragments de l'orateur Antiphon toutes les citations du

Il y a là une direction d'esprit qui s'écarte de celle de notre orateur, tout entier tourné vers les luttes judiciaires et politiques, tout épris de l'art auquel ceux qui le cultivent devront le premier rang dans la cité. Xénophon nous rapporte une conversation, qui ne présente d'ailleurs pas un grand intérêt, entre Socrate et Antiphon [1]. Un grammairien, Adrantos, avait écrit une dissertation intitulée *Quel est l'Antiphon dont a voulu parler Xénophon* [2]. Il me semble que l'auteur des *Mémorables* avait répondu lui-même à cette question. Il désigne l'interlocuteur de Socrate par ces mots : *Antiphon le sophiste.* Or c'était comme maître de rhéthorique et auteur de plaidoyers que le fils de Sophilos était connu à Athènes. Si c'était lui que Xénophon eût mis en scène, il l'aurait appelé *Antiphon le rhéteur.* Par cette qualification de sophiste il a voulu nous avertir qu'il était ici question d'un autre Antiphon que le célèbre Rhamnusien. Aristote mentionne aussi ce sophiste, qui, dit-il, était avec Socrate dans de mauvais termes ; selon toute apparence, ce personnage enviait à Socrate son influence sur les esprits et redoutait sa dialectique [3]. L'existence de deux Antiphon à peu près con-

*Livre de vérité.* On trouve aussi cet ouvrage désigné sous le titre : Περὶ ἀληθείας. Tous les renvois appartiennent aux livres 1 et 2.

1. *Mémorables*, I, 6, 1.
2. Athénée, XV, p. 673, e.
3. Dans Diogène de Laërte, II, 46. Cf. Suidas, S. V. Ἀντιφῶν. Suidas appelle cet Antiphon τερατοσκόπος, ce qui s'accorde bien avec la manière dont Cicéron, dans le *De Divinatione*, parle à plusieurs reprises d'un Antiphon qui s'était appliqué à expliquer les songes. Il lui attribue « une méthode d'interprétation subtile et compliquée » (artificiosa somniorum Antiphontis interpretatio), I, 116. Cf. I, 39, II, 144. Lucien ; *Histoire vraie,*

temporains, attestée par les grammairiens et indirectement confirmée par des textes moins explicites, mais plus anciens, me paraît donc hors de doute. C'est à *Antiphon le sophiste*, dont nous ignorons la patrie et la famille, qu'il convient d'attribuer les *Livres de vérité*.

Enfin nous possédons un certain nombre de fragments, dont quelques-uns assez étendus, qui nous sont donnés par Stobée sous cette simple rubrique : « d'Antiphon. » Stobée ne nous indique pas à quel Antiphon ils appartiennent, ni de quel ouvrage ils sont tirés. C'est pourtant, croyons-nous, l'orateur qui a le droit de les revendiquer. Sa notoriété était bien plus grande que celle du sophiste, son homonyme et son contemporain ; quand plus tard, sans autre désignation, on prononce le nom d'Antiphon, c'est à l'orateur que tout le monde pense, à moins qu'il ne s'agisse de l'interprétation de quelque prodige ou de quelque rêve : s'il se fût agi ici du sophiste, Stobée eût sans doute jugé bon, pour éviter toute confusion, de nous prévenir que c'était à lui qu'il faisait ces emprunts. Le style de ces morceaux paraît d'ailleurs ressembler beaucoup à celui des plaidoyers d'Antiphon ; peut-être seulement est-il plus travaillé, d'une élégance qui sent plus l'effort. C'est que les fragments en question auront été détachés d'une autre partie de l'œuvre d'Antiphon.

---

II, 33, mentionne aussi cet Antiphon et l'appelle ὁ τῶν ὀνείρων ὑποκρίτης. Il paraît avoir été assez connu dans l'antiquité pour qu'il parût inutile, quand on le citait à propos de l'explication d'un songe, d'avertir qu'il était distinct du célèbre Antiphon de Rhamnunte.

Les critiques de l'époque romaine citent, sous le nom de *discours politique, discours sur la concorde,* des compositions dont il indiquent eux-mêmes le caractère spécial; elles paraissent avoir été analogues à celles qui avaient fait la réputation de Gorgias et qui firent plus tard celle d'Isocrate [1]. Ces compositions auraient été destinées à la lecture plutôt qu'à l'audition, et elles rentreraient ainsi dans ce genre que nous avons essayé de définir à propos des sophistes, le genre *démonstratif* ou discours d'apparat. Dans ses plaidoyers, écrits pour un autre qui les débitait en son propre nom, ce que devait chercher surtout Antiphon, c'était à s'effacer autant que possible derrière son client, à laisser croire aux juges que c'était bien celui-ci qui portait la parole. Au contraire, dans ces compositions que nous avons comparées à nos éloges et discours académiques, tout le conviait à faire valoir les finesses et les grâces de son esprit, à déployer toutes les ressources de son talent et de son style.

Dans l'*Invective contre Alcibiade*, que citent Plutarque et Athénée, il faut voir aussi plutôt un pamphlet poli-

1. Nous devons dire qu'Hermogène et plusieurs des critiques modernes qui se sont occupés d'Antiphon seraient d'avis d'attribuer au sophiste du même nom, outre les *Livres de vérité,* le *discours politique* et le *discours sur la concorde.* Il n'y a pourtant rien, dans ces titres et dans la nature des sujets et des considérations qu'ils supposent, qui répugne à l'idée que nous nous faisons des é udes, des travaux et du rôle d'Antiphon. Sauppe lui-même rapproche ces titres de ceux des ouvrages de ce Protagoras qui était, vers le même temps, avec un tour d'esprit plus spéculatif et plus philosophique, un des rivaux d'Antiphon, un de ceux qui, comme lui, servaient de maîtres aux plus intelligents et aux plus ambitieux des jeunes Athéniens.

tique, fait pour être répandu dans la cité, qu'une accusation intentée devant un tribunal athénien [1]. L'histoire, assez bien connue, du brillant et funeste Athénien
ne nous offre nulle part trace d'un procès de ce genre ;
mais vers le moment où Alcibiade, réfugié à Milet,
commençait à négocier avec les chefs de l'armée de
Samos, à préparer son retour, les aristocrates, qui
croyaient déjà toucher au but, ne se virent pas, sans
un vif tressaillement de colère, exposés à trouver sur
leur chemin un homme dont ils craignaient tout à la
fois le génie et la versatilité politique. Ce serait alors
qu'Antiphon, le publiciste du parti, aurait lancé contre
Alcibiade une sorte de libelle destiné à agir sur l'opinion : il y racontait à sa manière la jeunesse et toute
la carrière de ce personnage, sa vie publique et privée ;
il cherchait à réveiller toutes les préventions, tous les
soupçons. Par malheur, Alcibiade, avant et après son
exil, avait fait la partie belle à ses ennemis.

C'est surtout, croyons-nous, à des ouvrages de ce
genre, aux écrits d'Antiphon plutôt qu'à ses plaidoyers
judiciaires, que sont empruntés les extraits assez étendus que Stobée, dans son précieux recueil de morceaux
choisis, a faits de l'œuvre d'Antiphon. Ce qu'ils contiennent tous, ce sont des réflexions sur la vie humaine,
sur le caractère et les mœurs des hommes. Sans doute
cela ne peut se comparer ni aux profondes analyses
d'un Aristote, ni aux grands traits d'un Pascal, ni à

---

1. Plutarque, *Alcibiade*, 3. Athénée, XII, p. 525, B.

la pénétrante sagacité d'un La Rochefoucauld ; mais il
faut songer que nous assistons là au début de ces études, et que l'homme, après tant de siècles pendant lesquels il avait vécu d'une vie toute naïve et spontanée,
commençait alors seulement à se regarder et à s'observer lui-même. Certaines pensées, qui nous paraîtront
aujourd'hui presque banales, avaient alors une fleur
de nouveauté qui charmait les contemporains. D'ailleurs celles mêmes de ces remarques dont le fond ne
nous semblerait pas offrir un grand intérêt se recom-
mandent encore par l'élégante sobriété et le relief
de l'expression : c'est là un mérite dont aucune traduction ne saurait donner l'idée. Nous nous bornerons
à citer quelques lignes où l'écrivain défend ce que
nous appelons le principe d'autorité ; elles sont curieuses en ce qu'elles semblent porter l'empreinte des opinions politiques d'Antiphon, et nous donner une des
raisons de sa haine pour un régime démocratique où
il voyait une véritable anarchie. « Pas de mal plus
grand pour les hommes, dit-il, que l'absence de commandement. C'est ce que comprenaient les hommes
d'autrefois ; aussi habituaient-ils les enfants dès leurs
premières années à obéir, à faire ce qu'on leur ordonnait, pour qu'ils ne risquassent point ensuite, le jour
où ils deviendraient hommes, de trouver dans la vie
un grand changement qui les dépayserait [1]. » Nous ren-
verrons aussi les amateurs au plus long de ces frag-

_____

1. Fragment 132.

ments : il a pour sujet le mariage et ses inconvénients, qui l'emportent de beaucoup sur ses joies et sur ses avantages. Toutes ces maximes nous donnent l'idée d'un esprit ferme, net, qui a beaucoup réfléchi et ne garde aucune illusion ; c'est une ressemblance de plus avec Thucydide, chez qui l'on retrouve ce même accent triste et presque dur. A tout prendre, on peut dire qu'Antiphon, qui pour les anciens n'est guère qu'un rhéteur et un logographe, inaugure avec distinction la série des moralistes grecs.

A propos de la partie conservée de l'œuvre d'Antiphon, une question se pose que nous ne pourrions discuter sans entrer dans de longs et minutieux détails, c'est la question d'authenticité. Il y a eu quelques hypercritiques pour lesquels les quinze discours attribués à Antiphon par les manuscrits sont tous des ouvrages postérieurs, dus à des rhéteurs de l'époque alexandrine ou romaine[1] ; mais, hâtons-nous de le dire, cette opinion extrême n'a guère trouvé de partisans. On s'accorde en général à placer au-dessus du soupçon le discours sur *le meurtre d'Hérode ;* il nous est cité par les

---

1. On trouvera dans l'article *Antiphon* de la *Real Encyclopedie* l'indication des érudits qui ont soutenu l'une et l'autre opinion. Ce qui peut donner confiance à ceux qui, comme nous, croient à l'authenticité, c'est qu'ils s'accordent avec deux des hommes qui ont le plus pratiqué les orateurs attiques, qui en connaissent le mieux les allures et la langue, Spengel et G. Fr. Schœmann. Schœmann regarde comme au-dessus du doute tout au moins le discours sur *le meurtre d'Hérode* et celui sur *la mort du chorége.* Spengel croit que les trois discours et les tétralogies, tout est bien d'Antiphon. Ant. Westermann (*Geschichte der Beredsamkeit,* I, § 41) et Ottfried Müller (ch. 33) acceptent aussi en bloc ce que l'antiquité nous a laissé sous le nom de cet orateur.

anciens comme l'une des œuvres les plus connues et
les plus admirées d'Antiphon. Le style en a au plus haut
degré les caractères que les grammairiens signalaient
chez les premiers maîtres de l'éloquence athénienne;
enfin il contient des détails de mœurs originaux et naïfs
qu'un rhéteur n'aurait point inventés. Les deux autres
discours sont sans doute de moindre valeur, mais ils
sembleront, à quiconque en commencera l'étude sans
parti pris, avoir aussi toute l'apparence de véritables
plaidoyers ; nous n'y trouvons aucun de ces indices qui
sentent la fiction et qui trahissent le goût des temps de
déclin. La plupart des critiques s'entendent pour en
admettre aussi l'authenticité. C'est sur les trois tétralogies que portent les doutes les plus sérieux. La langue
en paraît moins pure, l'intérêt en est médiocre, et dans
plusieurs de ces discours, on a signalé, à côté d'étranges
subtilités, bien des arguments omis qui semblaient se
présenter d'eux-mêmes à l'esprit : on a vu là une inex-
périence et une maladresse dont on n'osait pas accuser
Antiphon. Ces objections ne sont pas sans réponse. Les
tétralogies, qui sans doute avaient moins intéressé
les éditeurs que les plaidoyers, nous sont arrivées
plus altérées ; certains des défauts que l'on reproche à la langue de ces ouvrages peuvent s'expliquer
par ce mauvais état du texte. Enfin nous n'avons là
que des exercices d'école où Antiphon n'a pas mis tout
son talent et tout son effort, dont le canevas a peut-
être été tracé par lui d'une main rapide pour les besoins
de son enseignement. En pareil cas, il ne serait pas

étonnant qu'il n'épuisât point son sujet ; quant à la subtilité, c'est l'éternel défaut du génie grec, l'inévitable rançon de ses qualités. Platon lui-même n'en sera pas plus exempt que ces sophistes et ces rhéteurs dont il raille les arguties ; Démosthène est presque le seul qui, dans ses chefs-d'œuvre, échappe à ce danger, à cette exagération de la finesse. Sans oser rien affirmer, j'inclinerais donc à croire que les tétralogies, elles aussi, remontent à une époque reculée, qu'elles nous viennent d'Antiphon ou tout au moins de son école. Il n'y aurait rien d'impossible à ce qu'elles appartinssent moins à lui-même qu'à ses élèves ; n'avons-nous pas conservé dans les œuvres des rhéteurs latins Sénèque le père et Quintilien de nombreux essais dus aux jeunes gens qu'ils exerçaient à l'art de la parole?

L'enseignement de la rhétorique, avec le succès qu'il avait obtenu tout d'abord en Sicile, à Athènes et dans toute la Grèce, avait déjà pris une forme assez régulière et assez complexe pour qu'il n'y ait rien d'invraisemblable dans cette hypothèse. Remarquons en effet qu'Antiphon ne représente que la troisième génération des rhéteurs grecs ; Corax et Tisias avaient ébauché la théorie, Gorgias et ses émules l'avaient développée, Antiphon recueille leur héritage ; mais il laisse de côté ces spéculations philosophiques auxquelles se complaisaient les sophistes, il dédaigne ces sujets mythologiques dont nous trouverons des échantillons parmi les écrits d'Isocrate, dans son *Éloge d'Hélène et son Busiris*. Ceux mêmes de ses ouvrages qui se rattachent au

discours d'apparat, comme le *Discours politique* et le
*Discours sur la concorde,* ont encore trait à la vie réelle,
doivent agir sur les esprits de ses contemporains, leur
donner certaines dispositions, certaines idées dont
l'écrivain prétend bien tirer profit dans l'intérêt de ses
opinions et de son parti. Comme c'était en dernier lieu
devant les tribunaux que venaient se décider à Athènes
toutes les questions, c'est l'éloquence judiciaire qu'il a
surtout en vue, c'est elle qu'il cultive en écrivant des
plaidoyers pour quiconque le paye, c'est elle qu'il enseigne surtout aux jeunes gens riches, ambitieux et bien
doués, qui se pressent dans sa maison. Il a mieux
défini que ses prédécesseurs, il a circonscrit le domaine
de la rhétorique; aussi creuse-t-il le terrain plus profondément et le rend-il plus fécond. Nous avons déjà
parlé des *tétralogies* et du recueil des *exordes et péroraisons;* Cicéron, traduisant Aristote, nous avertit
qu'Antiphon avait aussi accordé grande attention à la
théorie de ces développements généraux ou *lieux communs* dont Gorgias avait le premier pressenti l'importance et indiqué le rôle [1]. Le peu que nous possédons
des ouvrages d'Antiphon suffit pourtant à justifier l'assertion d'Aristote, à nous donner une idée de ce que
notre orateur enseignait à ce sujet, des modèles qu'il
offrait à ses élèves. Nous signalerons un développement
sur « la sainteté des lois qui punissent le meurtre ».
Il figure à la fois dans le discours sur *le meurtre*

_____

1. *Brutus,* 46-47.

*d'Hérode* (§ 14) et dans le discours *sur un choreute*
(§ 2). Il en est de même de réflexions sur le caractère
irrévocable d'une sentence capitale; vous les rencon-
trez, conçues à peu près dans des termes identiques, à
la fin du premier de ces deux discours et au commencement du second.

Le plus important des plaidoyers conservés, c'est de
beaucoup cette défense écrite pour Hélos, un Lesbien, à
propos du meurtre d'Hérode ; comme cela arrivait au
temps de l'hégémonie athénienne, la cause était venue
en appel devant le jury athénien. Quoique la vie même
du défendeur soit en jeu dans le débat, il ne faut pas
chercher là de pathétique et de passion. On a vu comment le goût athénien, surtout à cette époque, imposait à l'orateur l'obligation de ne paraître s'adresser
qu'à la raison des juges; mais, avec ce qui peut nous
sembler de la froideur, il y a dans ce discours une logique serrée, un rigoureux enchaînement de preuves,
beaucoup d'habileté à prévoir et à déjouer d'avance
toutes les attaques de l'adversaire, à ne laisser aucune
allégation sans réponse. Rien n'est négligé pour concilier au plaideur la bienveillance des jurés. Le ton est
d'une aisance et d'une simplicité parfaites; il faut y
regarder de près, faire attention à la qualité et comme
au grain de cette belle langue attique, pour se dire que
ce ne peut être ainsi que parlerait, abandonné à lui-
même, un homme du commun, un étranger. Il y a
déjà là, avec moins d'abondance, de souplesse, de
variété et de grâce, tous les mérites que nous aurons

à faire ressortir chez Lysias et Démosthène, les deux plus éminents représentants de la plus pure tradition attique.

C'est d'après ce discours et d'après les fragments conservés par Stobée que l'on peut juger surtout le style d'Antiphon. Il ressemble beaucoup à celui de Thucydide, avec la différence qu'il y a toujours entre le style d'un homme de génie et celui d'un homme de talent : l'un et l'autre, on le sent, ont subi l'influence de Gorgias [1].

Ce qui frappe tout d'abord, c'est la manière dont Antiphon et Thucydide assemblent leurs phrases. A cet égard, leur style tient le milieu entre celui d'Hérodote et celui d'Isocrate. Chez Hérodote, il n'y a point, à proprement parler, de phrases, mais des membres de phrase qui se lient l'un à l'autre par des conjonctions *copulatives* ou *disjonctives,* comme *et, puis alors, ensuite, mais ;* chacun des détails de l'idée forme un groupe de mots isolé, et semble avoir même valeur que ce qui le précède et ce qui le suit. Tout est, pour ainsi dire, au même plan et sur la même ligne. Les pensées ne sont pas rangées en ordre de bataille ; mais, l'une après l'autre, à mesure qu'elles se présentent à l'esprit du conteur, elles viennent défiler devant le lecteur.

---

1. Sur ces rapports du style de Thucydide et de celui d'Antiphon, voir les observations si fines et si pénétrantes d'Ottfried Müller (ch. xxxiii). Mure a aussi relevé dans Thucydide et dans Antiphon un certain nombre de formes de phrase et de procédés de diction qui présentent une concordance frappante (*A critical history of the language and literature of ancient Greece*, t. V, Appendix G, n° 11).

C'est la conversation avec toute son aisance aimable et toutes ses grâces, comme aussi avec tout son laisser-aller, avec sa courte haleine et ses pauses fréquentes, avec ses répétitions qui aident le causeur en lui donnant du temps. Chez Isocrate au contraire, on trouve la période savante, qui forme un ensemble de parties artistement agencées et équilibrées ; la place de chacune de ces parties indique dès le premier moment si elle est principale ou accessoire, et on ne pourrait, sans troubler toute l'harmonie, l'enlever du lieu où l'auteur l'a mise, pas plus que dans un corps vivant on n'enlèverait un organe sans jeter le désordre dans toutes les fonctions. Chez Antiphon et Thucydide, les phrases sont déjà plus étendues, bien plus longues et plus pleines que celles d'Hérodote ; mais chacune de ces phrases n'est encore qu'une accumulation d'idées qui se produisent sans qu'un art sûr de lui-même ait commencé par les subordonner les unes aux autres et par définir les limites de chaque groupe. Il arrive à tout instant, notamment chez Thucydide, dont l'esprit est beaucoup plus fécond, que de nouvelles pensées, qui semblaient avoir été oubliées, viennent tout d'un coup s'ajouter à la phrase quand on la croyait finie, ou s'y insérer, par une sorte de parenthèse, là où il n'y avait point d'endroit réservé pour les recevoir. De là résulte tantôt un allongement qui rend le style traînant, tantôt une sorte de pléthore ou de congestion qui le rend embarrassé et obscur.

Mais, si ces écrivains ne savent pas encore subordonner l'accident à la loi, le secondaire au principal, ils savent déjà établir un rapport entre les idées , les coordonner au moyen de particules copulatives, adversatives ou disjonctives. Quand tous leurs plans ne sont pas dérangés, comme cela arrive souvent chez Thucydide, par l'intervention inopinée de pensées qui se jettent à la traverse, la phrase observe une symétrie qui se présente sous deux formes préférées : ou les idées se groupent sur deux lignes parallèles, ou elles s'opposent comme en deux fronts ennemis. Dans l'un et l'autre cas, il y a une exacte correspondance des deux phrases ou des deux parties de la phrase; à chaque côté est assigné le même nombre de mots, et, autant que possible, de mots qui sonnent à peu près de même à l'oreille. Cela rappelle la symétrie raide et le parallélisme de mouvements qui règnent dans les ouvrages anciens de la sculpture grecque.

Si, de la manière dont les mots sont disposés, l'on passe au choix même de ces mots, on trouve encore cette même ressemblance entre Antiphon et Thucydide. Ce que l'un et l'autre recherchent par-dessus tout, c'est une exacte propriété dans le choix des termes. Obéissant aux leçons de Prodicos, qui avait le premier donné l'exemple de ces recherches et de cette insistance, ils font un visible effort pour distinguer nettement jusqu'aux expressions synonymes : ceci, chez Antiphon , va souvent jusqu'à l'exagération [1]. Cette

---

1. *Sur le meurtre d'Hérode*, 91, 92, 94.

justesse et cette précision, voilà ce qui passe avant tout pour ces écrivains ; aussi ne faut–il pas leur demander l'élégance et la richesse de l'âge suivant. C'est ce qui fait que les critiques de l'antiquité citent Antiphon et Thucydide comme les maîtres du *style ancien* ou *sévère*[1]. Il ne faut point entendre par là une rudesse et une âpreté que l'on chercherait vainement dans l'œuvre de ces esprits si cultivés et si polis. Ce qui fait la différence entre ce style d'Antiphon, le premier venu des orateurs athéniens, et celui de Démosthène, en qui l'art s'achève et se résume, c'est qu'il n'y a pas ici l'ampleur et les libres allures, les belles proportions de la période ; c'est aussi qu'à côté de ce que les grammairiens appellent les *figures de mots*, on n'y rencontre pas les *figures de pensée*, le cri d'indignation, la question ironique et railleuse, la répétition énergique et violente de la même idée reproduite sous plusieurs formes, la gradation qui frappe sur l'intelligence comme une suite de coups toujours de plus en plus forts. Non, rien ici ne trahit la passion. L'orateur va droit au but sans jamais courir, d'un pas ferme, égal, cadencé. Il est tout occupé de saisir et de mettre en lumière toutes les faces de la pensée, de trouver des mots qui en rendent les moindres nuances. Alors même que l'éloquence attique se sera échauffée et colorée, elle gardera pourtant toujours ce caractère qui frappe chez elle à ses débuts ; plus que ne l'a jamais fait celle d'aucun autre

---

1. Denys d'Halicarnasse, *De l'arrangement des mots*, p. 147 et suiv.

peuple, elle prétendra ne parler ou ne paraître parler qu'à la raison.

Ce ferme propos de serrer de près la pensée et d'égaler toujours le mot à l'idée, c'est ce qui, malgré l'absence de grâce, de poésie et de sentiment, rend si intéressants ces premiers maîtres de la prose attique. Chez eux bien mieux que chez des écrivains appartenant aux époques où la facilité acquise sait jouer le talent, on voit travailler l'intelligence, on suit ses mouvements et ses démarches avec la même curiosité que l'œil d'un statuaire les muscles tendus d'un lutteur nu; on jouit de cette activité infatigable, de cette élasticité de l'esprit, du plaisir qu'il semble éprouver à comprendre les choses et à montrer, en les exprimant, qu'il les a comprises.

Il ne nous a été conservé de l'œuvre d'Antiphon qu'une faible partie, et il nous manque celui de tous ses discours qui avait donné à ses contemporains la plus haute idée de son mérite. C'en est assez cependant pour apprécier la netteté et la vigueur de cet esprit. Avec cette habitude des débats judiciaires, avec cet art de manier et d'ordonner les idées, avec la profonde connaissance qu'il avait de toutes les ressources et de toutes les finesses de la belle langue attique, un pareil homme, animé par les émotions d'une lutte où il s'agissait de son honneur et de sa vie, a pu, comme l'atteste Thucydide, avoir son jour de grande éloquence. Cette éloquence, on ne peut en trouver dans les plaidoyers qui nous sont parvenus qu'un lointain reflet; mais ils suffisent pour expliquer la place qui avait été assignée à Antiphon en tête de la liste des orateurs attiques, et la réputation qu'il avait laissée. Comme rhéteur, Antiphon, en abandonnant une portion du terrain qu'avaient cultivé les sophistes, sut faire porter au reste un meilleur fruit ; il délaissa les argumentations philosophiques et les sujets de fantaisie pour appliquer aux débats judiciaires toute la sagacité de son esprit ; il en créa la langue et en agrandit le cadre tout ensemble par les leçons qu'il donnait à ses élèves et par les exemples qu'il leur fournit en écrivant le premier des discours judiciaires. L'éloquence politique, dont Démosthène, moins d'un siècle plus tard, offrit les plus nobles modèles qui aient jamais été proposés à l'admiration des hommes, devait elle-même profiter de ces progrès : les luttes du barreau ont toujours été l'école où se sont formés les maîtres de la tribune. Comme moraliste, Antiphon est un des prédécesseurs de Platon et d'Aristote : avec un goût plus sûr et plus sévère que Gorgias, il travailla comme lui à rendre la prose attique capable d'exprimer les idées générales, de résumer en termes à la fois vrais et vivants les jugements que l'intelligence, d'année en année plus curieuse et plus éveillée, porterait sur l'homme et sur les choses. Enfin si, comme l'attestent à la fois la tradition de l'antiquité et la comparaison des styles, Antiphon a contribué à nous donner Thucydide, c'est là son plus bel ouvrage et son titre le plus glorieux.

# CHAPITRE IV.

## ANDOCIDE.

----

## I.

Dans la liste des classiques que les alexandrins ont dressée, dans ce que l'on appelle le *canon* des orateurs attiques, le second des dix noms qui y figurent est celui d'Andocide, fils de Léogoras. Andocide n'eut pas, comme son prédécesseur Antiphon, l'honneur d'ouvrir la voie à toute une génération d'orateurs et d'écrivains, de contribuer à former le génie du plus grand historien de l'antiquité; il n'a pas joué dans les affaires de son pays un rôle très en vue, et ce qui nous reste de son œuvre, sans manquer ni de mouvement ni de couleur, ne se distingue point par une grande originalité. Voilà sans doute pourquoi Andocide n'a tenu jusqu'ici presque aucune place, même dans les histoires les plus complètes de la littérature grecque. Ottfried Müller lui-même ne lui a consacré que deux pages;

d'autres se sont contentés de quelques lignes [1]. Nous ne nous exagérons ni l'importance ni le talent d'Andocide; nous croyons pourtant qu'il mérite mieux qu'une sèche mention faite en passant et pour mémoire. Par divers incidents de sa carrière politique, il appartient à la période la plus agitée et la plus dramatique de la vie d'Athènes; par le caractère de son style oratoire, il nous représente un des moments, une des phases de l'éloquence athénienne, il nous en fait suivre la marche et le progrès continu. Sans lui, entre Antiphon et Lysias, il y aurait une lacune dans la série des orateurs attiques. Nous croyons donc devoir nous arrêter sur Andocide avec plus d'insistance. Sa biographie nous donnera l'occasion de retracer une des scènes les plus étranges et les plus curieuses de l'histoire d'Athènes, la mutilation des hermès et le trouble profond qui s'empara de la cité à la suite de ce sacrilége. Dans les meilleures parties de son principal ouvrage, le discours *sur les mystères*, il forme la transition entre la raideur, la vigueur un peu tendue d'Antiphon, et les allures plus aisées, le ton plus libre et plus varié de Lysias.

---

1. *Histoire de la littérature grecque*, à la fin du chapitre XXIII.

Westermann, *Geschichte der Beredsamkeit,* I, § 42 et 43. Dans l'antiquité, tout au moins au siècle des Antonins, Andocide était, à ce qu'il semble, le moins estimé des orateurs classiques. C'est du moins ce qui résulterait de cette anecdote rapportée par Philostrate dans ses *Vies des Sophistes* (Hérode-Atticus, § 35) : « Comme les Grecs le saluaient de leurs acclamations et l'appelaient un orateur de la décade, devant cet éloge, si grand qu'il fût, il ne se tint pas pour satisfait : « Ah! dit-il en plaisantant, mais je vaux mieux qu'Andocide! »

## I I.

D'après l'auteur anonyme de ces *Vies des dix orateurs*
qui nous sont arrivées avec les œuvres de Plutarque,
Andocide serait né la première année de la 78ᵉ olympiade, c'est-à-dire en 468. Or cette date s'accorde
assez mal avec plusieurs indices que l'on a relevés
dans les œuvres mêmes d'Andocide, et dans un plaidoyer contre lui, attribué à Lysias [1]. Pour ne citer
qu'un exemple des difficultés qu'elle soulève, l'orateur, dans un discours qu'il n'a pu prononcer avant
l'année 400, nous apprend qu'il ne lui est *pas encore*
né d'enfants [2]. Cette expression *pas encore*, dans la
bouche d'un vieillard de soixante-huit ans, serait, il
faut l'avouer, au moins singulière. Dans la péroraison
pathétique dont nous la détachons, elle aurait risqué
de produire un effet tout opposé à celui qu'Andocide
voulait produire, elle aurait fait sourire les jurés. Mieux
vaut croire qu'il y a là, chez le compilateur de ces
notices, plus laborieux qu'exact et judicieux, une erreur
comme il en a commis beaucoup. Avec les meilleurs

1. L'auteur de ce discours dit d'Andocide (§ 46) qu'il n'a jamais servi
sa patrie les armes à la main, ni avant ni après ses malheurs, « quoiqu'il
ait plus de quarante ans, πλέον ἢ τετταράκοντα ἔτη γεγονώς. »
2. *Sur les mystères,* § 148.

critiques, nous placerons la naissance d'Andocide vers
le milieu du siècle, entre 450 et 440 ; il aurait donc
été de trente à quarante ans plus jeune qu'Antiphon.

Par ses origines mêmes, Andocide semblait destiné
à la vie politique. Sa famille était une des plus anciennes et des plus considérées d'Athènes. Elle appartenait
à cette vieille noblesse pour laquelle les Athéniens,
même après qu'ils furent tout à fait pénétrés par l'esprit démocratique, gardèrent toujours une sorte d'affectueux respect. On sait combien ils étaient attachés
à leurs légendes héroïques et religieuses, dont le souvenir était perpétué par la poésie dramatique, par les
arts plastiques, par des *panégyries* ou fêtes religieuses,
analogues aux *pardons* de la Bretagne. Ceux de ces
mythes qui avaient le plus de notoriété étaient consacrés par de somptueux édifices, comme les temples
d'Athènes, d'Éleusis et de Sunium ; mais il y avait
de plus sur tous les points de l'Attique une foule de
petits sanctuaires, ou, comme nous dirions, de chapelles,
propriétés soit des *dêmes* ou communes, soit de corpo-
rations, soit de familles, où se célébraient des cultes
locaux. Chacun de ces cultes rappelait quelque légende
particulière, chapitre détaché de cette histoire mythique,
si riche et si variée, qu'aucune frontière nettement
tracée ne sépara jamais pour les anciens de l'histoire
proprement dite. En vertu d'une tradition dont l'origine se perdait dans la nuit des temps, certaines
familles exerçaient des sacerdoces héréditaires, avaient
un rôle qui leur était assigné pour toujours dans les

plus augustes cérémonies du culte national : les Eumolpides fournissaient le grand prêtre de Déméter et d'Iacchos, celui qui portait le titre de *hiérophante;* un
Callias ou un Hipponicos (les deux noms alternaient
de père en fils dans cette maison) était *dadouchos* ou
porte-flambeau ; de la *race* (γένος) des Céryces, on
tirait les hérauts dont la voix parlait aux initiés dans
les mystères. Les Andocide formaient une branche de
ce vieux clan sacerdotal qui faisait remonter sa généalogie jusqu'à Triptolème, Ulysse et Hermès. Au temps
de Périclès, les Athéniens poursuivaient sur le Pnyx et
dans les tribunaux un certain idéal d'égalité absolue
et de démocratie pure : ils établissaient à cet effet le
tirage au sort des magistrats et des juges. Or ces
mêmes hommes, quand ils suivaient des yeux, dans
le pompeux spectacle et les scènes dramatiques des
grands mystères d'Éleusis, les *Eupatrides* ou nobles,
revêtus des robes sacrées, croyaient voir se dresser
devant eux la vivante image de cette Athènes d'autrefois que les dieux et les déesses avaient si souvent
honorée de leur présence. C'était à peu près ce qu'é-
prouve encore aujourd'hui l'Anglais le plus libéral, le
plus ouvert, le plus moderne d'esprit, quand il regarde
passer dans les rues de Londres le cortége gothique
de la reine, qui se rend à Westminster, précédée des
hérauts d'armes, pour ouvrir la session du parlement.
La France nouvelle est peut-être, de tous les grands
peuples qui jouent un rôle sur la scène de l'histoire, le
seul chez qui les révolutions aient tellement brisé en

menus fragments, au lieu de se borner à la relâcher
et à la détendre, la chaîne de la tradition, que le présent ne peut plus réussir à s'y rattacher au passé; nous
n'y trouvons presque plus, dans le cœur et l'imagination du peuple, trace de ce sentiment qui avait tant
d'empire sur l'âme des Athéniens et des Romains, qui
est si puissant encore chez nos voisins d'Angleterre.
Quelles que soient les raisons de cette différence, il y a
certainement pour nous dans cette ingratitude envers
nos pères, dans ce dédain des générations dont nous
sommes, bon gré, mal gré, les héritiers, une cause réelle
d'infériorité, de faiblesse, de perpétuelle instabilité. Ce
qui fait défaut au navire, c'est le lest, ce sont les ancres;
il ne peut ni tenir longtemps la mer, ni, quand souffle
le vent, rester mouillé à l'abri de l'orage.

Andocide a eu soin de rappeler lui-même les services que sa famille avait rendus à Athènes [1]. Son bisaïeul
avait joué un rôle brillant dans les luttes que soutint
une portion de l'aristocratie, d'abord pour empêcher
Pisistrate de s'emparer du pouvoir, et plus tard pour
renverser Hippias, puis pour défendre contre le tyran
exilé et ses partisans la liberté reconquise. Son grand-
père, qui, comme lui, s'appelait Andocide, fit partie de
l'ambassade envoyée aux Lacédémoniens en 445 pour
conclure la trêve de trente ans; il eut aussi dans la
guerre de Corcyre, à ce qu'il semble, un commandement militaire. Quant au père de l'orateur, Léogoras,

1. *Sur les mystères,* § 106-108; 146-148. *Sur son retour,* 26.

il ne paraît guère avoir été connu que par son luxe et ses débauches. Les faisans qu'il élevait dans sa volière avaient fait sensation à Athènes ; c'était sans doute la première fois que l'on y voyait ces oiseaux exotiques. Ses soupers étaient célèbres, et les gourmets d'Athènes en gardèrent longtemps la mémoire [1].

Andocide avait trouvé dans la maison paternelle, avec une fortune peut-être ébréchée par les profusions de Léogoras, des souvenirs qui devaient à la fois éveiller chez lui l'ambition politique et le désigner à l'attention du peuple athénien. Sur son éducation, nous n'avons aucun détail. Ce fut à peu près celle que reçurent vers le même temps les Alcibiade, les Critias, les Théramène, tous ces jeunes gens des premières familles qui, à peine sortis de l'adolescence, sentaient naître en eux des appétits de richesse et de pouvoir. Comme eux, Andocide dut fréquenter les sophistes et les rhéteurs, écouter Gorgias, Protagoras, Prodicos, peut-être s'exercer à la composition et au discours judiciaire sous la direction d'Antiphon. Il n'est point cité parmi ceux qui fréquentaient Socrate.

De sa jeunesse, la seule trace qui nous reste a été conservée dans un fragment d'un de ses discours perdus [2]. Il y rappelait les premiers temps de la guerre du Péloponèse, le douloureux spectacle auquel on avait

1. Aristophane, Guêpes, 1269. Nuées, 109. Athénée, IX, p. 387.
2. Fragment 5. C'est par erreur sans doute que Ch. Muller a placé ce fragment parmi ceux du discours πρὸς τοὺς ἐταίρους. Rien dans la citation qu'en fait Suidas ne nous indique à quel ouvrage il appartenait.

assisté quand les habitants de la campagne, devant l'invasion péloponésienne, s'étaient réfugiés à Athènes, enfin les privations auxquelles on avait été condamné par la dévastation de l'Attique. « Puissions-nous, s'écriait-il, ne plus jamais voir une seconde fois les charbonniers de la montagne descendre dans la ville, les moutons, les bœufs et les chariots s'y entasser avec les femmes, les vieillards, les laboureurs armés! puissions-nous ne plus être condamnés à manger des choux et des olives sauvages! » Quand il passa par ces épreuves en 431 et 430, Andocide avait de quinze à vingt ans ; nous qui venons d'en traverser de semblables et de plus cruelles encore, nous comprenons quelle impression elles avaient laissée dans l'esprit du jeune homme, et nous sentons quel écho le souhait qu'il formait là dut trouver dans l'âme de ses auditeurs.

On ne sait plus rien d'Andocide jusqu'en 415, année qui vit le départ de la désastreuse expédition de Sicile, cette folle entreprise qui marque le point culminant de la puissance athénienne et le commencement de sa décadence. Andocide était alors un homme fait. Docile imitateur des vices de son père, il aimait aussi beaucoup la table et la bonne chère; il n'avait point encore rempli de fonctions importantes, ni pris rang comme orateur. Ce qu'il pouvait avoir d'instruction, d'esprit et de talent, au lieu de le montrer sur la place publique, il le dépensait de préférence dans les soupers que présidait et où s'endormait parfois le vieux Léogoras,

alors le doyen des gastronomes athéniens [1] ; Andocide
était plus connu en cette qualité que comme personnage politique. Il était déjà pourtant, ainsi que plusieurs
de ses parents, de ses amis, des convives de son père,
l'objet d'une certaine méfiance. Le peuple athénien,
réuni dans le théâtre de Bacchus, riait aux éclats de
scènes où, comme dans les *Grenouilles* d'Aristophane,
le dieu qui présidait à la fête jouait un rôle ridicule et
bouffon ; il était en même temps d'une piété ou, pour
mieux dire, d'une dévotion singulièrement chatouilleuse
et susceptible. Il y a là une apparente contradiction dont
le moyen âge, avec sa foi profonde et naïve, nous offre
aussi bien des exemples. Les gaietés de la comédie
ancienne, comme celles des *farces* et des *mystères*
chrétiens, ne tiraient pas à conséquence ; la licence en
était regardée comme un utile repos de l'esprit, qu'elle
venait, une ou deux fois par an, délasser des graves
pensées et des travaux sérieux. On lui passait tout,
parce qu'on ne la soupçonnait d'aucune mauvaise
intention, d'aucune pensée hostile ou sceptique.

Ce fut ainsi que dans les siècles qui précédèrent la
renaissance italienne et la réforme de Luther, tant que
le dogme catholique ne fut pas mis en question, le
clergé ne s'alarma pas de parodies comme la fameuse
*Messe de l'âne*, et ne s'inquiéta point des libertés que
la muse populaire prenait souvent avec certains personnages des livres sacrés, libertés qui aujourd'hui

---

1. *Sur les mystères*, § 17.

paraîtraient excessives. Pour revenir à la pièce d'Aristophane, les spectateurs, pendant la représentation des
*Grenouilles*, s'amusaient sans aucun remords des burlesques terreurs de Bacchus, déguisé en Hercule, et
appelant au secours son prêtre, qu'il voit en face de
lui assis à l'orchestre. « Sauve-moi, lui crie-t-il, nous
boirons ensemble. » Quelques instants après, dans la
même pièce, le beau chœur des initiés, chantant Iacchos
et Cérès, rappelait à tous ceux qui avaient été admis
dans le sanctuaire d'Éleusis les nobles émotions qu'ils y
avaient éprouvées, et réveillait dans leur âme le sentiment religieux. Les représentations comiques étaient
une sorte de carnaval qui durait quelques heures dans
l'année ; c'était comme une ardente et courte orgie où
l'homme, échappant au joug de toutes les conventions
sociales, de toutes les contraintes, de tous les respects
imposés par l'éducation, les mœurs et les lois, satisfaisait ce besoin de joie bruyante et presque animale
que nous sentons tous à certains moments au dedans
de nous-mêmes. Le peuple riait alors de ses vices et
de ses instincts naturels les plus grossiers, qu'il se plaisait à voir étalés devant lui avec une impudeur naïve ;
il riait de sa majesté et de son propre pouvoir, dont il
était d'ordinaire si jaloux ; il riait de ses dieux, il se
saturait pour plusieurs mois de gaieté et de folie ; puis
tout rentrait dans l'ordre, les fumées de cette légère
ivresse se dissipaient en laissant l'esprit plus alerte et
plus dispos, au lieu de l'alourdir comme celle du vin :
le citoyen redevenait ce qu'il était la veille, reprenait

tous ses préjugés, toutes ses habitudes, toutes ses croyances. Alors il ne faisait pas bon paraître insulter, dédaigner les dieux de la patrie, et railler les pratiques de leur culte. C'était une idée profondément gravée dans presque toutes les intelligences, à Athènes plus encore que chez les autres peuples anciens, que toute cité qui ne punissait point un acte d'impiété commis dans son sein en devenait par là même complice, et s'exposait ainsi à un châtiment immédiat et terrible. Ce que l'on appela sous la Restauration la *loi du sacrilége*, cette loi qui a succombé sous les invincibles répugnances de l'esprit moderne et sous le vote de la chambre haute, eût paru aux Athéniens ne pécher que par un incroyable excès de douceur. La plus redoutable des accusations à Athènes, c'était celle d'impiété ; le crime pour lequel les lois réservaient leurs plus extrêmes rigueurs, c'était le sacrilége.

Telle étant la disposition générale des esprits, le peuple ne pouvait se défendre d'une soupçonneuse malveillance à l'endroit des sophistes, des rhéteurs et de ceux qui les fréquentaient. Tous ces raffinés exposaient des doctrines dont la foule s'alarmait d'autant plus qu'elle n'en atteignait pas le fond et n'en savait pas le dernier mot. Exclue de leurs cercles fermés, étrangère à leurs formules, elle devinait pourtant que dans ces entretiens on conspirait tout à la fois contre la vieille religion de la cité et les nouvelles institutions démocratiques. A l'inverse de ce qui s'est vu ailleurs, en France, par exemple, depuis un siècle, les démocrates

étaient ou devaient paraître, pour obtenir la faveur du
peuple, plus attachés que personne à la religion de
l'État et à ses rites. Ce furent eux qui poursuivirent
toujours les philosophes, qui menacèrent ou frappèrent
Anaxagore, Diagoras, Socrate, Aristote, Théophraste.
Le dernier orateur honnête et indépendant qu'ait eu
Athènes, ce Démocharès, neveu de Démosthène, qui
paraît avoir été d'ailleurs un homme de cœur, eut le
triste honneur de contraindre Aristote à s'enfuir et à
s'en aller mourir dans l'exil. Dans les rangs du peuple
et de ses chefs préférés, on était donc prévenu contre
le groupe auquel appartenaient Andocide et ses amis;
on était inquiet et curieux de ce qui se passait dans ces
réunions où, sous prétexte de festins, on restait à boire
et à causer toute la nuit sans autres témoins que quelques esclaves discrets. Ces jeunes hommes de haut
lignage, dont Alcibiade était le type le plus brillant,
se moquaient du peuple, qu'ils flattaient sur le Pnyx,
et des dieux, auxquels par vanité ils consacraient de
somptueuses offrandes. On se racontait tout bas certains
propos malsonnants qui auraient été tenus dans quelques-uns de ces soupers, certaines impiétés que se seraient permises, échauffés par le vin, les convives d'Alcibiade, de Charmidès et de Léogoras. Tout cela n'était
encore cependant que des on dit et des bruits vagues,
quand un étrange accident vint tout d'un coup donner
un corps à toutes ces rumeurs, à tous ces soupçons.

Il y avait à Athènes, distribuées en grande quantité
dans la ville, des figures connues sous le nom d'*hermès*

(Ἑρμαῖ). C'étaient des piliers carrés de pierre ou de marbre à peu près de hauteur d'homme. La partie supérieure seule en était sculptée en buste du dieu Hermès; la partie inférieure, plus ou moins rudement taillée, parfois presque brute, n'offrait d'autre saillie que les attributs de la virilité représentés sur la face antérieure. Il n'est point aujourd'hui de musée d'antiques qui ne contienne un certain nombre de bustes de cette espèce. A partir de l'époque alexandrine et chez les Romains, ces demi-statues furent très-employées pour orner les palais, les bibliothèques, les jardins, les édifices publics et privés; sur ces mêmes piliers, parfois élargis vers le sommet en forme de gaîne, on plaça des têtes de poëtes, de philosophes, d'empereurs. Le parc de Versailles nous montre dans les marbres dont sont ornées ses allées de beaux exemples du parti que la sculpture décorative peut tirer de ce motif; mais à Athènes les hermès, tous semblables les uns aux autres, reproduisant un type consacré, étaient autre chose qu'un ornement de la ville et de ses places : il s'y attachait un sentiment, un respect religieux qui avait ses racines dans la plus profonde, dans la plus ancienne couche des croyances communes à toute la race âryenne. M. Max Muller [1] a signalé les rapports qui semblent exister entre l'Her-

1. *Nouvelles Leçons sur la science du langage*, traduction de MM. Harris et G. Perrot, t. II, p. 217-220. Voyez au même endroit une note de M. Michel Bréal sur les différents mots grecs qui, par leur étymologie et par leur sens, peuvent se rapprocher du nom d'hermès.

mès grec et ce Sâramêya qui est appelé, dans un des hymnes du *Rig-Véda*, le « gardien de la maison », et auquel le poëte indien adresse cette prière : « Aboie au larron, Sâramêya, aboie au brigand, ô toi qui veilles toujours! » En tout cas, dans la mythologie grecque, un des plus importants caractères de la multiple figure d'Hermès, c'est qu'il est le protecteur des enclos et des troupeaux qu'ils renferment, de la maison qui en occupe le centre ; il sait où sont les cachettes auxquelles les hommes d'autrefois ont confié des trésors, il les soustrait aux regards indiscrets, et les fait découvrir à ceux qui par leur piété ont mérité cette faveur. C'est donc un dieu de la propriété, qui tient de près au *Zeus Herkeios,* Jupiter défenseur des clôtures, dont le surnom a peut-être la même étymologie, mais dont le culte certainement répond à la même idée et au même besoin. Les bornes qui séparaient les héritages, placées sous la garde d'Hermès, furent d'abord des troncs d'arbre ou des pierres brutes, ce que restèrent toujours les *termes* des Romains; mais chez les Hellènes, lorsque les arts furent nés, que le ciseau de l'ouvrier sut tailler le marbre, on sculpta au sommet de la borne, sinon dans les champs, au moins dans les villages et les villes, partout où l'on pouvait y mettre quelque luxe, la tête même et les attributs du dieu. Ces lourds blocs, avec leur base profondément enterrée dans le sol et le buste qui les terminait, représentaient ainsi l'éternité du droit que la famille, la commune, la cité, avaient sur la terre et sur les édifices

publics ou privés qu'elle supportait. Les hermès, sous
cette forme, qui tout à la fois exprimait une antique
croyance et offrait à l'œil un motif heureux, se multi-
plièrent donc à Athènes; il y en avait devant les temples, au croisement des chemins, dans les carrefours,
devant beaucoup de maisons.

Or un matin, vers la fin du mois de mai 415, en
sortant de leurs demeures, comme ils en avaient et
comme ils en ont encore l'habitude, aux premiers
rayons du soleil levant, les Athéniens eurent une
étrange surprise : chacun trouva mutilé l'hermès le
plus voisin de sa porte, celui que plusieurs fois par
an il arrosait de libations et couronnait de guirlandes.
Beaucoup purent croire d'abord que c'était là un
attentat isolé, la criminelle plaisanterie de quelque
ivrogne du quartier; mais on allait quelques pas plus
loin, et l'on trouvait un autre hermès dont les attributs avaient été aussi cassés à coups de marteau, la
tête brisée ou défigurée. Bientôt on sut que dans toute
la ville il n'y avait qu'un seul hermès auquel eussent
été tout à fait épargnés ces outrages, c'était celui qui
se dressait devant la maison paternelle d'Andocide. Il
portait le nom de la tribu Égéide, qui l'avait élevé et
consacré à ses frais [1].

---

1. Thucydide, ce témoin si digne de foi, dit seulement que la plupart
des hermès (οἱ πλεῖστοι) furent mutilés; mais le témoignage d'Andocide,
faisant appel aux souvenirs des Athéniens une vingtaine d'années après
l'événement, est tellement positif qu'il me paraît difficile de le révoquer
en doute. Il serait possible que, dans la hâte inséparable d'une pareille
entreprise, les sacrilèges n'eussent que légèrement atteint plusieurs

Il est plus que difficile, il est impossible de s'associer
pleinement aux sentiments religieux des hommes nourris
dans des croyances tout autres que celles où l'on a été
élevé soi-même. Il y a plus : quand on vous expose
les motifs qui ont excité chez des personnes professant
une autre foi que la vôtre des émotions violentes de
tristesse ou d'enthousiasme, d'espérance ou de désespoir, vous êtes presque toujours porté au premier
moment à vous étonner que de pareilles bagatelles
aient pu remuer aussi profondément l'âme humaine.
De là, dans l'histoire telle qu'on l'écrivait autrefois,
bien des jugements précipités, étroits, injustes. De nos
jours seulement, on est arrivé à comprendre que, pour
ne pas être tout à fait injuste envers les hommes d'un
autre temps, il fallait commencer par tâcher de se
refaire une âme semblable à la leur ; il fallait, par un
effort de science et d'imagination, se mettre, ne fût-ce
que pour un instant, dans leur situation d'esprit et de
cœur. On n'y arrive pas, on n'y arrivera jamais de
front ; mais la critique, telle que notre siècle l'a vue
naître, y parvient par une voie détournée et par toute
une série d'échelons. Tout ce qui a vraiment été pensé
et senti par l'homme, à quelque époque que ce soit,
un autre homme peut et pourra toujours le faire
revivre en lui-même ; il ne s'agit pour y réussir que
de suivre le bon chemin et de faire l'effort nécessaire.
Ainsi nous avons quelque peine à comprendre l'épou-

autres hermès ; mais celui dont parle Andocide aurait seul tout à fait
échappé.

vante jetée dans Athènes par la mutilation des hermès.
Pour nous y aider, représentons-nous ce qu'éprou-
verait aujourd'hui encore une ville espagnole ou
sicilienne, si un matin, en ouvrant les yeux, elle
trouvait renversées à terre toutes ces images de saints
et ces madones qui la veille encore étaient placées dans
des niches au-dessus des portes ou au coin des rues.
Autour d'elles, la piété des fidèles ne laissait jamais
se faner feuillages et fleurs; elle entretenait une
petite lampe qui restait jour et nuit allumée. Maintenant
plus rien que des débris, qu'une statuette brisée,
souillée, gisant dans la poussière. Quelle terreur ne
s'emparerait pas aussitôt de tous ceux qui depuis leur
enfance n'avaient jamais passé par là sans fléchir le
genou, sans faire un signe de croix et murmurer une
prière! A quels terribles malheurs ils se croiraient
exposés par un outrage qui attirerait sur la ville la
colère du ciel! Quelle fureur ils éprouveraient contre
les auteurs présumés d'un pareil attentat!

A Athènes, l'idée religieuse était alors encore plus
étroitement mêlée qu'elle ne peut l'être aujourd'hui,
même en Espagne et en Italie, à tous les actes de la
vie civile et politique; l'idée de l'image et celle du dieu
que l'image représentait se confondaient plus intimement encore. Cette destruction générale des hermès,
c'était pour les Athéniens comme si les rues, les
marchés, les portiques, eussent été privés de leurs
protecteurs divins, partis en emportant des sentiments
de haine et de vengeance. On crut aussitôt que la

patrie était menacée de grands malheurs, et que la constitution démocratique, à laquelle ils étaient si attachés, allait d'un moment à l'autre être attaquée et renversée. Rien de plus naturel et de plus effrayant que cette conviction; si quelques personnes y échappèrent, ce ne put guère être que les auteurs mêmes de l'attentat et quelques esprits forts, nourris, comme Antiphon et Thucydide, à l'école des sophistes. Ce qui rendait l'inquiétude plus poignante encore, c'est que le jour était déjà fixé pour le départ de la flotte de Sicile; déjà l'une des galères amirales était dans le port extérieur, prête à mettre à la voile. Sous quels funestes auspices Athènes allait se lancer dans cette hasardeuse entreprise pour laquelle il lui aurait fallu la protection et le concours de tous les dieux protecteurs de la cité!

Après le premier moment de stupeur, une question se posa pour tout le monde : quels étaient les auteurs de ces outrages à la conscience et aux plus chères croyances du peuple tout entier? Ce qui frappait d'abord l'esprit, c'est qu'un seul bras n'avait pu faire tout le mal en si peu de temps; de pareils ravages ne s'expliquaient que par l'action combinée d'un certain nombre de malfaiteurs qui se seraient partagé les quartiers à parcourir et les images à briser. Il y avait, on n'en pouvait douter, au sein même de la cité, toute une bande de conspirateurs. Dans quel dessein s'étaient-ils associés? quel but poursuivaient-ils? Personne ne pouvait le dire. Ce qui était certain, c'est que l'on

avait tout à craindre de ceux qui venaient de mani-
fester ainsi leur existence et leur détestable entente.

L'obscurité qui enveloppait le premier jour toute
cette affaire des hermès ne se dissipa jamais complétement ; il y a dans l'histoire peu d'exemples d'événements sur lesquels le temps, ce grand révélateur, ait
jeté moins de clartés. Thucydide lui-même, ce pénétrant
investigateur, ne paraît point être arrivé à savoir toute
la vérité. Ce qui, d'après certains témoignages et
certains indices, est vraisemblable, c'est que les
conspirateurs avaient en vue l'une de ces deux choses :
ou perdre Alcibiade, qui occupait alors dans la cité
une situation prépondérante, ou empêcher le départ
de l'expédition. Probablement même ces deux résultats étaient dans leur pensée inséparables l'un de
l'autre. Jamais homme n'eut plus de jaloux et d'ennemis que le brillant et insolent fils de Clinias ; ses
rivaux le haïssaient assez pour ne reculer devant
aucun moyen de le perdre sans retour. Il fallait
l'empêcher de trouver dans cette entreprise, qu'il était
capable de mener à bonne fin, une occasion d'élever
encore plus haut son crédit et sa gloire. Syracuse,
Corinthe, Mégare, étaient intéressées à faire échouer
l'attaque dont était menacée la Sicile : c'est ce qui
expliquerait le rôle joué dans le complot par quelques
*métèques* ou étrangers domiciliés, enfants de l'une de
ces cités ou gagnés à leurs intérêts. C'était à son corps
défendant, on le savait, que l'homme le plus respecté
d'Athènes, Nicias, avait été nommé l'un des trois

généraux; avec sa dévotion et son caractère timoré,
ne serait-il point assez frappé de ce sinistre événement
pour refuser de partir et faire ainsi tout manquer? Si
ces conspirateurs avaient pu s'entendre et agir un
peu plus tôt, ils auraient certainement réussi à retarder
l'expédition, et peut-être à en dégoûter Athènes. Ils
lui auraient ainsi rendu sans le vouloir un inappré-
ciable service; mais les préparatifs étaient déjà bien
avancés, déjà les forces des alliés d'Athènes étaient en
route pour Corcyre, aujourd'hui Corfou, et les hoplites
de Mantinée et d'Argos arrivaient pour s'embarquer
au Pirée. On ne réussit donc qu'à moitié, et ceux-là
seuls des conjurés purent être satisfaits qui tenaient
surtout à compromettre et à chasser Alcibiade. Or ce
demi-succès de la conspiration, c'était à ce moment
ce qui pouvait arriver de plus funeste à Athènes.

Quoi qu'il dût advenir, la première pensée, le
premier besoin des Athéniens, c'était de se réconcilier
avec les dieux en recherchant et punissant les coupables. L'assemblée se réunit. Le *conseil* ou *sénat des
cinq cents* reçut de pleins pouvoirs pour ouvrir une
vaste enquête, dont la direction fut confiée à des
commissaires spéciaux. Citoyens, métèques, esclaves,
étaient invités à dénoncer tous les actes d'impiété qui,
de manière ou d'autre, auraient pu venir à leur
connaissance. Des récompenses étaient promises à
tous ceux qui fourniraient des renseignements utiles;
mais en même temps quiconque voudrait par de faux
témoignages égarer la justice était menacé de la peine

capitale. Presque tous les jours, l'assemblée populaire
se réunissait pour entendre le rapport impatiemment
attendu des commissaires.

Ce ne fut pas à la mutilation des hermès qu'eurent
trait les premières dépositions, mais à des incidents
analogues et de date plus ancienne : il s'agissait
d'autres outrages infligés, dans l'ivresse d'une nuit
d'orgie, à des images consacrées ; il s'agissait surtout de parodies des mystères d'Éleusis qui auraient
eu lieu dans différentes maisons, et qui en auraient
dévoilé les augustes secrets à des convives ou à des
spectateurs non initiés. Ce fut à ce titre que, dans une
assemblée qui devait être la dernière avant le départ
des généraux, Pythonicos se leva pour accuser Alcibiade. Sa dénonciation s'appuyait sur le témoignage
d'un esclave. Celui-ci, une fois assuré de l'impunité
par un vote formel, déclara avoir assisté avec plusieurs
de ses camarades dans la maison de Polytion à l'une
de ces parodies où Alcibiade et plusieurs de ses compagnons de plaisir auraient joué les rôles principaux.
Il n'y avait rien là que de très-vraisemblable ; mais,
quand d'autres orateurs en prirent texte pour insinuer
qu'Alcibiade devait avoir aussi trempé dans l'affaire
des hermès, la calomnie était grossière. Personne
n'avait dû être plus irrité qu'Alcibiade de cet accident;
il n'en fallait pas plus en effet pour détourner de la
Sicile l'attention et les pensées des Athéniens.

Alcibiade protesta contre ces insinuations avec une
indignation qui n'avait rien de joué ; il réclamait un

jugement immédiat. Ses adversaires sentirent que son crédit n'était pas encore assez ébranlé ; ils eurent donc l'habileté de cacher leur haine sous un semblant de patriotisme : ils firent décider que la flotte, vu la saison déjà avancée, mettrait à la voile sans retard, et que toutes poursuites à l'égard du général incriminé seraient suspendues jusqu'à son retour. Alcibiade eut beau faire, il lui fallut accepter cet arrangement. Ce compromis satisfaisait à la fois l'impatience des Athéniens, avides de conquêtes, et les scrupules de leur piété ; mais il laissait Alcibiade dans la pire de toutes les situations, sous le coup de vagues accusations que l'on pourrait exploiter tout à l'aise contre lui pendant son absence.

Nous n'avons pas à retracer ici d'après Thucydide la scène imposante du départ de cette flotte, la plus nombreuse, la plus brillante, la mieux équipée qui fût jamais sortie des ports de l'Attique ; nous laisserons les trois généraux, Alcibiade, Nicias et Lamachos, poursuivre leur chemin autour du Péloponèse jusqu'à Corcyre, puis de là le long de la côte italienne jusqu'en Sicile, un peu embarrassés pour obtenir des résultats qui fussent en rapport avec la grandeur des moyens d'action qui leur avaient été confiés. C'est à Athènes que nous retient Andocide. Là, dès le lendemain de la grande journée remplie par le départ de la flotte athénienne, l'opinion avait recommencé à se préoccuper non moins vivement que la veille des sacrilèges encore impunis. Par cela même qu'elle avait engagé

dans une aventureuse et lointaine expédition la fleur de
sa jeunesse, Athènes avait livré aux dieux des otages
qu'il s'agissait de sauver en apaisant le plus tôt possible leur colère. Les ennemis d'Alcibiade n'étaient
pas gens d'ailleurs à laisser ces alarmes se calmer
qu'ils n'eussent atteint leur but. On offrit donc de
nouvelles primes aux dénonciateurs ; une d'elles fut
même portée jusqu'à la somme de 10,000 drachmes.
Un métèque nommé Teucros s'était sauvé à Mégare
aussitôt après l'événement ; il en revint, assuré de
l'impunité par un vote du sénat. Il désigna onze personnes, dont lui-même, comme ayant pris part à une
parodie des mystères, et dix-huit autres, parmi lesquelles il ne se comptait pas, comme ayant mutilé les
hermès. Une femme de haute naissance, Agariste,
raconta qu'Alcibiade, Axiochos et Adimantos avaient
de même parodié les cérémonies éleusiniennes chez
Charmidès. Un esclave, Lydos, fit une déposition analogue ; un de ceux qui, selon lui, auraient assisté à
cette sacrilége bouffonnerie était Léogoras, le père
d'Andocide. Seulement « Léogoras, ajoutait-il, était
endormi à ce moment, et n'avait pu se rendre compte
de ce qui se passait dans la salle du festin.» Des malheureux ainsi désignés, beaucoup avaient fui tout
d'abord ; la plupart avaient été saisis et mis aux fers.
Lors des Panathénées, les récompenses promises furent
décernées. Le premier dénonciateur, l'esclave Andro-
machos, eut les 10,000 drachmes; Teucros en toucha
1,000. Pourtant la conscience publique n'était pas

encore en repos. Tous ces témoignages, excepté celui
d'Agariste, provenaient de gens de condition inférieure ; tous restaient incomplets et obscurs. La prison
regorgeait de citoyens dont beaucoup appartenaient
aux premières familles de la ville.

On en avait assez appris pour être sûr que la cité
était remplie de contempteurs des dieux ; on n'en savait
pas assez pour se dire : « Les coupables, nous les
tenons tous, nous allons les punir, et nous serons
réconciliés avec le ciel. » Chacun soupçonnait son voisin ; personne ne se croyait à l'abri d'un faux témoignage, tant le peuple, dans l'espèce de terreur et de
folie religieuse où l'avaient jeté tous ces récits, était
prêt à emprisonner, à faire périr même n'importe qui
sur une parole, sur un simple soupçon. Un jour le
héraut convoqua le sénat ; il s'agissait d'entendre
encore une dénonciation : la foule qui remplissait le
marché s'enfuit en tous sens. Qui ces dépositions
allaient-elles compromettre ? Personne ne le savait, et
les plus humbles comme les plus nobles se sentaient
menacés.

On en était là, quand se produisit un nouveau
témoin ; Dioclidès. C'était sur l'événement qui tour-
mentait le plus les esprits, sur la violation des hermès,
qu'il prétendait apporter des renseignements. La nuit,
raconta-t-il, où les statues furent brisées, il devait
partir pour le Laurium, où un esclave travaillait pour
son compte dans une mine. Le clair de lune était si
beau, qu'il le prit pour l'aube. Il se mit donc en route.

Quand il arriva auprès des propylées du théâtre de
Bacchus, il aperçut un assez grand nombre d'hommes
qui descendaient vers l'orchestre. Saisi de crainte, il
se cacha dans l'ombre entre un piédestal et une
colonne. De là, il eut tout loisir d'observer la troupe;
elle se divisa en groupes de quinze ou vingt personnes
qui causèrent à voix basse, puis se dispersèrent. On y
voyait presque comme en plein jour; il put distinguer
les traits de beaucoup de ces promeneurs nocturnes.
Aussitôt qu'ils se furent séparés, il continua son chemin. Quand il revint le lendemain soir du Laurium, il
apprit ce qui s'était passé dans la nuit, les mesures
prises, les récompenses promises aux révélateurs. Pensant qu'il aurait peut-être plus d'intérêt à s'entendre
avec les coupables, il s'aboucha avec Euphémos, un de
ceux qu'il avait reconnus; celui-ci, lui recommandant
la plus grande discrétion, lui donna rendez-vous pour
le lendemain chez Léogoras. Là Andocide et ses amis
lui auraient offert, pour qu'il se tût, 12,000 drachmes,
c'est-à-dire 2,000 drachmes de plus que la cité ne
donnait à qui parlerait. Un nouveau rendez-vous avait
été pris chez Callias, fils de Téléclès, beau-frère
d'Andocide. Là le marché avait été conclu et ratifié
par serment; mais au terme convenu Andocide n'avait
pas payé. En conséquence, Dioclidès, dégagé de sa
parole, venait trouver le sénat. Il conclut en désignant
quarante-deux personnes, les seules, dit-il, qu'il eût
reconnues sur les trois cents environ qu'il avait vues
passer. Les deux premiers noms qu'il prononça furent

ceux de Mantithéos et d'Aphepsion, deux sénateurs
qui assistaient à cette séance même ; parmi les quarante
autres qu'il signala figuraient Andocide et beaucoup
de ses plus proches parents, son père Léogoras, ses
cousins à différents degrés et son beau-frère, Charmidès,
Tauréas, Nisæos, Callias, fils d'Alcméon, Phrynicos,
Eucratès, frère de Nicias, le collègue d'Alcibiade en
Sicile. Pour prendre une expression toute moderne,
c'était la meilleure société d'Athènes qui était atteinte
par cette dénonciation.

Tout ce récit, d'après Andocide, n'était que pure
invention, et il semble en effet que bientôt après
Dioclidès ait été condamné et mis à mort comme faux
témoin. Néanmoins au premier moment toute cette
histoire dut paraître d'autant plus vraisemblable, que
son auteur, avec un naïf cynisme, s'y attribuait à lui-
même un rôle moins honorable. L'émotion fut grande.
Pisandre, un des commissaires, se leva aussitôt pour
demander que l'on commençât par abroger la loi qui
défendait de mettre à la question un citoyen ; ceci fait,
les deux sénateurs incriminés seraient saisis, et, s'ils
refusaient de donner les noms de tous leurs complices,
torturés. jusqu'à ce qu'ils eussent parlé. Tout illégale
et cruelle que fût cette proposition, le sénat paraissait
disposé à l'accueillir. Mantithéos et Aphepsion, embras-
sant l'autel qui se dressait au milieu de la salle des
séances, défendirent avec énergie leur droit ; ils finirent par obtenir d'être laissés en liberté sous caution
jusqu'au moment où ils auraient à comparaître devant

le jury; mais, aussitôt les cautions trouvées et l'argent versé, laissant leurs garants exposés à être frappés en leur lieu et place, ils montèrent à cheval et franchirent la frontière. C'était, on put le croire, s'avouer coupables. En même temps arrivait la nouvelle qu'un corps béotien se rassemblait, et s'apprêtait à entrer en Attique. L'agitation et l'effroi furent alors à leur paroxysme. Le sénat prit les mesures nécessaires : il fit arrêter les quarante personnes dont les noms avaient été donnés par Dioclidès, et, pour pouvoir lutter à la fois contre l'ennemi du dedans et celui du dehors, il appela aux armes tous les citoyens. La nuit venue, les *hoplites* ou fantassins campaient sur les places d'Athènes et du Pirée. Quant aux cavaliers, convoqués au son de la trompette, ils s'étaient réunis dans l'enceinte sacrée de l'Anakeion. Le sénat s'était déclaré en permanence, et siégeait dans l'acropole.

Ce fut là pour tout le monde à Athènes une nuit terrible, nuit d'épouvante et d'horreur, que ne durent jamais oublier ceux qui avaient passé par ses émotions ; mais ceux à qui les heures durent en paraître le plus longues, ce furent les malheureux qui venaient d'être entassés dans la prison. Tous sentaient que, dans l'état des esprits, ils ne pouvaient compter sur aucune clémence, ni même sur aucune justice; les garanties qu'accordait aux accusés, en temps ordinaire, l'humaine et sage législation d'Athènes seraient mises de côté ; peut-être dès le lendemain, innocents ou coupables, tous seraient victimes d'un jugement et d'une exécution sommaires, d'un assassinat juridique. Ce qui rendait la scène plus douloureuse encore, c'était la présence des femmes, des enfants, auxquels on avait permis de pénétrer dans la prison pour revoir les frères, les maris, les pères, qui leur avaient été si brusquement arrachés. Il y avait la sœur, les cousines, les neveux et nièces d'Andocide. Tous les visages étaient baignés de larmes ; on n'entendait que lamentations et sanglots. Ce fut alors, raconte Andocide, que Charmidès, son cousin et ami, son compagnon d'enfance, le prit à partie, le supplia de raconter tout ce qu'il pouvait savoir, afin de calmer Athènes et de sauver la vie de tant de personnes qui lui étaient chères. « Tu es au courant, lui dit-il, de ce qui s'est passé à propos de la mutilation des hermès ; si tu te tais, que tu aies ou non pris part à l'attentat, ton père et toi, nous-mêmes, nous sommes tous perdus. Si au contraire tu parles, tu obtiendras ton pardon, tu nous tireras du péril présent, et les terreurs de la cité se dissiperont. » Les autres prisonniers, les femmes, joignent leurs prières à celles de Charmidès. Andocide hésita longtemps ; le rôle de dénonciateur lui répugnait. Enfin vers le matin, vaincu par ces instances, il avait pris son parti ; il demanda à être entendu par le sénat. Voici le résumé de sa déposition.

« Euphilétos est le principal auteur de la mutilation des hermès. Il en fit la motion dans un banquet auquel j'assistais ; je m'opposai avec énergie à ce projet, et j'y refusai mon concours. Bientôt après, en montant un jeune cheval, je me brisai la clavicule, et me fis à la tête une forte contusion ; il me fallut garder le lit. Euphilétos profita de mon absence pour donner à ses amis l'assurance mensongère de mon consentement ; je m'étais, prétendait-il, chargé de l'hermès le plus voisin de notre demeure, celui qui a été consacré par la tribu Égéide. Ils exécutèrent donc leur projet à mon insu, pendant que j'étais retenu dans ma chambre ; on comptait que j'abattrais l'hermès que je viens de vous signaler ; voilà pourquoi il est seul resté intact. Quand ensuite les conspirateurs reconnurent à ce signe que je n'étais point leur complice, Euphilétos et Mélétos vinrent de leur part me menacer des plus terribles vengeances, si je ne me taisais. Je répondis que c'était non pas moi, mais leur crime même qui les perdait. » En même temps, Andocide en appelait au témoignage de ses esclaves ; les magistrats pouvaient les mettre à la torture pour s'assurer qu'il avait dit vrai, et que la nuit où furent brisés les hermès il était dans son lit, tout à fait incapable de sortir, ou même de se lever.

On eut sans doute recours à ce cruel moyen, l'une des rares traces de l'antique dureté qui déshonorent le droit pénal d'Athènes. La déposition des serviteurs confirma celle du maître ; le sénat commença enfin à croire qu'on allait tenir la vérité. Entendu de nouveau, Andocide dénonça vingt-deux citoyens comme ayant accompli la mutilation des hermès. Dix-huit de ceux qu'il nomma, parmi lesquels Euphilétos et Mélé-

tos, avaient déjà été désignés par Teucros ; les quatre
autres, dès que leurs noms furent prononcés, s'enfuirent avant que l'on pût les saisir.

Telle est la manière dont Andocide, dans son discours *sur les mystères,* prononcé quinze à vingt ans
après cette crise, expose son rôle et présente la déposition qu'il aurait faite alors dans le sénat; mais il est
permis de croire qu'il ne nous donne là, de tous ces
événements déjà lointains, qu'une version arrangée à
loisir, et où l'on peut soupçonner plus d'une inexactitude, ou tout au moins plus d'une réticence. Thucydide, qui fait très-clairement allusion à Andocide sans
le nommer, semble dire qu'alors Andocide se comprit
lui-même parmi les mutilateurs des hermès [1]. Ses
ennemis, on le voit par quelques mots qui lui échappent
et par un discours attribué à Lysias, lui reprochaient
d'avoir dénoncé plusieurs de ses plus proches parents,
tandis que d'après son récit il n'aurait parlé que sur
leur demande et pour les sauver [2].

Quoi qu'il en soit de ces contradictions, ce qui est
incontestable, c'est l'effet que produisirent sur les âmes
les révélations d'Andocide. On était las de l'anxiété
et de l'incertitude où l'on vivait depuis de longues
semaines. Andocide n'était point, comme les dénon-

1. Thucydide, VI, 60 ....« Alors un des prisonniers, celui qui paraissait
le plus coupable, fut engagé par l'un de ses compagnons de captivité à
donner des renseignements vrais ou faux... Il s'accusa lui-même, et il en
accusa d'autres avec lui, de la mutilation des hermès. »
2. *Sur les mystères,* 19, 54. Lysias (?) *contre Andocide,* 7, 23, 24, 30.

ciateurs précédents, un étranger ou un esclave ; c'était un jeune homme riche, de grande naissance, qui s'était déjà fait remarquer par son instruction et ses talents. Son récit était spécieux, et ce qui paraissait le rendre encore plus digne de foi, c'est qu'il s'accusait presque lui-même. Il y eut un sentiment de satisfaction générale ; les nerfs, tendus outre mesure, se relâchèrent, les imaginations affolées se calmèrent. On savait enfin ce qu'il y avait au fond de ce mystère redoutable ; armures et lances furent déposées, et chacun rentra dans sa maison. Les craintifs qui avaient fui de peur d'être compromis revinrent à Athènes. Les inculpés qui étaient en prison, hors ceux dont Andocide avait prononcé le nom, furent mis en liberté. Quant à ceux qu'il avait dénoncés, les uns, que l'on tenait sous les verrous, furent traduits en justice, condamnés et exécutés ; d'autres, qui avaient eu le temps de quitter la ville, furent jugés par défaut et leurs têtes mises à prix. Ces victimes avaient-elles toutes mérité leur sort ? Nul qu'Andocide lui-même ne saurait le dire, et son caractère ne nous est pas un sûr garant de sa véracité. Les réserves de Thucydide témoignent des doutes qu'avait conservés à ce sujet plus d'un esprit sérieux. « Ces renseignements, dit-il, étaient-ils vrais, étaient-ils faux ? Là-dessus, les conjectures sont partagées ; mais ni alors, ni plus tard, personne n'a rien pu affirmer de certain sur les vrais auteurs de cette profanation. » Et un peu plus loin : « On ignore si ceux qui furent mis à mort furent punis injustement ; mais toute a ville dans cette circonstance éprouva un soulagement manifeste. »

A la masse, à tous ces esprits superficiels et crédules qui se contentent des apparences, il n'en fallait
pas davantage. Le peuple se sentait purgé de ces conspirateurs qui s'étaient si longtemps cachés dans ses
rangs; il sentait sa constitution sauvée et sa paix faite
avec les dieux. Andocide avait été l'instrument de
cette réconciliation; il obtint donc son pardon, et fut
même tout d'abord assez bien vu du peuple. Ce serait
sans doute alors que son père Léogoras aurait pris à
partie un sénateur, Speusippos. Celui-ci, quelque temps
auparavant, avait cherché à envelopper Léogoras dans
les poursuites commencées sur la dénonciation de
Lydos. Selon notre orateur, Léogoras, qui d'abord
avait voulu quitter Athènes, aurait obtenu contre son
adversaire un verdict presque unanime. De six mille
juges, il n'en aurait vu que deux cents se prononcer
contre lui. Il y a dans ce qu'Andocide nous rapporte
de ce procès bien des difficultés qu'il est plus aisé de
signaler que de résoudre[1]. Ce qui est certain, c'est
que cette faveur d'Andocide et de son père ne se soutint pas. Leurs noms avaient trop souvent retenti
dans toutes ces affaires pour qu'il ne leur en restât
pas comme une mauvaise note. De plus Andocide
ne s'était sauvé qu'en livrant d'anciens compagnons
de jeunesse et de plaisir dont il avait peut-être même

1. *Sur les mystères*, § 17-19, 132.

été jusqu'à un certain point le complice ; or le rôle de dénonciateur ne passe jamais pour honorable ; il touche de trop près à celui de traître. D'ailleurs Anddocie par ses révélations avait dû se faire dans les familles frappées sur ses indications des ennemis qui ne laisseraient point oublier au peuple tout ce que l'on avait à lui reprocher. Bientôt après s'engagea toute une nouvelle série de procès dont le signal fut donné par la plainte que Thessalos, le fils de l'illustre Cimon, déposa contre Alcibiade. Andocide y fut-il compris, et condamné en même temps que ce dangereux personnage ? ou bien, au terme de tous ces débats judiciaires, prit-on une mesure générale contre tous ceux qui, sans avoir encouru de condamnation, avaient été pourtant compromis à un titre quelconque dans ces scandales et ces profanations ? Furent-ils par un décret frappés d'*atimie,* c'est-à-dire privés de leurs droits civils et politiques ? Andocide s'enfuit-il par prudence devant de redoutables inimitiés ? Notre orateur ne s'explique jamais clairement à ce sujet [1]. Ce qui est sûr, c'est qu'il quitta Athènes malgré lui peu de temps après les événements que nous venons de raconter. Depuis lors

---

1. Ce décret d'Isotimidès, que l'on invoquait contre lui et qu'il prétend, en 403, être abrogé depuis longtemps (*Sur les mystères,* § 8) paraît bien l'avoir atteint, tout au moins jusqu'à l'amnistie de Thrasybule. Aux efforts qu'il fait (§ 86-88) pour prouver que tous les décrets antérieurs à l'archontat d'Euclide avaient été rendus caducs par l'amnistie, on devine qu'un de ces décrets lui avait fermé, d'une manière directe ou indirecte, les portes de la cité. Dans le discours *sur son retour* (§ 10) il a pourtant l'air de dire qu'il a quitté Athènes volontairement pour échapper à l'animadversion générale.

et jusqu'en 403, sa situation fut celle d'un exilé qui cherche tous les moyens de rentrer dans son pays.

Comme on peut en juger par la vie qu'il menait, Andocide avait de grands besoins d'argent. Son emprisonnement et son exil, joints aux désastres d'Athènes qui atteignirent toutes les fortunes, réduisirent presque à rien les ressources qu'il pouvait tirer de son patrimoine. Pour subvenir à ses habitudes de dépense, il se fit spéculateur[1]. Dans tout Grec, comme dans tout Israélite, quelle que soit la profession où il s'est engagé, il y a toujours l'étoffe d'un négociant ou d'un banquier. Sous le langage et le costume du médecin, de l'avocat, du professeur, l'homme d'affaires sommeille, prêt à se réveiller dès que les circonstances l'exigeront. Ce fut à Chypre qu'il alla tout d'abord. Par quelles offres et quels services mérita-t-il les bonnes grâces d'un de ces petits princes, moitié orientaux, moitié hellènes, qui aimaient avoir auprès d'eux des Grecs de quelque renom, artistes, poëtes, orateurs? A en croire ses ennemis, rien de moins honorable que l'origine de cette faveur. Andocide aurait fait venir d'Athènes, sans doute sous quelque prétexte spécieux, une de ses cousines, belle et jeune Athénienne de condition libre, et il l'aurait livrée au roi de Citium : il l'aurait fait entrer dans son gynécée ou *harem*. Peu après, Andocide se se serait effrayé des conséquences que pourrait avoir pour lui ce détournement ; il aurait craint que l'on

1. *Sur les mystères,* 137.

n'en parlât à Athènes, où il désirait et espérait toujours retourner. Il aurait donc essayé de retirer des mains du prince la jeune fille qu'il lui avait vendue ; mais ses projets auraient été découverts, et, devenu l'objet de la colère du despote, jeté dans les fers, il aurait risqué de périr par un de ces horribles supplices dont l'Orient a conservé la tradition. Ce fut sans doute avec de l'argent qu'il sauva sa tête. A Ecbatane ou à Suse, comme à Téhéran ou à Constantinople, auprès des satrapes perses comme des pachas turcs, jamais homme habile ne s'est trouvé en si mauvais pas, qu'en ouvrant sa bourse à propos il ne se soit tiré d'embarras[1].

Nous retrouvons ensuite Andocide à Samos, où était alors la dernière armée qui restât encore à Athènes, épuisée par ses désastres de Sicile. Andocide possédait à Chypre des terres fertiles, don de son prince[2] ; il avait noué des relations commerciales dans cette île et dans les îles voisines ; il pouvait aider les généraux athéniens à compléter leurs approvisionnements fort insuffisants. C'était l'occasion de se conduire en patriote, tout en ne négligeant pas ses affaires. Andocide vendit à la flotte du cuivre, du blé et des rames. Ce dernier article, il aura soin de le rappeler à ses juges, il le fournit au prix coûtant. Se rattrapa-t-il sur le cuivre et le blé ? Il n'en dit rien ; mais telle était son envie de revoir Athènes, qu'il oublia peut-être de

1. *Vies des dix orateurs*, II, 7. Lysias (?) *contre Andocide*, 26, 28.
2. *Sur les mystères*, 4.

prélever sa commission sur ces fournitures[1]. Quand il crut, par son désintéressement, avoir prévenu à Samos les esprits en sa faveur, il partit pour Athènes. Quelque tempête, comme cela arrive souvent dans l'Archipel, le força-t-elle à faire plusieurs escales et à passer un mois en route? Toujours est-il que, lorsqu'il arriva, il eut une surprise désagréable. La ville était au pouvoir de l'oligarchie des Quatre-Cents ; l'armée à Samos tenait pour la démocratie : il y avait rupture ouverte entre la cité et l'armée. Andocide se présentait au sénat comme le bienfaiteur de l'armée. Pour un habile, c'était manquer d'à-propos. On devine comment il fut accueilli. Pisandre, un des meneurs aristocratiques, voulait le faire saisir et mettre à mort. Andocide embrassa en suppliant l'autel de Vesta ; on se contenta de le jeter en prison[2]. Il ne nous dit pas comment il en sortit ; mais il repartit encore pour Chypre. C'était, pour qui cherchait fortune, un pays à souhait que cette île féconde et prospère où fleurissaient à la fois, sous des princes qui rivalisaient de vanité et de luxe, l'industrie phénicienne et les arts de la Grèce. Ce fut cette fois auprès d'Évagoras, roi de Salamine, que s'établit Andocide[3].

Même à Chypre, un bourgeois d'Athènes n'oubliait pas le Pirée, le Céramique, le Pnyx, l'Agora, le théâtre de Bacchus, l'Acropole, pas plus qu'un vrai Parisien

1. *Sur son retour*, 11-13.
2. *Sur son retour*, 13-16. Lysias (?) *contre Andocide*, 27.
3. *Contre Andocide*, 28.

ne se résigne à vivre longtemps loin de ce Paris dont
il a tant de fois maudit le bruit et les perpétuelles agitations. Quand la démocratie fut rétablie, un certain
Ménippos, ami d'Andocide ou orateur à ses gages,
proposa et fit voter son rappel en se fondant sans
doute sur les services rendus à l'armée de Samos;
mais, à peine adopté, le décret fut attaqué comme
contraire aux lois : c'était assez pour l'empêcher de
produire son effet. A cette nouvelle, Andocide en personne reparut à Athènes. Les *prytanes,* qui dirigeaient
les délibérations du sénat, l'admirent à s'expliquer
devant ce corps et à se faire ensuite entendre dans
l'assemblée du peuple. Il promettait monts et merveilles. Que l'on confirmât seulement le décret de
Ménippos, et il profiterait de sa fortune et de ses relations avec les princes et les villes de Chypre pour pro-
curer à Athènes toute sorte d'avantages politiques et
commerciaux. Déjà par ses soins plusieurs navires
chargés de blé entraient, au moment même où il parlait, dans le port du Pirée. Andocide eut beau faire ;
une fois encore l'influence de ses ennemis et le préjugé
public l'emportèrent sur son éloquence et ses promesses. Il fallut reprendre le chemin de l'exil. Cette
fois, le proscrit aurait passé une partie de son temps
dans le Péloponèse, en Élide, où il aurait aussi tra-
fiqué ; sans le consoler, les affaires l'occupaient et
l'aidaient à passer le temps[1].

1. *Contre Andocide,* 29. *Sur son retour,* passim.

Plusieurs années s'écoulèrent. Après quelques succès brillants et stériles, Athènes vaincue à Ægos-Potamos, prise par Lysandre, se voyait soumise à l'indigne
tyrannie des Trente. Andocide devait compter dans
leurs rangs plus d'un des compagnons de sa jeunesse ;
mais il ne leur aurait apporté aucune force, et le souvenir de la mésaventure qu'il avait essuyée sous les
Quatre-Cents dut l'empêcher de s'adresser de nouveau
à ce parti. Quand Thrasybule eut rendu à sa patrie,
en 403, sinon sa puissance, du moins sa liberté et sa
vieille constitution, une large amnistie, destinée à
fermer l'ère des discordes civiles, rouvrit les portes de
la cité à tous les bannis, et rendit leurs droits à tous
les condamnés. Andocide accourut aussitôt, et sa présence ne souleva d'abord aucune protestation : on avait
passé depuis deux ans par de telles crises, qu'il y avait
une détente, une lassitude générale. La plupart des
hommes qui avaient joué les premiers rôles dans les
anciennes luttes avaient disparu ; les événements
récents avaient assez frappé les esprits pour émousser
le souvenir de ce qui les avait le plus passionnés autrefois. On était disposé à plus s'occuper de l'avenir que
du passé. Il eût peut-être été facile à Andocide, s'il se
fût tenu sur la réserve, de vivre tranquille dans cette
Athènes qu'il avait tant souhaité revoir ; mais cet
obscur repos ne faisait pas son compte. Sa naissance,
sa fortune, qu'il avait relevée et augmentée pendant
son exil, les relations qu'il s'était créées avec tant de
princes et de cités, le talent qu'il se sentait, tout cela

lui donnait le désir d'un rôle politique. Il avait plus de quarante ans ; c'est l'âge où l'ambition naît souvent chez ceux mêmes qui n'ont encore songé jusque-là qu'au plaisir ou à l'argent. Il reprit donc possession de sa maison, où pendant son exil s'était installé un démagogue, Cléophon le luthier ; il se montra au Pnyx, il parla dans l'assemblée et devant les tribunaux, il sollicita des fonctions qui le missent en vue et lui donnassent l'occasion de faire briller son opulence. Ainsi, dans les deux années qui suivirent son retour, il fut gymnasiarque aux fêtes de Vulcain, chef de la *théorie* ou députation que la cité envoya aux jeux isthmiques, puis de celle qui la représenta aux jeux olympiques ; il fut nommé l'un des administrateurs du trésor déposé dans le Parthénon sous la protection de la déesse. Enfin, comme pour aller au-devant du péril, il ne craignit pas d'intenter à Archippos, nous ne savons de quel chef, un procès où il l'accusait d'avoir mutilé un hermès [1].

Il n'en fallait pas tant pour réveiller les haines endormies. Andocide n'était pas aimé ; c'était, comme le définissait un de ses adversaires, « un homme qui n'avait jamais fait de mal qu'à ses amis. » Deux fois dans l'année qui suivit son retour, il avait été dénoncé à l'archonte comme souillé par un ancien sacrilège et profanant la cité par sa présence. Deux fois, à ce qu'il semble, il lui avait suffi d'opposer à ces attaques

---

1. 32. Lysias (?) *C. Andocide*, 11-12 ; 30-33, 34. *Sur les mystères*, 132.

l'exception de l'amnistie[1]; mais à ses ennemis d'autrefois il en ajoutait chaque jour de nouveaux. En 400, quelques mois avant le procès de Socrate, il eut à soutenir un plus rude assaut[2]. Celui au nom de qui fut déposée la plainte était un certain Képhissios, un *sycophante*, un de ces orateurs qui vivaient d'intrigues et de dénonciations[3]; mais Képhissios avait derrière lui un personnage plus considérable qui portait un des grands noms d'Athènes, Callias, fils de cet Hipponicos qui passait du temps de Périclès pour le plus riche des Grecs. Il y avait entre Callias et Andocide des liens de parenté; mais des questions d'argent et de mariage les avaient faits ennemis[4]. Porte-flambeau dans les grandes fêtes d'Éleusis, Callias, après la célébration des mystères, revêtu de son costume sacerdotal, signala au sénat Andocide comme ayant commis un acte d'impiété pendant la cérémonie qui venait d'avoir lieu[5]. Ce fut de cet acte que prit texte Képhissios pour citer

1. *Contre Andocide*, 30.
2. C'est lui-même qui nous fournit cette date, en disant que quand on lui intente ce procès il était depuis trois ans de retour et tranquille dans la cité (§ 132).
3. Le coaccusateur qui a prononcé, pour soutenir l'accusation intentée contre Andocide, le discours qui nous a été conservé parmi les œuvres de Lysias, fait lui-même très-bon marché de Képhissios (§ 42).
4. C'est ce qu'Andocide raconte très au long dans la dernière partie du *Discours sur les mystères*, 110-136.
5. Pour l'explication de tout ce passage (§ 110 et suivants), qui paraît difficile à comprendre, voir les explications que donne Kirchoff d'après une inscription relative au héraut Euclès. C'est dans un article intitulé *Andocidea*, par lequel s'ouvre le volume de 1866 de l'*Hermès*, recueil périodique auquel collaborent les représentants les plus éminents des études de philologie classique en Allemagne.

Andocide en justice devant un jury tout entier composé d'initiés. Un discours, attribué à Lysias, qui nous
a été conservé en partie, prouve qu'à cet orateur se
joignirent, au cours du procès, d'autres accusateurs. Le
discours en question porte ce titre : *Contre Andocide,
à propos d'impiété* (Κατ' 'Ανδοχίδου ἀσεβείας). Il a été
écrit, sinon par Lysias, au moins par un contemporain,
par quelque autre *logographe,* pour un membre de
l'une de ces grandes familles qui présidaient depuis des
siècles au culte d'Éleusis, pour un Céryx ou un Eumol-
pide. C'est peut-être la harangue prononcée par Callias[1].
Il se produisit en ce moment dans Athènes, après tous
ces désastres que l'on pouvait attribuer à la colère des
dieux, une sorte de réaction *piétiste* dont Socrate
devait être la plus noble victime. Les ennemis
d'Andocide avaient beau jeu pour exploiter contre
lui cette disposition des esprits. A l'occasion du
récent délit, qui n'était là qu'un prétexte, on évoqua
tous les souvenirs du passé. Ce fut sur le rôle joué
jadis par Andocide dans l'affaire des hermès que
porta le principal effort de l'accusation. Andocide
répondit par son discours *sur les mystères* ( περὶ
μυστηρίων), le plus long et le plus important de
ses ouvrages. Il fut acquitté.

---

1. La seule difficulté, c'est que celui qui prononce le discours cite le
conseil qu'a donné au peuple, à propos d'un autre impie, « son grand-
père, Dioclès, fils de Zacoros l'Hiérophante. » Ce Dioclès ne peut être le
grand-père paternel de Callias ; cet aïeul s'appelait aussi Callias ; mais ce
pourrait être son aïeul maternel.

Ce succès dut pour quelque temps imposer silence
à ses ennemis et dégager sa situation. Huit ou dix ans
plus tard, Andocide figure à la tête d'une ambassade
chargée de discuter les bases d'un traité qui devait
réconcilier Athènes, alliée des Thébains et des Corinthiens, avec Sparte, sa vieille ennemie. Xénophon, dans
ses *Helléniques,* ne nous dit rien de cette négociation ;
mais on a signalé bien d'autres lacunes chez Xénophon.
Tout ce que nous savons de cet essai de transaction,
nous le devons au discours *sur la paix* (περὶ εἰρηνῆς),
prononcé par Andocide, au nom de ses collègues, devant
l'assemblée populaire où il rendait compte de sa mission. Andocide s'y montre très au courant de l'état
de la Grèce ; il y fait preuve de sens et d'esprit
politique ; il y conseille par de très-bonnes raisons
d'adopter son projet, de voter une paix qui était en
effet très-avantageuse pour Athènes. Peut-être le passé
et le mauvais renom de l'orateur firent-ils tort à l'opinion qu'il soutenait. Toujours est-il que la guerre continua. Cet échec dégoûta-t-il Andocide de la vie politique? Mourut-il bientôt après? nous l'ignorons. Son
biographe prétend qu'à la suite de cette ambassade il
aurait été banni de nouveau; mais il ne faut, selon
nous, voir là qu'une de ces confusions comme en contiennent beaucoup ces *Vies des dix orateurs.* Le compilateur ne trouvait plus, à partir de ce moment,
aucun renseignement sur Andocide ; rien de plus
simple, pour s'éviter des recherches plus approfondies,
que de le renvoyer dans cet exil où il avait vécu si

longtemps. Ce qui est vrai, c'est que vers 393 ou 391 Andocide, âgé d'environ cinquante ans, disparaît de l'histoire.


## III


On possède sous le nom d'Andocide quatre discours, les trois que nous avons cités en racontant sa vie, et un quatrième, qui a pour titre : *Contre Alcibiade* (κατὰ Ἀλκιϐιάδου). Si nous n'avons rien dit de ce dernier, qui, par sa date (416), serait le plus ancien ouvrage conservé d'Andocide, c'est qu'il est aujourd'hui rejeté commé apocryphe par tous les critiques.

On a par Thucydide des renseignements précis sur la situation intérieure d'Athènes dans l'année où ce discours est censé avoir été prononcé devant le peuple. La lutte des partis était alors des plus chaudes ; il y avait en présence trois hommes qui groupaient autour d'eux un nombre à peu près égal d'adhérents, et dont chacun suffisait à tenir en échec ses rivaux : c'étaient Alcibiade, Nicias et Phæax. Dans toutes les assemblées, entre ces personnages ou entre leurs partisans, recommençaient des débats irritants et stériles. Les esprits étaient très-montés. On pouvait craindre que l'ordre ne fût troublé. C'était là une de ces crises où l'on recourait à l'ostracisme, expédient par lequel furent épargnées à

Athènes ces luttes sanglantes qui sont si fréquentes dans l'histoire de la plupart des cités grecques. Quand les passions étaient excitées à ce point qu'il y avait lieu de redouter la guerre civile, le peuple tout entier était sommé de choisir par un acte solennel entre les chefs qui se disputaient la direction des affaires : à celui qu'il considérait comme dangereux pour la paix de la cité, il ordonnait de s'éloigner pour dix ans d'Athènes et du territoire de l'Attique. En fait, presque toujours ceux qui avaient été ainsi frappés se virent rappelés bien avant ce terme, dès que les affaires eurent pris un autre tour, et que leur rentrée ne présenta point de péril. C'est ce qui arriva, par exemple, pour Aristide et pour Cimon. L'ostracisme, à vrai dire, n'était point un châtiment; il n'emportait ni la confiscation des biens, ni aucune autre peine accessoire. Loin de flétrir celui qu'il atteignait, il lui faisait plutôt honneur ; c'était comme une reconnaissance publique de son mérite et de son influence. C'est ainsi que parfois, dans l'Europe moderne, les gouvernements se sont débarrassés d'un adversaire politique en lui envoyant un passeport pour l'étranger. A Athènes, ce n'était point le caprice d'un homme qui pouvait arracher ainsi un citoyen à sa patrie; il fallait, après de longs mois de discussions publiques pendant lesquelles chacun avait pu juger à l'œuvre les hommes d'État rivaux, six mille suffrages exprimés au scrutin secret et réunis sur le nom de celui qu'il s'agissait d'inviter à partir pour rendre le repos au pays.

On sait comment les choses tournèrent en 416.
Nicias, Alcibiade et Phæax n'avaient pas plus envie
l'un que l'autre de quitter Athènes, et chacun d'eux
pouvait voir la chance tourner contre lui. Quand le
peuple, fatigué de ces luttes, eut résolu de procéder à
un vote d'ostracisme, quand le jour en fut fixé, au
dernier moment, les trois ennemis se rapprochèrent et
se concertèrent. Il se conclut là une de ces ententes
passagères comme il s'en établit souvent dans nos
chambres, à l'effet de soutenir ou de renverser un
cabinet; c'est ce que nous appelons dans notre langue
parlementaire une *coalition*. Chacun des chefs donna
le mot à ses adhérents; on convint de détourner le
coup sur la tête-d'un démagogue de bas étage, le lam-
piste Hyperbolos, orateur violent et grossier, qui de
notre temps aurait siégé dans la commune de Paris.
Ceux mêmes qui n'étaient point parmi les affidés trouvèrent l'idée spirituelle et le tour ingénieux; ils suivirent
l'impulsion donnée, et plus de six mille suffrages
envoyèrent Hyperbolos en exil. Dès le lendemain le
peuple regrettait son vote. Il s'apercevait qu'Alcibiade,
Phæax et Nicias s'étaient joués de lui; il rougissait
d'avoir employé contre un drôle qu'il méprisait tout en
l'écoutant parfois une arme qui n'avait frappé jusque-là
que les premiers citoyens d'Athènes, un Aristide, un
Cimon, un Thucydide l'ancien, le rival souvent heureux
de Périclès. A partir de ce jour, comme déshonoré par
cette errreur, l'ostracisme tomba en désuétude.

Le discours attribué à Andocide a pour objet de

déterminer ceux qui l'écoutent à écrire le nom d'Alcibiade sur ces tessons ou coquillages (ὄστρακα), qui
servaient au vote ; c'est une longue invective contre ce
personnage. Dans l'exorde, l'orateur se présente lui-
même comme l'un des trois hommes politiques, avec
Alcibiade et Nicias, sur lesquels peut tomber la sentence d'exil. Or Andocide n'était pas alors compromis
dans ce débat ; c'était, Thucydide nous l'atteste, entre
Alcibiade, Nicias ou Phæax que le peuple, croyait-on,
aurait à choisir. Puisque ce n'est pas Nicias qui parle,
et que le discours est dirigé contre Alcibiade, il doit,
a-t-on dit, être de Phæax, et dès l'antiquité cette opinion a trouvé des défenseurs. Elle ne soutient pourtant
pas plus l'examen que l'assertion de l'éditeur alexan-
drin attribuant cette harangue à Andocide. L'ouvrage
contient de nombreuses erreurs de faits et de dates,
erreurs que n'aurait certes point commises un contemporain.

Ce discours paraît avoir été composé dans un
temps où l'ostracisme était passé de mode, où, à part
certains érudits comme Philochore, Aristote, Théophraste, personne ne s'en faisait plus une idée juste.
L'auteur semble prononcer un plaidoyer, parler devant
un tribunal ; il a l'air de supposer que ceux qui l'écoutent vont voter dans quelques instants sur la question
de savoir si ce sera Alcibiade, Nicias ou lui qui sera
condamné au bannissement. Or il y avait bien une délibération préliminaire dans le sénat et dans l'assemblée
pour savoir s'il convenait de procéder à un vote d'os-

tracisme ; mais nous ne voyons nulle part que ceux
qu'il pouvait frapper aient été admis à prononcer une
défense ou à attaquer leur adversaire comme on le
faisait devant le jury. Rappelez-vous, vraie ou fausse,
l'anecdote célèbre que raconte Plutarque à propos
d'Aristide ; voyez comment s'y prennent Alcibiade,
Nicias et Phæax pour jouer à Hyperbolos le tour que
l'on sait : tous ces faits paraissent bien prouver que le
vote avait lieu sans être précédé d'un débat judiciaire.
Il n'y avait point là de jury convoqué pour entendre
les parties et pour rendre un verdict ; c'était le peuple
de l'Attique qui se réunissait tout entier afin d'accomplir un grand acte de prévoyance politique. Des bar-
rières étaient dressées sur la place spacieuse du marché ;
les tribus défilaient l'une après l'autre et déposaient leur
suffrage. Aucun nom ne leur était imposé ou même
proposé d'avance ; mais depuis des semaines on ne
parlait point dans la ville d'autre chose que des titres,
des mérites et des fautes de ces rivaux d'influence et de
popularité entre lesquels il allait falloir faire un choix.
Hors quelques électeurs ruraux, comme celui dont
Aristide se chargea d'écrire le bulletin, chacun, à la
suite de toutes ces conversations et de ces discussions,
avait pris son parti. La décision devait être présumée
aussi libre et aussi éclairée qu'elle peut l'être là où
existe le suffrage universel.

L'auteur du discours, en traitant son sujet comme
un plaidoyer prononcé devant un tribunal dont il sollicite l'arrêt, commet donc une première erreur où ne

serait pas tombé un contemporain d'Alcibiade. Ce n'est pas tout ; il attaque l'ostracisme comme une institution dangereuse et injuste : ces critiques, auxquelles personne ne songeait dans le cours du ve siècle, trahissent un temps où le bannissement d'Hyperbolos avait déjà décrié cet expédient utile à tant d'égards [1]. Enfin l'orateur dit en commençant que la lutte est entre Nicias, Alcibiade et lui ; puis il ne prononce même plus le nom de Nicias. S'il avait eu en réalité à craindre de voir le peuple lui préférer Nicias, n'aurait-il pas cherché aussi à rendre Nicias odieux et à trouver des raisons qui décidassent l'assemblée à bannir Nicias, si elle ne voulait bannir Alcibiade ? Au contraire cette anomalie ne s'explique-t-elle pas d'elle-même, si on consent à ne voir dans l'ostracisme qu'un prétexte, et dans ce discours qu'une déclamation d'école ?

Voici qui est plus concluant encore. Selon l'orateur, — et c'est là un des griefs sur lesquels il insiste le plus, — Alcibiade aurait fait décider par le peuple que les habitants de Mélos seraient, les hommes mis à mort, les femmes et les enfants vendus comme esclaves. Il aurait ensuite acheté une captive mélienne, et il lui serait né d'elle un fils. C'est un crime, ajoute-t-il, de devenir l'amant et d'avoir des enfants d'une femme dont on a fait périr soi-même les parents, et qui appartient d'ailleurs à une cité ennemie d'Athènes [2]. Nous

1. *Contre Alcibiade*, § 3-6.
2. *Ibidem*, § 22-23.

n'avons pas à apprécier la valeur de cet argument ; il peut seulement nous servir à relever une grave erreur de chronologie. Mélos, d'après Thucydide, se rendit aux Athéniens dans l'hiver qui précéda la grande expédition de Sicile, expédition qui eut lieu vers le milieu de l'été de 415. Alcibiade et Nicias partirent alors l'un et l'autre comme généraux ; l'un ne revit Athènes qu'en 407, l'autre n'y revint jamais. Or, d'après le passage que nous avons signalé, le discours en question, si jamais il a été prononcé, ne peut l'avoir été qu'un an ou dix mois tout au moins après la prise de Mélos ; mais, puisque la flotte partit six ou huit mois environ après cette victoire, on voit qu'il est tout à fait impossible que d'aucune manière, un an ou plus après la conquête de Mélos, Alcibiade et Nicias aient pu se trouver exposés ensemble aux risques du bannissement par l'ostracisme. C'est bien en effet, d'après Thucydide, un an plus tôt, en 416, qu'Alcibiade, Nicias et Phæax évitèrent ce péril en s'unissant contre Hyperbolos.

Un discours où se trouvent de telles confusions et de tels anachronismes est nécessairement apocryphe ; il n'a même pu être composé que longtemps après cette époque, quand était tout à fait oubliée la série chronologique des événements. Je ne crois point, il est vrai, que nous ayons là une œuvre de la décadence grecque, comme dans ces discours mis sous le nom de Gorgias, de Démade et de quelques autres, qui ont été ajoutés par les éditeurs modernes à la collection des orateurs attiques. On pourrait, en cherchant bien, y découvrir quelques traces de recherche et d'apprêt (§ 2, § 23, etc.); cependant le style en est, à tout prendre, correct et sain. C'est, j'imagine, vers le temps de Philippe, peut-être même un peu plus tard, que ce discours aura été composé par quelque élève d'Isocrate ou d'Isée. Par tout ce qu'elle contenait de péripéties étranges, par ce qu'avait d'odieux et de brillant le caractère de ce personnage, la vie d'Alcibiade se prêtait merveilleusement à fournir aux rhéteurs des matières où exercer leur talent et celui de leurs disciples; c'était un lieu commun de l'école que le blâme ou l'éloge d'Alcibiade.

Nous n'hésitons pas, malgré Denys d'Halicarnasse, à considérer comme authentique le discours *sur la paix*. La critique de Denys d'Halicarnasse, grammairien instruit et consciencieux, mais dépourvu de goût et d'esprit, ne connaît guère d'autre critérium que le caractère du style, que la présence de tel ou tel mot qui lui paraît peu conforme aux habitudes des Attiques; ici il ne nous donne pas ses raisons, mais elles étaient sans doute de cette nature. Quant aux modernes, il ne leur est point aisé de voir quelque différence entre le style de ce discours et celui des harangues dont la paternité n'est pas contestée à Andocide. Ce qui me frappe, c'est la parfaite exactitude de toutes les circonstances rappelées, de tous les faits invoqués par l'orateur. On y a relevé, il est vrai, d'assez nombreuses erreurs dans ce qu'il dit du passé d'Athènes ; mais quiconque a un peu fréquenté les orateurs attiques est habitué à ces libertés qu'ils prennent avec l'histoire. Pour ne parler que d'Andocide, il ne s'en est pas fait faute dans ses autres ouvrages. Le discours sur la paix, par le tableau qu'il nous trace de l'état où était alors la Grèce et par toutes les allusions qu'il contient aux incidents récents de la guerre contre Sparte, confirme tout ce que Xénophon et plusieurs plaidoyers contemporains nous apprennent de cette période. Un faussaire se serait trahi par quelque bévue, par quelque maladroite confusion, comme cela est arrivé à l'auteur du discours *contre Alcibiade*. Le ton est bien d'ailleurs d'un politique, non d'un rhéteur. En l'absence de choquantes disparates de style, c'est là pour nous le vrai et sûr critérium.

Restent donc trois discours, séparés l'un de l'autre par un intervalle de quelques années, sur lesquels nous pouvons juger le talent et la manière d'Andocide. Le plus médiocre est certainement le plus ancien de tous, celui qu'il prononça vers 410 pour solliciter son rappel. L'exorde en est froid et embarrassé. Un peu plus loin, on rencontre de singulières subtilités, défaut qui est rare chez Andocide. Il y a dans la péroraison une certaine adresse, mais un peu basse et d'une humilité qui déplaît. En voulant éveiller la pitié, Andocide risque de soulever le dégoût.

De ce discours à celui des mystères, il y a un progrès sensible. Ce plaidoyer, par son étendue, par tout ce qu'il renferme de renseignements historiques,

par les documents précieux qui y sont insérés, est
l'ouvrage le plus important et le plus intéressant
d'Andocide [1]. Quoique l'accusé s'y fasse encore en

1. On a révoqué en doute l'authenticité des pièces officielles insérées
dans le discours *sur les mystères*. De récentes découvertes épigraphiques
sont venues prouver que l'on était peut-être aujourd'hui, en cette matière,
trop enclin au scepticisme. Les renseignements que nous ne pouvons ici
que signaler en passant se trouvent réunis dans un intéressant article de
l' Ἐφήμερις ἀρχαιολογική, publiée à Athènes, précieux recueil que doivent
suivre et lire avec attention tous ceux qui s'intéressent à l'histoire des
antiquités grecques. Dans le numéro 13 de la nouvelle série (1869, p. 337,
n° 409 et pl. 50) se trouve reproduit et expliqué un fragment d'une stèle
sur laquelle sont relatées des ventes de biens confisqués, avec le nom
des propriétaires auxquels appartenaient ces biens, avec l'indication du
prix payé par les acheteurs, ainsi que du droit, un centième environ, que
ceux-ci ont eu à acquitter à ce propos au trésor public : c'est ce que l'on
appelle l'ἐπώνιον. La forme des lettres et l'orthographe, antérieures à
l'archontat d'Euclide, auraient suffi à montrer que cette pièce était antérieure à 403 et contemporaine de la guerre du Péloponèse. On y lit les
noms de deux des Hermocopides cités dans le discours des mystères, de
Polystrate (§ 13) et de Képhisodore (§ 11); ce dernier, sur la stèle, est
qualifié de métèque, et précisément, dans Andocide, il figure parmi ceux
qu'a dénoncés le métèque Teucer ; or il est assez naturel de croire que
plusieurs de ceux qu'a signalés cet étranger appartenaient à la même
catégorie sociale que le délateur, à ce groupe d'étrangers qui semblent
avoir été intéressés à faire échouer l'expédition. L'inscription, par ses
caractères paléographiques, convenant si bien à cette année 416 où, comme
nous le savons par l'histoire, il y eut, à propos des hermès, tant de confiscations prononcées, il serait vraiment étrange qu'il n'y eût là qu'une
simple coïncidence, un pur effet du hasard. Ce qui achève de prouver que
tel n'est point le cas, c'est que dans deux fragments de stèles analogues qui
avaient été déjà publiés et qui avaient tout d'abord paru de cette même
époque, on lit les noms d'Axiochos, d'Adimantos et d'Euphilétos, qui
figurent aussi parmi ceux que nous fournit le texte d'Andocide. On a
même retrouvé avec toute vraisemblance, sous une forme orthographique
un peu différente de celle que nous donnent les manuscrits, un sixième
nom, celui d'Ionias. N'en est-ce point assez pour que nous reconnais-
sions dans ces stèles les monuments de la période agitée et des sévérités
judiciaires que nous retrace Andocide? S'il en est ainsi, nous pouvons
contrôler, au moins sur un point, l'exactitude des documents qui nous
sont parvenus avec le discours ; si ces listes de noms, qu'il eût été si
facile d'omettre ou d'altérer en remplaçant les vrais noms par des noms

plusieurs endroits bien humble et bien petit devant ses
juges, son attitude est ici plus digne, le ton est plus
relevé et plus noble. Le discours s'ouvre par un
exorde assez ample, bien calculé pour concilier les
sympathies à l'orateur, qui s'y donne toutes les apparences de l'honneur et de la probité, qui affecte une
grande confiance dans ses antécédents et dans la justice de sa cause. Plusieurs des narrations ont du
mouvement et de la vie ; tels sont le résumé de la
déposition faite par Dioclidès et la scène qui a lieu à
ce propos dans le sénat, le récit de cette lugubre nuit
passée en prison au milieu des larmes de tant de malheureux et dans les perplexités d'une conscience qui
s'interroge et qui hésite. Tout cela est présenté, nous
ne dirons pas de la manière la plus vraie, — nous
avons fait nos réserves à ce sujet, — mais de la
manière la plus vraisemblable ; ses actes et les motifs
qu'il leur assigne, tout a une couleur spécieuse, tout
se tient, tout s'explique. La dernière page du discours
mérite aussi d'être remarquée. Le plus souvent chez
les Attiques, chez Lysias même, qui nous fournit le

de fantaisie, nous sont arrivées telles qu'elles avaient été lues devant le
tribunal, il y a tout lieu de croire que des pièces plus importantes, telles
que les lois et les décrets insérés dans ce même plaidoyer, ont été conservées et reproduites avec la même fidélité. Il y a un moyen terme entre
la confiance aveugle avec laquelle on acceptait autrefois tous les textes
législatifs insérés dans le recueil des orateurs attiques et la tendance, qui
semble aujourd'hui dominante, à les rejeter en bloc comme falsifiés ou
tout au moins comme suspects : ce sera souvent l'épigraphie qui, par
d'inattendus et sûrs rapprochements, permettra de faire le départ du
faux et du vrai, de prouver l'authenticité de documents contre lesquels
on avait produit des objections tout au moins spécieuses.

vrai type de l'éloquence judiciaire telle que la voulaient et la goûtaient les Athéniens, les plaidoyers n'ont pour ainsi dire pas de péroraison ; à peine quelques mots résument-ils la discussion et indiquent-ils la fin. C'est que les *logographes* ou fabricants de discours sont dans des conditions toutes spéciales : ce plaidoyer qu'ils écrivent pour un client doit sembler l'œuvre naïve d'un particulier qui n'y entend point malice, et qui vient conter tout simplement son affaire ; il convient donc d'éviter tout ce qui, de près ou de loin, sentirait le métier, il convient de s'arrêter en honnête homme quand on a épuisé ses arguments. Rien ne demande plus d'art qu'une vraie péroraison, qui se détache heureusement du corps même de la harangue et en double l'effet ; mais aussi rien ne trahit plus clairement la main de l'artiste. Ce dernier et redoutable assaut tenté sur l'âme du juge, l'orateur seul sait le faire réussir en réservant pour cet effort suprême ses traits les plus pénétrants, ses mouvements les plus pathétiques. Or ici c'était en son propre nom, dans sa propre cause, que parlait Andocide ; rien ne l'empêchait donc de se donner libre carrière, de mettre en œuvre toutes les ressources de son talent et de son habileté professionnelle. Voici cette péroraison, le seul échantillon que nous citerons de la manière et du style d'Andocide :

« Songez encore à ceci : voyez quel concitoyen vous aurez en moi, si vous me sauvez la vie. Héritier de richesses dont vous savez toute l'importance, j'ai été réduit, non par ma faute, mais par les malheurs de l'État, à la pauvreté et à l'indigence ; puis j'ai relevé ma fortune par des moyens légitimes, par mon intelligence et par le travail de mes mains; je n'ignore pas ce que c'est qu'être citoyen d'une telle ville, ce que c'est aussi que d'être hôte et étranger domicilié dans un autre pays, chez le voisin. Je sais ce que c'est qu'être tempérant et prendre une sage résolution, ce que c'est que souffrir pour une faute commise. J'ai fréquenté, j'ai tâté toute sorte de gens, ce qui m'a fait former des liens d'hospitalité et contracter des amitiés avec beaucoup de rois et de cités, ainsi qu'avec bien des particuliers, relations dont vous aurez votre part, si vous me sauvez, et dont vous pourrez profiter quand l'occasion s'en présentera. Autre chose encore, citoyens : si aujourd'hui vous me perdez, il ne vous reste personne de notre famille; mais elle est détruite jusqu'au dernier rejeton, et pourtant ce n'est pas un opprobre pour la cité que de voir subsister la maison d'Andocide et de Léogoras. Ce qui en était plutôt un, c'était que pendant mon exil leur demeure fût habitée par Cléophon le luthier, car il n'y en a pas un d'entre vous à qui jamais, quand il passait devant notre porte, cette vue ait rappelé quelque mal que la cité ou lui auraient eu à souffrir de ces hommes, mes ancêtres, qui, ayant bien des fois été généraux, vous ont rapporté beaucoup de trophées pris sur l'ennemi dans des combats de terre ou de mer, qui, ayant exercé beaucoup d'autres magistratures et ayant manié vos fonds, n'ont jamais été frappés d'une amende... S'ils sont morts, ce n'est point une raison pour que vous oubliiez toutes leurs grandes actions; souvenez-vous plutôt de ce qu'ils ont fait, et figurez-vous les voir en personne, qui vous supplient de me sauver. Qui pourrais-je en effet appeler à la barre pour vous implorer en ma faveur? Mon père? Il est mort. Mes frères? Je n'en ai pas. Mes enfants? Il ne m'en est pas encore né. Vous donc, tenez-moi lieu de père, de frères et d'enfants; c'est auprès de vous que je cherche un refuge, c'est vous que j'invoque et que je supplie; c'est à vous de solliciter et d'obtenir de vous-mêmes mon salut. N'allez point, par manque d'hommes, faire citoyens des Thessaliens et des Andriens, tandis que ceux qui sont, de l'aveu de tous, citoyens d'Athènes, ceux auxquels il sied d'être gens de cœur, et qui le pourront être parce qu'ils le veulent, ceux-là vous les perdriez... Ne trompez donc ni les espérances que vous pouvez placer en moi, ni celles que je place en vous. Je n'ai plus qu'à prier ceux qui vous ont donné à tous, tant que vous êtes, tout récemment des preuves de leur haute vertu, de monter à cette barre et de vous parler pour moi, de vous dire ce qu'ils savent de ma personne. Venez ici, Anytos, Képhalos, puis les membres de ma tribu qui ont été choisis pour m'appuyer devant le tribunal, Thrasylle et les autres. »

Toute cette péroraison, même dans une traduction, qui l'allonge et l'affaiblit, n'a-t-elle pas un accent sincère et pénétrant, qui est d'un véritable orateur ? N'y sent-on pas bien avec quel frémissement intérieur, avec quelle profonde émotion Andocide soutenait ce combat dont l'issue devait décider s'il retournerait une quatrième fois en exil, ou s'il vivrait libre et honoré dans la patrie qu'il avait tant regrettée ?

Le discours a d'ailleurs des défauts assez sensibles. Andocide s'est bien tracé un plan, qu'il nous indique dès le début, et auquel il demeure assez fidèle ; mais les diverses parties du plaidoyer ne sont pas bien reliées l'une à l'autre, les transitions manquent. Certains détails, comme ceux qu'il donne sur sa famille [1], sont maladroitement amenés, et ne viennent pas là où nous les attendrions. C'est donc par la composition plutôt que par le goût et par le style que pèche cet ouvrage. A cet égard, Andocide a mieux réussi dans son troisième discours, dont les dimensions plus restreintes lui rendaient peut-être la tâche plus facile. C'est au genre délibératif et non au genre judiciaire qu'appartient cette harangue : il s'agit de persuader à l'assem-

---

1. *Sur les mystères*, § 106-109.

blée de consentir à la paix, de ratifier un traité
dont Andocide vient d'arrêter les préliminaires avec
les Lacédémoniens. Il n'y a point ici lieu à de grands
mouvements, et le pathétique n'y serait point à sa
place; mais c'est clair, sensé, bien composé. L'auditeur suit sans effort les raisonnements de l'orateur, qui parle avec aisance la langue de la politique
et des affaires. Le tout se termine par une courte péroraison où est bien résumée la question qui se discute et
indiquée l'importance de la résolution à prendre. Moins
varié, moins curieux que le discours *sur les mystères,*
ce discours sur *la paix* est peut-être, par l'exacte proportion des parties et par l'absence de défauts, l'œuvre
la plus accomplie d'Andocide, celle qui lui fait encore
le plus d'honneur. Quand il cessa de parler, autant
que nous pouvons en juger, son talent était donc encore
en progrès et achevait de se former.

Dans ce discours, comme dans le précédent, le
style prend déjà chez Andocide des allures à la fois
amples et libres, qu'il n'a ni chez Antiphon, ni chez
Thucydide. Au lieu de ces antithèses perpétuelles où
ces deux écrivains se complaisent, de la phrase courte
et symétrique d'Antiphon, de la phrase souvent longue,
mais chargée et comme gonflée d'idées où Thucydide
s'embarrasse et semble parfois perdre son chemin, nous
avons souvent ici la vraie période oratoire, avec son étendue et ses détours qui n'ôtent rien à la clarté, avec la
subordination des idées secondaires à l'idée principale [1].

1. Voyez discours *sur la paix,* § 34, 37, 38, etc.

Ce n'est pas encore le large et harmonieux développement de la grande période isocratique ou démosthénienne, c'est pourtant quelque chose qui y ressemble déjà et qui le fait pressentir. Andocide ne recherche pas non plus ces allitérations, ces assonances, qui tenaient tant au cœur de Gorgias et d'Antiphon, qui leur servaient à souligner, en les rendant sensibles à l'oreille même, les rapports de ressemblance ou de dissemblance entre les idées. Il n'a pas plus d'images que son prédécesseur ; il faudra longtemps encore pour voir paraître dans l'éloquence athénienne ce genre de beautés ; mais sa diction et la construction de sa phrase ont plus d'aisance et de naturel. L'orateur, moins préoccupé d'obtenir certains effets de style, se donne plus d'air et de carrière, s'anime plus volontiers. Dans le discours, aujourd'hui perdu, où Antiphon disputait sa vie à la haine de ses ennemis vainqueurs, le pathétique tenait sans doute bien moins de place, l'émotion se faisait bien moins sentir que dans le discours d'Andocide *sur les mystères*.

Andocide, — c'est là l'impression qui nous reste de cette étude, — fut donc un homme de grand talent qui, faute d'un peu plus d'honnêteté et de dignité personnelle, manqua sa vie, ne donna, comme politique et comme orateur, qu'une faible partie de ce qu'Athènes pouvait attendre d'une nature aussi heureusement douée. Il avait, quand il revint à Athènes après quinze ans d'exil, tout ce qu'il faut pour devenir un homme d'État influent et distingué, tout, excepté l'estime

publique. Ce qui l'empêcha de saisir un rôle en vue,
ou tout au moins de le garder, de prendre cette autorité sur les esprits que possédèrent souvent pendant de
longues années des hommes qui lui étaient très-infé-
rieurs, ce fut l'espèce de défaveur morale que jetèrent
sur son nom les erreurs et les scandales de sa jeunesse.
Il eut beau faire, il ne put parvenir à inspirer confiance
au peuple. Nous trouvons dans l'histoire de notre
temps des exemples analogues. Tel personnage d'une
intelligence peu commune, journaliste fécond et brillant, homme d'affaires consommé, est arrivé de bonne
heure à une si haute situation de fortune et de notoriété, que toutes les ambitions lui semblaient permises,
que tous les partis comptaient avec lui et cherchaient à
s'assurer son concours ; mais aucun parti, une fois au
pouvoir, n'osait lui en donner une part avouée et
publique. Très-supérieur par l'esprit à la plupart de
ceux qui occupaient les premières places, il n'a jamais
pu devenir ministre. C'est qu'il avait pu tout conquérir,
excepté la considération.

En tout cas, Andocide, comme écrivain, mérite de
ne point être aussi oublié et sacrifié qu'il l'a été jusqu'ici ; il doit avoir sa page et sa place dans l'histoire
de la prose attique. C'est lui qui forme le lien, le
passage entre les anciens Attiques, tels que Périclès,
Antiphon, Thucydide, et les orateurs ou écrivains du
iv⁰ siècle. S'il ne nous était rien arrivé de ses ouvrages,
il y aurait un anneau de la chaîne qui nous manquerait. Nous constatons, en étudiant ses discours, le

résultat et le fruit d'un demi-siècle de travail intellectuel et de libre vie politique; nous voyons ce qu'ont
produit, d'une part l'enseignement des sophistes et des
rhéteurs, de l'autre l'habitude chaque jour plus répandue de la parole publique. Depuis la mort de Périclès,
les orateurs se sont multipliés comme pour se partager
la succession de ce grand homme, que personne n'était
capable de remplacer. Il s'est formé tout un nouveau
groupe ; des jeunes gens, intelligents et ambitieux, ont
profité avec ardeur, pour se produire à la tribune, des
leçons d'Antiphon et des occasions favorables que leur
offrait alors la vie agitée et comme brûlante d'Athènes.
Sans goût ni science, Cléon, qui n'avait que du tempérament, a peut-être contribué pourtant aux progrès
de l'éloquence; il l'a un peu dégourdie, il a habitué
les yeux, les oreilles et l'esprit à une action plus animée, à quelque chose de plus vif et de plus en dehors.
Le nombre des gens qui parlent avec facilité et succès
va toujours en augmentant vers la fin du v$^e$ siècle : il
nous suffira de citer, pour les dernières années de la
guerre du Péloponèse, Alcibiade, Phæax, Pisandre,
Critias, Archinos, Théramène, Démophante. Andocide
vient à propos, avec ses trois discours heureusement
conservés, pour nous indiquer ce que pouvaient être
vers 400 le goût et la moyenne de l'éloquence chez
tous ces orateurs populaires dont aucun n'était un
homme hors ligne. Ce que nous trouvons chez lui, ce
que nous pouvons deviner chez ses contemporains,
dont rien ne nous est parvenu, ce n'est pas encore

l'habileté consommée d'un Lysias ou d'un Isée, cette
élégante sobriété où la perfection d'un art très-savant se
dérobe sous les apparences d'une simplicité presque
naïve; c'est encore moins l'éclat et la sonorité d'un
Eschine, l'ardent pathétique d'un Hypéride, l'incomparable puissance d'un Démosthène; mais c'est déjà
quelque chose de bien plus coloré et plus vivant qu'Antiphon. On sent, en lisant cette prose, que cette génération, pour exprimer sa pensée, n'a plus à faire autant
d'efforts que celle qui l'a précédée. L'usage a fixé le sens
des termes abstraits, distingué les synonymes, assoupli
la langue, donné le sentiment du nombre oratoire. Les
moules sont préparés à l'avance; chacun peut les
remplir, les épreuves qu'on en tirera ne différeront
que par la pureté et l'éclat du métal qu'on y aura versé.
Nous sommes sortis de la période des essais et de l'invention; un homme médiocre est maintenant à même
d'écrire une prose claire et agréable. Quant aux
hommes de génie, comme un Platon ou un Démosthène, ils peuvent naître et grandir. Lorsqu'ils vou-
dront exprimer leurs sentiments et leurs idées, ils
n'auront pas, comme Thucydide, une lutte héroïque à
soutenir contre un instrument encore rebelle; ils trou-
veront la prose attique prête à traduire avec une souplesse et une fidélité merveilleuses les plus hautes
conceptions de leur pensée, les plus nobles sentiments
de leur grande âme, éprise de l'éternelle vérité ou
passionnée pour la gloire d'Athènes.

# CHAPITRE V.

## LYSIAS.

------

## I.

« S'il est honteux de ne pouvoir se défendre par les forces du corps, il doit l'être aussi de ne pas le pouvoir par la parole, qui, bien plus que les forces corporelles, est le propre de l'homme. » Ainsi parle Aristote dans le premier chapitre de sa *Rhétorique,* et la pensée qu'il exprime avec cette sobre et ferme précision qui est le cachet de son style, on la rencontrerait, sous différentes formes, chez plus d'un écrivain ou d'un orateur attique [1]. C'était donc pour les Athéniens chose nécessaire, indispensable, que de savoir parler en

------

1. Ainsi chez Platon, dans le *Gorgias* (p. 486, B). Calliclès, interprète en cet endroit de l'opinion commune, insiste avec une singulière vivacité sur la situation misérable et honteuse de l'homme qui, n'ayant pas appris à se servir de la parole, « n'est pas en état de s'aider lui-même, ne peut arracher aux plus grands dangers ni lui-même ni personne autre, laisse ses ennemis mettre son bien au pillage et, pour tout dire en un mot, vit dans la cité tout à fait méprisé ».

public, sinon toujours avec éloquence, du moins de
manière à exposer clairement ses idées ou à défendre
ses intérêts quand on avait le droit de son côté, à ne
point se sentir interdit devant une foule ou désarmé
devant un injuste agresseur. Il y avait dans cette
théorie un grand fonds de sagesse. Les mœurs des
pays libres, de l'Angleterre, de l'Amérique surtout, se
rapprochent fort à cet égard de celles des républiques
anciennes. Le jeune homme y apprend à parler dès le
collége, où nous ne lui enseignons qu'à écrire ; quand
il entre ensuite dans la vie, il y trouve toute sorte
d'occasions de continuer cet apprentissage. Chez nous
au contraire, les avocats presque seuls sont toujours
prêts à prendre la parole, et, comme il arrive pour
tous ceux qui ont un monopole, on les trouve, non
sans raison, trop enclins à en abuser. On l'a vu toutes
les fois que l'on a tenté en France de faire essai du
droit de réunion. En dehors des avocats et de ces
énergumènes auxquels on ne demande, pour les
applaudir, que d'aller jusqu'aux dernières limites de
l'absurde, nos clubs n'ont jamais groupé un personnel
d'orateurs capables de se faire écouter avec intérêt. Les
auditeurs sensés se seraient volontiers écriés comme
Alceste :

> Morbleu, vils complaisants, vous louez des sottises!

Ils souffraient de voir qu'une même ignorance des questions et de la méthode se cachait sous la brillante faconde des uns et sous les déclamations malsaines des

autres ; il leur venait à l'esprit une foule d'observations et de renseignements précis qu'ils auraient voulu jeter dans le débat ; mais ils n'osaient pas monter à la tribune, et tout au plus risquaient-ils une interruption qui ne servait qu'à augmenter le tumulte. Beaucoup d'hommes de bon sens se sont tus en pareil cas, parce qu'ils craignaient d'être décontenancés par la première interruption et de rester court ; ils ne se sentaient point assez préparés par leur éducation à parler en public.

Il y a là une anomalie dont une société démocratique doit se préoccuper. Le vrai moyen de détrôner les hâbleurs, c'est que tous ceux qui ont des connaissances et des idées deviennent capables de les exposer quand il y a lieu, c'est que la parole n'appartienne plus seulement à ceux qui en font métier. En ceci, comme en bien autre chose, nous avons encore plus d'une leçon à prendre de l'antiquité. Nos grandes sociétés modernes ont singulièrement amélioré la destinée moyenne, le sort de l'espèce prise dans son ensemble ; mais elles tendent à faire dégénérer l'individu, ce qu'Alfieri appelait la plante humaine (*la pianta uomo*). Les classes ouvrières, ce qui les abâtardit, ce sont nos grandes agglomérations industrielles avec l'entassement dans l'atelier, avec le travail des enfants et des femmes, avec le harassant labeur qu'imposent à tous les nécessités d'une incessante et colossale production. La bourgeoisie, malgré les apparences, est peut-être encore plus gravement atteinte. Ses fils, pour s'initier à des théories et à des arts dont la complication ne cesse d'augmenter, pour se faire une place dans la vie, sont obligés de s'imposer un effort cérébral de plus en plus pénible. Négligé au collége et après le collége, le corps ne suffit pas à porter le travail de l'esprit. Souvent, à l'âge même où il devrait être le plus vigoureux, il s'affaisse tout d'un coup. La médecine n'y peut rien ; les nerfs se relâchent brusquement, comme se brise la corde trop tendue d'un violon. C'est un mal qui fait d'année en année de plus nombreuses victimes parmi ceux dont la vie a le plus de prix. L'antiquité, elle, se refusait à séparer l'homme en deux moitiés ennemies, à rompre l'équilibre. Ce qu'elle pensait à ce propos, un de ses poëtes l'a résumé dans un vers où il demandait aux dieux, comme le plus grand des biens, « une intelligence saine dans un corps sain. »

Il s'agit de nous arrêter sur une pente glissante. Par suite de l'extrême division du travail, nous inclinons, pour nous servir d'un mot aussi barbare que la chose, à *spécialiser* de plus en plus l'homme, à en faire une machine apte à tel ou tel usage, et à celui-là seulement. Ce qu'il importe, c'est de rétablir la synthèse, c'est de ne point sacrifier l'homme au métier, que ce soit un métier des mains ou un métier de l'esprit. Pour ne prendre que le côté politique de la question, nos malheurs récents ne suffisent-ils point à démontrer quels dangers court un pays à vouloir séparer l'élément civil et l'élément militaire, distinguer le citoyen du soldat ? Une nation armée aurait-elle laissé envahir la France? C'est ce que n'oublièrent jamais, tant qu'elles voulurent être libres et indépendantes, ni Athènes ni Rome. Dans une démocratie, où toute mesure doit être discutée avant de devenir la loi de la commune, du département ou du pays, il faut aussi que chaque citoyen sache parler de ce qu'il sait et payer de sa personne dans le conseil comme sur le champ de bataille. Athènes à cet égard est bien au-dessus de Rome ; elle a plus approché de cet idéal que lui proposaient ses législateurs et ses philosophes. Par ses prescriptions, la loi mettait tout Athénien en demeure de remplir à l'occasion ce devoir; l'enseignement des rhéteurs en facilitait l'accomplissement à tous ceux qui désiraient s'en acquitter d'une manière brillante. Quant aux petites gens, bûcherons ou vignerons de la montagne, matelots ou marchands du Pirée, qui n'avaient point eu le loisir d'étudier ou ne comptaient pas assez sur leur facilité d'élocution, ils avaient la ressource, s'ils se voyaient forcés de comparaître en justice, de recourir aux *logographes* ou faiseurs de discours ; mais alors même devaient-ils savoir débiter ce discours qu'un autre avait composé à leur intention. C'est la profession et l'art des logographes que nous étudierons chez le plus distingué d'entre eux, chez ce Lysias en qui l'antiquité grecque et latine reconnaissait déjà presque la perfection de l'éloquence [1].

1. On s'étonnera peut-être de nous voir toucher à Lysias après M. Jules Girard, dont l'élégante thèse sur les *Caractères de l'atticisme* eut tant

# I I.

Lysias était originaire de Syracuse, cette patrie de
la rhétorique, cette ville qui avait vu les premiers
essais de Corax et de Tisias. Son père Képhalos était
allé s'établir à Athènes sur les instances de Périclès,
qui cherchait à y attirer, avec leurs capitaux, des
étrangers riches et industrieux ; il y vécut encore une
trentaine d'années, et y fit une belle fortune dans les
affaires. Dans l'admirable préambule de la *République*,
Képhalos est représenté vers 421 comme un vieillard
aimable et hospitalier, tout entouré d'affection et de
respect ; c'est sa maison du Pirée qui est le théâtre de
l'entretien. Quand Thurium se fonda, en 444, dans la
Grande–Grèce, sous les auspices d'Athènes, Lysias,
affirmait-on, s'y rendit avec son frère Polémarque pour
y prendre possession du lot attribué à sa famille : on
dit qu'il avait alors quinze ans. Si l'on acceptait cette

de succès en 1854 auprès de cette faculté de Paris où le candidat d'alors
enseigne aujourd'hui. Si nous l'avons osé, c'est que notre sujet n'est pas
tout à fait le sien, et qu'il entrait dans le plan de ces études de faire à la
biographie et à l'histoire une bien plus large place que ne se le proposait
M. Girard : celui-ci a surtout voulu définir, à l'aide des œuvres de Lysias,
cette chose exquise et rare que l'on appelle l'*atticisme*. Voir encore sur
Lysias, Westermann, I, § 46 et 47, Spengel, 7, 107, 122-142, Ottfried
Müller, ch. xxxv.

assertion, ce serait en 459 qu'il faudrait placer la date de sa naissance; mais un érudit plus compétent que personne pour tout ce qui touche aux orateurs attiques, Antoine Westermann, a prouvé que ce témoignage s'accordait mal avec d'autres données plus certaines; c'est en 434 qu'il fait naître Lysias, et son opinion s'appuie sur de très-bons arguments. Ce qui est certain, c'est que Lysias passa dans l'Italie méridionale et en Sicile une partie de sa jeunesse. Il avait sans doute encore des parents à Syracuse; il y séjourna, il y étudia la rhétorique et la sophistique sous la direction de Tisias et d'un autre Syracusain nommé Nicias.

En 412, le parti lacédémonien profita des premiers désastres d'Athènes pour prendre le dessus à Thurium et faire entrer cette ville dans la ligue péloponésienne; ceux des citoyens qui ne voulurent pas trahir la métropole durent vendre leurs biens et quitter la ville. Lysias revint alors à Athènes; il s'y fit connaître comme rhéteur et sophiste en même temps qu'il continuait, associé à son frère Polémarque, les affaires de son père. Celui-ci avait laissé, outre des fonds placés dans diverses entreprises, un atelier où l'on fabriquait des boucliers, industrie qui par ce temps de guerre ne devait point être exposée aux chômages. Comme Képhalos, Lysias et Polémarque sont *métèques*, c'est-à-dire étrangers domiciliés. Athènes étant alors depuis près d'un siècle la maîtresse des mers, le Pirée était devenu l'un des premiers marchés commerciaux de la Méditerranée;

aussi les étrangers y affluaient-ils, certains de trouver
à y faire valoir leur argent dans de fructueuses spéculations. Beaucoup ne faisaient que passer, mais ceux
qui réussissaient et qui se plaisaient à Athènes, s'ils
arrivaient très-rarement au droit de cité, dont la république était fort avare, obtenaient du moins très-
aisément de se fixer dans l'Attique et d'y vivre sous
la protection des lois civiles d'Athènes. Il leur suffisait
de trouver parmi les citoyens un patron qui se portât
garant de leur exactitude à payer la taxe et à remplir
les obligations auxquelles ils étaient assujettis ; taxe et
obligations n'avaient rien d'oppressif, car, pendant les
années heureuses d'Athènes, le nombre des métèques
alla toujours en augmentant. Armateurs, négociants,
banquiers, industriels, ces étrangers, parmi lesquels,
à partir du iv⁰ siècle, on compta beaucoup de Phéniciens, rendirent à Athènes de grands services. Ils
avaient des correspondants et des comptoirs dans leur
pays natal ; c'étaient eux qui produisaient la plupart
des objets qu'exportait le Pirée, eux qui possédaient
une partie des capitaux au moyen desquels la place
d'Athènes soldait ses achats. Ce n'était d'ailleurs pas
seulement ainsi qu'ils travaillaient à la grandeur et à
la prospérité d'Athènes ; dans cette patrie des arts et
des lettres, ceux d'entre eux qui étaient heureusement
doués s'éprenaient de toutes ces belles choses, et
s'associaient au mouvement et à la vie des esprits.
L'exemple de Lysias n'est pas isolé : un certain nombre
d'hommes dont les œuvres et les travaux honorent

Athènes appartenaient à cette classe des étrangers domiciliés.

En 403, ce qui désigna les fils de Képhalos, Polémarque et Lysias, à l'avide cruauté des Trente, ce fut moins la réputation de ce dernier comme sophiste que la richesse bien connue de sa maison. Les maîtres d'Athènes avaient comme pris à tâche de discréditer sans retour ce parti oligarchique dont ils se disaient les représentants. On avait pu croire d'abord que c'était au nom d'une idée et d'un intérêt de caste que, vainqueurs, ils frappaient leurs ennemis politiques; mais bientôt ils avaient jeté le masque et abjuré toute pudeur; le pouvoir n'était pour eux que le moyen de satisfaire les convoitises et les passions les plus effrénées, la cité n'était qu'une proie à dévorer. Les métèques avaient de l'argent; on donna pour prétexte qu'ils étaient hostiles à l'état de choses d'alors, et on décida la mort de dix d'entre eux, dont huit étaient parmi les plus opulents. Leurs biens seraient confisqués, et on se partagerait leur dépouille. Il faut lire le récit de Lysias, tout animé, sous son apparente froideur, d'une indignation profonde :

« Ils me surprirent, raconte-t-il, ayant à ma table des hôtes; ils les chassent et me remettent à Pison; les autres, s'étant rendus à l'atelier, dressent la liste des esclaves qui y travaillaient. Pour moi, je demandai à Pison s'il voulait me sauver la vie pour de l'argent. Celui-ci me répondit qu'il le ferait, si je lui en donnais beaucoup. Je lui offris un talent; Pison se déclara satisfait. Je savais qu'il méprisait les dieux autant que les hommes; pourtant telle était la

situation qu'il me parut nécessaire d'accepter sa parole. Il jure donc
de me sauver la vie pour un talent, et il appelle, avec force impré-
cations, la ruine sur sa tête et sur celle de ses enfants pour le cas
où il manquerait à son serment. J'entre alors dans mon cabinet,
et j'ouvre ma caisse. Pison s'en aperçoit, me suit, et voit ce qu'elle
contenait; aussitôt il appelle deux de ses serviteurs, et leur ordonne
d'en retirer tout ce qu'elle renferme. Il prend, non ce que j'étais
convenu de lui donner, ô juges, mais 3 talents d'argent, 400 cyzi-
cènes, 100 dariques et 4 patères d'argent. Je le prie de me laisser
au moins de quoi payer mes frais de voyage. « Tiens-toi pour
heureux, me réplique-t-il, si tu peux sauver ta personne. » Comme
je sortais avec Pison, nous rencontrons Mélobios et Mnésithidès,
qui revenaient de l'atelier; ils nous arrêtent sur la porte même, et
nous demandent où nous allions; Pison répond que nous nous ren-
dions chez mon frère, pour que là aussi il dressât l'inventaire.
« Fort bien, dirent-ils; quant à Lysias, il va nous suivre chez
Damnippos. » Pison s'approcha de moi et m'engagea à me taire et à
avoir bon courage, que bientôt il nous rejoindrait dans cette maison.
Nous y arrivons, nous y trouvons Théognis, qui y gardait d'autres
prisonniers. Le péril me paraissait tel que déjà je me croyais à
deux doigts de la mort. J'appelle donc Damnippos, et je lui parle
ainsi : « Tu es de mes amis, je suis dans ta demeure, je n'ai com-
« mis aucun crime; c'est ma fortune qui me perd. Tu vois comment
« on me traite; emploie-toi avec chaleur pour me sauver. » Celui-
ci me promit de faire tout ce qu'il pourrait, et ce qui lui parut le
plus sage, ce fut de s'ouvrir à Théognis, qui, pensait-il, était prêt
à tout faire pour de l'argent; il va donc le trouver pour causer
avec lui. Je connaissais les aîtres de la maison; je n'ignorais pas
qu'elle avait une seconde issue; ceci me décida à tenter de me
sauver. Si j'échappe aux regards, me disais-je, me voici hors
d'affaire : si je suis pris, au cas où les offres de Damnippos auraient
décidé Théognis à me servir, il ne m'en lâchera pas moins; sinon,
je ne mourrai toujours qu'une fois. Mon parti pris, je m'enfuis
pendant que l'on montait la garde devant l'entrée principale de la
maison. J'avais trois portes à franchir, je les trouve toutes les trois
ouvertes. J'arrive chez le capitaine Archéneus, et je l'envoie à la
ville s'informer de mon frère; à son retour, il me raconte qu'Éra-

tosthène l'avait saisi sur la route et l'avait emmené en prison. A cette
nouvelle, je me décide à partir, et la nuit suivante je m'embarque
pour Mégare [1]. »

Ce récit nous montre de combien peu il s'en fallut
qu'Athènes ne perdît alors Lysias ; il ne dut son salut
qu'à sa présence d'esprit. On y voit aussi à l'œuvre les
brigands sinistres qui prétendaient, comme le dit un peu
plus haut l'orateur, « purger la ville des méchants, et
ramener à la vertu et à la justice le reste des citoyens ».
Pendant que le fugitif voguait vers Mégare, les Trente
« envoyaient à Polémarque leur ordre accoutumé de
boire la ciguë, sans même lui dire la cause pour laquelle
il devait mourir, tant il s'en est fallu qu'il fût jugé, et
qu'il pût présenter sa défense [2]. » Quand il fut mort,
ceux qui venaient de s'enrichir en saisissant tous les
biens des deux fils de Képhalos ne permirent même pas
aux amis du défunt de prendre chez lui ce qui était
nécessaire pour les obsèques ; il fallut exposer le pauvre
corps sur un lit de louage, et l'envelopper dans un
linceul et dans un manteau fournis par la pitié d'étrangers. Un détail montrera jusqu'où avaient été poussées
l'avidité et la brutalité des Trente et de leurs agents.
Quand ce Mélobios, qui a figuré dans le récit de Lysias,
entra dans la maison de Polémarque, il aperçut aux
oreilles de sa femme des boucles d'oreilles en or : pour
ne rien perdre, il se jeta sur elle et les lui arracha.
Réfugié à Mégare, sur la frontière même de l'At-

1. *Contre Eratosthène*, 8-17.
2. *Ibidem*, 17.

tique, Lysias dut bientôt apprendre comment avait péri
son frère; on devine de quelle colère le remplit, s'ajou-
tant à tout ce qu'il avait souffert lui-même, le récit de
ces odieuses violences. Aussi s'empressa-t-il de se
mettre en rapport avec les exilés qui, sous la direction
de l'honnête et vaillant Thrasybule, s'apprêtaient à
tenter de délivrer Athènes. La plus grande partie de
sa fortune était restée aux mains des tyrans; mais il
avait sans doute, comme la plupart de ces riches
métèques, des fonds placés à l'étranger : il avait surtout du crédit dans des villes avec lesquelles son père
Képhalos avait été pendant de longues années en relations d'affaires. Quoique à demi ruiné, il put donc
aider de sa bourse les exilés; il contribua ainsi à équiper
et à faire vivre la petite armée qui s'empara d'abord
de la forteresse de Phylé, puis du Pirée. Lorsque les
Trente, abandonnés par Sparte malgré Lysandre, se
virent obligés de s'enfuir, et qu'un accord, scellé par
une amnistie, fut intervenu entre les citoyens maîtres
du Pirée et ceux qui occupaient Athènes, Lysias rentra
avec les exilés [1].

De son ancienne opulence, il ne dut recueillir
que de faibles débris; tous ses biens avaient été pillés
par les meurtriers de Polémarque ; l'argent, les bijoux,
les meubles, avaient été dispersés ; les esclaves, dont
beaucoup, comme ouvriers de métier, valaient un haut
prix, avaient été vendus. La maison et les meubles

1. *Vies des dix orateurs*, III, 7.

avaient été confisqués; il est probable qu'ils lui furent restitués. Juste appréciateur des services rendus, Thrasybule tint même à faire plus pour Lysias, qui n'avait pas seulement, comme tant d'autres, souffert du despotisme, mais qui avait prouvé par de grands sacrifices son attachement à la démocratie. Il proposa et fit voter un décret qui conférait à Lysias le droit de cité. Par malheur, le décret fut attaqué comme contraire aux lois par l'orateur Archinos, lui aussi un des exilés de Phylé. Le seul motif d'Archinos, c'était sans doute qu'il était jaloux de la réputation et de l'influence que possédait alors Thrasybule; Lysias paya les frais de la rivalité de ces deux chefs populaires. En vain composa-t-il pour Thrasybule, en y mettant tout ce qu'il avait d'art et de talent, le discours que celui-ci prononça pour soutenir sa proposition; Archinos exploita contre Lysias le préjugé populaire hostile aux sophistes; il obtint gain de cause [1]. Le décret fut cassé, et Thrasybule condamné à une amende. C'était pour cet homme d'État un affront qui lui fut très-sensible : il était dur de ne pas trouver plus de déférence pour ses vœux chez ceux que l'on avait délivrés. Irrité de cette ingratitude, Thrasybule se serait écrié : « Pourquoi me suis-je donné la peine de sauver de pareilles gens [2] ? »

Ce qui put être encore l'occasion d'une brouille ou tout au moins d'une certaine froideur entre Lysias et

1. Voir *Vies des dix orateurs*, III, et le *Phèdre* de Platon, p. 257, c.
2. Maxime Planude dans son commentaire sur Hermogène, t. V, p. 343 II, dans les *Rhéteurs grecs*, de Walz.

quelques-uns des chefs du parti démocratique, ce fut
la sympathie qu'il ne cessa de témoigner à Socrate,
qui succomba sous les attaques de plusieurs des hommes marquants de ce groupe. D'après les fragments
et les indications des grammairiens, il semble que
Lysias ait composé deux apologies de Socrate, l'une
qu'il lui proposa au moment de son procès et que
Socrate, s'il y avait consenti, aurait prononcé devant
le jury en son propre nom, l'autre que Lysias écrivit
plusieurs années après le procès et qui était destinée à
défendre la mémoire du philosophe.

On comprend que Lysias ait admiré et respecté
Socrate. Socrate avait été l'ami de son père. Lysias
avait entendu souvent Socrate causer avec le vieux
Képhalos ; il avait assisté, auditeur attentif et respectueux, dans cette belle maison du Pirée où est placée
la scène de la *République*, à plusieurs de ces entretiens
qui piquaient si vivement la curiosité de tous ces
esprits ardents et subtils.

Un fait plus difficile à expliquer que cet attachement de Lysias à la personne et à la mémoire de Socrate
ou même que la conduite d'Archinos à l'égard de
celui qui avait donné tant de gages au parti populaire, c'est le changement qui paraît s'être produit,
bientôt après les événements que nous avons retracés,
dans les rapports de Thrasybule et de Lysias. Des
témoignages anciens et sérieux attestent, nous l'avons
vu, l'étroite liaison qui aurait existé en 403, au
moment de la rentrée des exilés, entre Thrasybule,

leur glorieux général, et le métèque Lysias, qui s'était associé à tous leurs dangers et à toutes leurs espérances : il semble bien prouvé que Thrasybule fit tout ce qui dépendait de lui pour assurer à Lysias ce titre de citoyen qu'il avait si bien mérité et s'exposa même, afin de servir son protégé, à un grave échec parlementaire. Or on ne rencontre rien, dans les discours de notre orateur qui sont arrivés jusqu'à nous, qui puisse nous faire deviner cette liaison ; tout au contraire, les quelques allusions que nous y trouvons à la vie et au rôle de ce personnage sont, à notre grande surprise, d'un adversaire, d'un ennemi politique. Je sais bien que, dans aucun des discours où Thrasybule est nommé, Lysias ne parle en son nom ; on peut dire que, pour donner plus de vraisemblance au langage qu'il prête à son client et pour assurer le succès du plaidoyer, il a cru devoir, dans un discours dont il n'était pas responsable devant l'opinion, s'associer aux passions du moment. Il n'en demeure pas moins étrange que, s'il y avait entre ce personnage et Lysias une sincère amitié, Lysias n'ait pas évité les occasions de lui être désagréable : on peut toujours refuser une cause. Ce qui est plus vraisemblable, c'est que, nous ne savons pour quel motif, l'orateur avait fini par se brouiller avec Thrasybule. Peut-être avait-il accusé à tort Thrasybule de manquer de zèle à son égard ; peut-être lui en avait-il voulu de ne pas avoir renouvelé ses efforts, après l'issue malheureuse de la première tentative par lui faite pour conquérir à Lysias le droit de

bourgeoisie. Les détails nous manquent. En tout cas,
si Lysias ne pouvait attaquer Ergoclès (XXVIII) et
Philocrate (XXIX), amis de Thrasybule, sans paraître
s'associer au très-vif mécontentement qu'avait causé à
Athènes la dernière et funeste expédition de Thrasybule dans l'Hellespont, il y a dans un autre discours
(XVI, 15) un trait blessant que rien ne faisait prévoir
et qui semble bien lancé par une rancune personnelle
avide de saisir la première occasion de se satisfaire.
Racontant un combat auquel il a pris part, un des
clients de Lysias, Mantithéos, s'exprime ainsi :
« Notre tribu ayant été particulièrement éprouvée, et
beaucoup étant tombés, j'ai reculé à pas plus lents que
ce fier guerrier de Stira, toujours prêt à accuser les
autres de lâcheté. » Si Lysias n'avait pas trouvé plaisir à attaquer celui qu'il désigne ici par son dème
natal, Stira, il lui était bien aisé de ne pas nommer
Thrasybule en cette affaire, de tourner autrement sa
phrase.

    Voici dans quels termes, à propos d'Ergoclès,
Lysias s'exprime sur Thrasybule qui avait péri dans un
combat (XXVIII, 8) : « Thrasybule donc, Athéniens
( il convient de n'en pas dire plus à propos de lui ), a
bien fait de terminer ainsi sa vie; car il ne fallait ni
qu'il continuât à vivre après avoir médité d'aussi coupables projets, ni qu'il fût mis à mort par votre
ordre, après vous avoir rendu autrefois quelques services. Mieux valait que la ville en fût débarrassée de
cette manière. »

Ne semble-t-il pas que l'on trouve là, au milieu de paroles sévères et dures, comme une trace des égards dus à une ancienne amitié depuis longtemps rompue? Dans ce qui précède, le client de Lysias accuse Thrasybule d'avoir entrepris, à l'instigation d'Ergoclès, sa malheureuse expédition contre Byzance afin de s'en emparer, d'y retenir la flotte, d'épouser la fille du roi thrace Seuthès et de se dispenser ainsi de rendre des comptes aux Athéniens. Ce serait, selon l'orateur, la mort seule de Thrasybule qui aurait empêché cette coupable entreprise de s'accomplir. Rien de plus invraisemblable que l'ensemble de ces imputations. Thrasybule paraît avoir été un des citoyens les plus intègres, un des meilleurs patriotes qu'ait jamais eus Athènes ; il n'y avait pas en lui l'étoffe d'un Miltiade l'ancien ou d'un Alcibiade. Ce qui est vrai, c'est que les Athéniens, avec leur vive imagination et leur amour-propre irritable, étaient, comme nous, très-prompts à accuser leurs chefs de trahison dès que les choses ne marchaient pas au gré de leurs désirs. Souffrant encore de son échec, mécontent de Thrasybule qui s'était compromis pour lui, Lysias aura commis la faute de propager ces rumeurs, d'être injuste et cruel, avec les badauds d'Athènes, pour un homme envers qui il avait un devoir personnel de reconnaissance et d'égards. Nous ne prétendons pas que ce soit très-honorable pour Lysias : il n'y a pourtant rien là qui ne s'explique aisément par le chagrin de ses espérances trompées et la mobilité d'une nature susceptible et passionnée.

Débouté de ses prétentions au titre de citoyen, Lysias ne semble pas avoir fait d'autres tentatives pour l'obtenir : il se contenta de l'*isotélie*, sorte de situation intermédiaire entre celle du citoyen d'Athènes et de l'étranger domicilié. Celui auquel était accordée cette faveur était dispensé des obligations spéciales qui incombaient aux métèques; il supportait les mêmes charges que les citoyens, et jouissait comme eux de tous les droits civils; seuls, les droits politiques lui étaient refusés. Cela répondait à ce que les Romains appelaient « le droit de cité sans le suffrage et les honneurs, » *jus civitatis sine suffragio et honore.*

Ce fut vers ce temps qu'eut lieu un événement dont l'importance est capitale dans la vie de Lysias, et qui exerça sur son talent une influence décisive. L'amnistie n'avait fait d'exception que pour les Trente et pour quelques autres citoyens qui avaient été les instruments de leurs cruautés ; encore ces personnes mêmes pouvaient-elles rentrer, à la condition de se soumettre, aussitôt de retour, à l'épreuve par laquelle, en sortant de charge, passaient tous les magistrats, tous les généraux d'Athènes. Il leur faudrait venir devant le jury rendre compte de leurs actes : s'ils étaient acquittés, le passé était oublié; dans le cas contraire, ils avaient à subir la peine qu'il plaisait au tribunal de leur infliger. Le parti démocratique, fier de sa victoire, heureux des éloges que lui avait attirés sa modération, ne paraissait point disposé aux représailles; quelques-uns des moins gravement compromis parmi

les soutiens du dernier régime se hasardèrent à
courir les chances de ce jugement ; on leur sut gré
de leur confiance dans la justice de leur pays, et
ils furent acquittés. Cet exemple encouragea Ératosthène, celui-là même qui avait saisi Polémarque et
l'avait fait conduire dans cette prison où la mort
l'attendait.

Ératosthène était un modéré de l'aristocratie, ou
plutôt un de ces hommes comme nous en avons tant
connu, qui se prêtent pour un temps, mais qui ne se
donnent jamais à aucun parti. Devant le tribunal, lui
et ses amis invoquaient le souvenir et l'amitié de ce
Théramène, intrigant hardi et souple qui avait fini,
comme cela arrive souvent encore aux Grecs, par
s'embarrasser dans ses propes ruses, par se prendre
lui-même au piége qu'il avait tendu ; Athènes avait
surnommé Théramène *le Cothurne,* parce qu'il changeait d'opinions et de rôle aussi aisément que de
souliers. Théramène avait été en 411 un des auteurs
de la révolution aristocratique ; puis, quand il avait vu
que les choses tournaient mal, il avait aidé à la chute
de l'oligarchie et s'était ainsi réconcilié avec l'armée
de Samos. Pendant le siége d'Athènes et au moment
de l'entrée des alliés dans la ville prise, il avait adroite-
ment préparé le terrain à cette réaction aristocratique
dont les Trente étaient l'expression. Quand ceux-ci
avaient abusé du pouvoir pour satisfaire sans vergogne
leurs rancunes et leurs convoitises, Théramène, en
homme avisé, avait compris qu'une pareille débauche

d'avidité et de vengeance ne pouvait durer longtemps; lui qui pensait toujours à l'avenir, il tenta de faire à ses collègues une opposition qui s'appuierait sur l'opinion publique ; déjà, grâce à son exemple et à ses efforts, dans le sénat, que les Trente avaient peuplé de leurs créatures, il se formait un parti de la modération, une opposition timide encore, mais que fortifiait chaque jour. C'était ce que nous appellerions un *centre gauche,* dont Théramène aspirait à devenir le chef. Il aurait ainsi recommencé contre les Trente ce qui lui avait si bien réussi contre les Quatre-Cents, il aurait été à la fois l'homme de la veille, celui du jour et celui du lendemain. Par malheur il avait en face de lui Critias, esprit pénétrant, caractère violent et cruel, auquel sa sagacité et son impitoyable énergie donnaient un ascendant marqué sur ses associés ; engagé dans les voies d'une politique à outrance qui ne pouvait durer que par la terreur, Critias n'était pas disposé à se laisser sourdement miner par Théramène. Il faut lire dans les *Helléniques* de Xénophon, dont c'est une des meilleures pages, le récit de la scène dramatique dont le sénat fut le théâtre, l'arrestation de Théramène et ses vains efforts pour soulever et décider à la résistance sénateurs et citoyens. Jeté en prison, avant de boire la ciguë : « A la santé du beau Critias », s'écriat-il en portant la coupe à ses lèvres. Après sa mort, ceux qui, comme Ératosthène et tant d'autres, auraient volontiers suivi Théramène, mais qui n'avaient pas osé le sauver, se turent, glacés de peur ; par lâcheté, ils partagèrent la responsabilité de crimes qu'ils regrettaient et déploraient tout bas.

Une fois la démocratie rétablie, ceux qui avaient appartenu à ce groupe tentaient de se rattacher à la mémoire de Théramène. Ce brillant et dangereux personnage, par sa versatilité, avait fait beaucoup de mal à son pays; mais il avait succombé en protestant contre la tyrannie, et il était mort bravement avec un sourire de dédain et un mot spirituel. Il n'en fallait pas plus pour que son nom fût presque populaire : suivant le mot si juste de Tacite, les hommes ne se souviennent que de la fin, *homines plerumque postrema meminere*. Avec des amis, avec un peu d'habileté, Ératosthène, grâce à ce patronage posthume, avait toute chance de franchir heureusement ce pas difficile, s'il n'eût rencontré sur son chemin un adversaire imprévu et redoutable, Lysias. Celui-ci n'avait jamais parlé en public; il n'était connu, ainsi que le prouve le *Phèdre* de Platon, que comme un sophiste élégant et subtil, qui, dans un cercle choisi, continuait les traditions des Tisias et des Gorgias. Les recherches de style, les jeux d'esprit auxquels il s'amusait en traitant des sujets de fantaisie comme le discours que lui attribue Platon, ne faisaient guère prévoir qu'il y eût en lui l'étoffe d'un puissant orateur de combat.

Dès que fut annoncée la *reddition de comptes* (εὐθύνη) d'Ératosthène, Lysias le prit à partie, et l'accusa d'avoir fait périr sans jugement un étranger que protégeaient les lois d'Athènes. Il n'était plus question ici de jongler avec les mots et les idées, de se faire admirer comme un des virtuoses de la parole ; il s'agissait d'obtenir vengeance pour une famille ruinée et mise en deuil, pour un frère massacré, pour la cité trop longtemps opprimée. Déjà le goût était assez formé à Athènes, on y avait assez l'expérience des tribunaux pour comprendre comment il convenait de parler au jury. Ici les faits, par eux-mêmes, en disaient assez ; il suffisait de les raconter avec une sincérité qui ne laissât point place au doute, avec une clarté et une vivacité qui les rendissent sensibles à toutes les imaginations. Rien de plus facile aussi que d'enfermer Ératosthène dans ce dilemme, qui fait avec la narration le fond du discours : « Ou bien tu as approuvé le meurtre de Polémarque et de tant d'autres victimes innocentes, ou bien, comme tu l'affirmes aujourd'hui, tu t'es fait l'instrument de ces assassins dont tu désapprouvais la conduite ; tu es donc coupable ou de cruauté ou de lâcheté. Dans l'un comme dans l'autre cas, tu as manqué à ton devoir et trahi ton pays. » Lysias fut court, simple, ferme, passionné sans déclamation et sans phrases. Selon toute apparence, il triompha, et Ératosthène reçut le châtiment que méritait son crime.

Ce succès oratoire dans une cause politique aussi importante ne put manquer de faire sensation dans Athènes ; il révéla Lysias aux autres et à lui-même. Déjà les violentes émotions de crainte, de douleur et de haine par lesquelles il avait passé de 404 à 403, avaient dû, aidées de l'âge et de la réflexion, com-

mencer à le dégoûter de la rhétorique. Après la déli-
vrance d'Athènes, quand il a des ennemis à punir et
des amis à servir, il comprend que l'on peut faire de
la parole un autre usage que d'en jouer comme d'une
cithare ou d'une flûte pour amuser les oisifs. Ces débats
l'ont mis en vue ; il y a tout à la fois fait briller son
rare talent et affirmé avec éclat ses opinions. S'il fût
né ou s'il était resté citoyen, la carrière politique lui
était toute grande ouverte ; fort des services rendus et
de l'amitié que lui avait hautement témoignée Thrasybule, il aurait pu devenir un des orateurs les plus
écoutés et les plus influents. Sa qualité de métèque
l'empêche d'aborder la tribune du Pnyx ; mais il n'en
trouve pas moins moyen d'agir sur l'opinion et d'avoir
un rôle public. Il est connu comme l'un des adversaires constants de l'aristocratie, comme l'avocat de la
démocratie ; on vient lui demander de composer, pour
l'assemblée, des harangues inspirées du souffle démocratique, pour les tribunaux, des plaidoyers destinés à
repousser des tentatives comme celle d'Ératosthène, à
écraser ce qui subsiste encore de l'odieuse coterie
oligarchique, les imprudents qui relèvent la tête au
lieu de se contenter de l'oubli. La condamnation qu'il
avait obtenue n'avait point désarmé sa juste haine ; il
continua son œuvre de vengeance en prêtant le secours
de son talent à tous ceux qui voulaient poursuivre
quelqu'un des agents ou des complices de la tyrannie
déchue. Toutes les fois qu'il rencontre ces souvenirs
sur sa route, on sent que ce n'est plus un avocat qui

fait son métier ; sa parole s'anime de je ne sais quel accent de passion sincère et toute personnelle [1].

Les renseignements nous manquent pour savoir au juste où placer, dans la vie de Lysias, un épisode diplomatique dont lui-même nous a conservé le souvenir ; tout au moins pouvons-nous penser, d'après divers indices, qu'il est de peu postérieur à la bataille de Cnide (394), où Conon, à la tête d'une flotte phénicienne qu'il avait réussi à se faire prêter par le grand roi, enleva aux Lacédémoniens et reconquit pour les Athéniens l'empire des mers grecques. Les alliances que, par son talent de négociateur, Conon avait ménagées à Athènes, en Orient, du côté de Chypre et de la Perse, avaient rendu à sa patrie trop de services pour qu'il ne désirât point lui assurer un semblable concours du côté de la Sicile et de l'Italie. Il expédia donc à Syracuse un de ses amis, Aristophane, fils de Nicophémos. D'après ce que nous lisons à ce sujet dans un discours de Lysias (XIX, 19-20), le seul document qui ait conservé le souvenir de ces négociations, il ne semble point que ce soit par le peuple athénien que cette ambassade ait été envoyée en Sicile ; il s'agissait d'une mission confidentielle donnée par Conon à l'un de ses familiers. Le résultat désiré, c'était de détacher des intérêts de Sparte Denys l'Ancien, et de l'aboucher

---

1. Nous citerons, outre le dicours *contre Ératosthène* (xii), ceux qui ont pour titre *contre Agoratos* (xiii) et *sur l'enquête préalable que subit Évandre* (xxvi). Dans ce dernier surtout, dont nous n'avons qu'un assez long fragment, il y a une rare énergie.

avec Evagoras, roi de Chypre. Des liens de famille
auraient établi une liaison durable entre les deux princes
également intelligents et ambitieux, maîtres chacun de
la meilleure partie d'une île riche et populeuse ; cette
alliance, conclue sous les auspices d'Athènes, lui aurait
assuré le concours de Denys et d'Évagoras.

Voici en quels termes s'exprime à ce sujet Lysias,
par la bouche du personnage pour lequel il a composé
le discours intitulé *Des biens d'Aristophane contre le
trésor public* : « Aristophane, partant pour la Sicile,
s'adjoignit, outre Eunomos, Lysias, son ami et son
hôte, qui, comme je l'ai entendu dire à ceux qui se
trouvaient au Pirée, avait rendu de grands services à
la cause populaire. L'espoir qui avait fait entreprendre
cette traversée, c'était de persuader à Denys de devenir
beau-frère d'Évagoras, ennemi des Lacédémoniens et
ami des Athéniens. Les envoyés y travaillèrent, malgré
les périls que leur firent courir la mer et l'ennemi,
et ils décidèrent Denys à ne pas expédier les tri-
rèmes qu'il venait d'armer pour les mettre à la disposition des Lacédémoniens. » L'ambassade n'eut, on
le voit, qu'un succès partiel, succès qui eut d'ailleurs
peut-être, en ce moment, son importance. Quoique le
nom de Lysias ne soit accompagné ici d'aucune qualification, il nous paraît impossible de ne point reconnaître le fils de Képhalos dans cet ami d'Aristophane,
qui a écrit le plaidoyer destiné à sauver la fortune de
ses enfants et qui rappelle avec tant de complaisance
les services rendus par Lysias à la cause populaire,

services dont témoignent « ceux qui étaient au Pirée ». De ce fait, que nous ignorerions sans ces quelques mots jetés en passant dans le discours prononcé par le beau-frère de cet Aristophane, il est curieux de rapprocher l'invective prononcée plus tard par Lysias contre Denys, dans le *Discours olympique ;* la haine et le mépris que notre orateur fit éclater alors contre le tyran s'expliquent par les rapports qu'il eut avec ce prince dans le cours de cette négociation, par tout ce qu'il en entendit raconter à ses amis de Syracuse.

Cette absence ne dura sans doute que quelques mois et ne changea rien à la vie de Lysias. Depuis son discours *contre Eratosthène,* sa situation ressemble assez à celle de l'avocat qui, chez nous, a pris une couleur politique, qui appartient à un parti et qui en plaide les procès ; mais ceci n'aurait pas suffi à l'occuper. D'ailleurs, élevé dans une opulence qu'avaient singulièrement diminuée les confiscations des Trente et les sacrifices faits par l'exilé, Lysias avait des goûts de dépense. D'après Athénée, le Tallemant des Réaux de l'antiquité, c'était un homme de plaisir ; il fut l'amant de plusieurs des courtisanes célèbres du temps[1].

On lit, dans un discours qui nous a été conservé parmi les œuvres de Démosthène, le plaidoyer *contre Néère* (§ 21-23), la curieuse histoire des complaisances qu'a Lysias pour une courtisane dont il était l'amant. Afin d'amuser cette fille, il la fait venir de Corinthe

---

1. *Athénée*, XIII, p. 592, c.

avec la proxénète qui l'avait élevée et qui exploitait sa beauté, et il entreprend de la faire initier aux mystères d'Éleusis. Comme il était marié avec sa nièce et qu'il avait chez lui sa vieille mère, il n'ose loger tout ce monde dans sa maison et il l'installe chez un ami, Philostrate de Colone. Une toute jeune fille, qui devait se faire aussi une brillante réputation d'Athènes à Corinthe, Néère, avait accompagné Métanire pour cette partie de plaisir et était logée avec elle chez Philostrate ; Lysias, en invitant à cette fête Métanire, avait voulu servir à sa maîtresse une distinction de haut goût, quelque chose qui sortît de l'ordinaire ; mais qu'était-ce donc alors que les mystères, pour que les courtisanes pussent y être admises si aisément, pour que l'on y fît initier sa maîtresse, comme on la conduirait aujourd'hui à une première représentation ?

Avec ses goûts de luxe, Lysias dut tirer de son talent le plus de parti possible. Il écrivit donc des discours pour tous ceux qui lui en demandèrent, pour des procès civils et pour des procès criminels. Au début du IVe siècle, il était le plus occupé et sans doute le mieux payé des *logographes* athéniens.

Tous les plaidoyers qui nous restent se placent entre les années 399 et 384. C'est par conséquent vers trente-cinq ans que Lysias, rendu plus sérieux par les épreuves qu'il avait traversées, inspiré par de nobles passions qui échauffent et transforment son talent, encouragé par le succès de son action *contre Ératosthène*. aurait renoncé aux vanités du discours d'apparat pour

16

cultiver la véritable éloquence, l'éloquence politique et
judiciaire ; de rhéteur et de sophiste, il serait alors
devenu, comme nous dirions, le premier avocat
d'Athènes. D'après son biographe, il serait mort
en 378, c'est-à-dire, d'après la date que nous avons
adoptée pour sa naissance, entre cinquante et cin-
quante-cinq ans.

## III.

L'ordre dans lequel sont arrivés les discours de
Lysias semble indiquer que nous avons là les débris
de deux recueils formés d'après des principes différents.
Le premier aurait compris les œuvres complètes de
Lysias classées d'après la nature des procès ; nous en
aurions un fragment qui contient les derniers discours
dans des causes d'*homicide* (φονικαί δίκαι), les discours
prononcés dans des procès pour crime d'*impiété* (περὶ
ἀσεβείας), et ceux qui traitent du délit d'*injures* (περὶ
κακολογιῶν). Soit hasard, soit caprice, l'éloge funèbre
(ἐπιτάφιος λόγος) se trouve parmi ces plaidoyers.
Le second recueil, qui commencerait au discours
*contre Ératosthène*, placé le douzième dans notre collection, n'offre plus trace d'un ordre systématique ;
c'est un choix fait dans toute l'œuvre de Lysias,

sorte de chrestomathie, dont l'auteur paraît avoir été guidé surtout par l'intérêt historique.

On faisait circuler chez les anciens, sous le nom de Lysias, 425 discours, dont 230 ou 233 passaient pour authentiques; nous n'en avons plus que 34, dont 2 encore sont regardés, par la plupart des critiques modernes, comme apocryphes. Ce sont les deux qui ont pour titre : *Éloge funèbre des alliés des Corinthiens* et *Accusation de sacrilége contre Andocide* [1]. Des 32 qui restent, plusieurs ne sont pas entiers; de quelques-uns,

1. Pour ce qui est de l'*éloge funèbre,* voir plus loin la note qui renvoie au récent travail de M. Jules Girard. Quant à l'*accusation de sacrilége,* nous ne pouvons que nous référer à la longue note de Sluitter dans les *Oratores attici* de Dobson. Nous acceptons ses conclusions, mais nous ne serions pas porté à croire avec lui que ce discours soit une composition d'école du temps des successeurs d'Alexandre. Le petit conte dévot par lequel s'ouvre la partie du plaidoyer qui nous a été conservée, le ton général du discours, tout nous incline à y voir au contraire l'expression authentique et sincère des sentiments et des idées qui dominaient, vers 400, dans le groupe des grands dignitaires du culte éleusinien, de ces nobles familles sacerdotales où l'on affectait une haute piété, et où l'on se croyait ou se disait tout particulièrement chargé de venger les dieux. Ce serait bien un plaidoyer réel, mais composé par un autre que Lysias et par quelqu'un de moins habile. Il y a sans doute du talent, de la vigueur dans l'invective ; mais on y trouve partout du vague et des lieux communs ; on n'y rencontre point de ces récits où Lysias excelle, de ces témoignages qu'il sait si bien grouper, de ces discussions serrées où les lois et les faits sont commentés de manière à produire la conviction; or cela était ici d'autant plus nécessaire que le remarquable discours d'Andocide réunit à des narrations politiques toute une exposition juridique très-ample et très-spécieuse. Lysias, s'il était l'auteur de cet ouvrage, se serait montré dans cette cause bien inférieur à Andocide. Cela n'aurait d'ailleurs rien d'impossible ; mais ce qui me frappe plus, c'est qu'Harpocration, sur trois fois qu'il cite des mots appartenant à ce discours, ajoute deux fois la réserve : εἰ γνήσιος. Enfin, Sluitter a signalé plusieurs expressions qui ont quelque chose de cherché et de prétentieux, qui ne paraissent point rentrer dans la manière ordinaire de Lysias. De tout cela ressortent de bonnes raisons de tenir l'authenticité pour tout au moins douteuse.

de 3 ou 4, on n'avait conservé que la péroraison. Les
deux derniers, le *Discours olympique* et le discours
pour prouver qu'*il ne faut pas abolir à Athènes l'ancienne constitution,* ne sont que d'assez courts fragments. Il y a tout lieu de regretter vivement les
200 discours perdus ; ce riche répertoire nous aurait
offert le tableau le plus exact et le plus varié de la vie
publique et privée d'Athènes pendant les vingt premières années du ɪᴠᵉ siècle. En effet, on trouve dans
ces plaidoyers bien des renseignements que ne nous
donnent point les historiens sur les luttes des partis,
sur les acteurs de second ordre qui y jouent un rôle,
sur les divers courants d'opinion qui se croisent dans
la cité ; on y trouve surtout des détails de mœurs plus
vrais encore et plus précis que ceux qui nous sont
fournis par la comédie. Ce qui nous a été refusé par
l'injure du temps eût donc été d'un prix inestimable ;
mais si l'on songe à tant d'autres naufrages dont on
n'a même pas sauvé de pareilles épaves, ce qui a été
sauvé est encore considérable. Pour l'historien des
lettres grecques, c'est déjà beaucoup d'avoir entre les
mains autant et plus qu'il ne lui en faut pour étudier
et apprécier par lui-même l'art et le talent de Lysias.
Il n'est point forcé ici de s'en référer, comme cela lui
arrivait encore il y a quelques années pour Hypéride,
aux jugements des critiques anciens, de les accepter
sans examen et sans contrôle. Le recueil des discours
de Lysias, même dans son état fragmentaire, est encore, après celui des discours de Démosthène, ce qu'il

y a de plus intéressant et de plus varié dans la collection des orateurs attiques. L'œuvre d'Eschine y tient un peu plus de place ; mais elle ne se compose que de trois discours fort longs, qui sont tous consacrés à des causes publiques, et où reviennent sans cesse les mêmes idées et les mêmes personnages. Isée a onze discours, et ce sont toutes causes civiles d'une même espèce, questions d'héritage. De Lycurgue, nous ne possédons que son accusation contre Léocrate. Hypéride, si les siècles l'avaient épargné, nous aurait sans doute offert, avec plus de puissance et de passion, la même variété que Lysias ; seulement il ne nous est connu que par les débris récemment retrouvés de quatre discours.

Dans Lysias au contraire se rencontrent des modèles des trois genres, le *démonstratif,* le *délibératif* et le *judiciaire.* Parmi ses discours judiciaires, qui ont fait surtout sa réputation, il y a des causes criminelles qui ne touchent qu'à la vie privée, comme le discours *sur le meurtre d'Ératosthène,* un séducteur pris en flagrant délit et tué par le mari ; il y a des causes criminelles qui sont de vrais procès politiques, comme les plaidoyers *contre Agoratos* et contre cet autre Ératosthène dont nous avons déjà parlé ; il y a enfin des plaidoyers civils et des questions d'affaires. Toutes les formes de la parole publique, au temps où vivait Lysias, sont représentées dans ce recueil. Ce n'est pas tout. On peut se faire encore une idée de ce que nous appellerons la « première manière » de Lysias, de ce qu'il

écrivait pendant sa jeunesse, avant de travailler pour
les tribunaux. On ne nous a point conservé d'ouvrage
de cette époque dont l'authenticité soit certaine ou
même probable; les données ne nous manquent pourtant pas sur ce que pouvait être alors le goût de notre
orateur. Dans le *Phèdre,* le disciple de Socrate lui
récite, comme étant de Lysias, un *discours à un adolescent* sur l'amour qui a donné lieu à bien des discussions. Est-ce, comme quelques-uns l'ont soutenu
par des raisons spécieuses, une œuvre originale de
Lysias [1]? Platon l'aurait transcrite dans son dialogue
pour faire ressortir par le contraste la noblesse et
l'élévation des théories socratiques, comparées à ces
pauvres inventions des sophistes. N'est-ce au contraire qu'un ingénieux pastiche, comme ceux qu'il fait
à plusieurs reprises, dans le *Gorgias* et dans le *Protagoras,* du style de ses interlocuteurs, des locutions et
des tournures qui leur sont familières? Les deux opinions peuvent se défendre; j'inclinerais pourtant pour
la dernière. Il n'était point dans les habitudes des
anciens d'insérer dans leurs ouvrages des pièces de
rapport, des pages écrites par une autre main. C'est ce

---

1. Voir une étude de M. Egger sur cette question, dans l'*Annuaire* de
l'association pour *l'encouragement des études grecques,* 1871, p. 17-38.
Elle est intitulée Observations sur l'*Eroticos inséré sous le nom de Lysias
dans le* Phèdre *de Platon.* Cette élégante dissertation nous a rendu plus
perplexe encore et plus incertain ; elle n'a pas réussi à nous convaincre.
La transcription textuelle et l'insertion, dans un dialogue de Platon, de
l'œuvre d'un autre écrivain, nous semble toujours une chose sans
exemple ; nous voudrions, avant de l'admettre, que l'on nous montrât des
faits analogues.

qui explique comment Thucydide a imprimé son propre
cachet à toutes les harangues que contient son histoire ;
comment Tite-Live et Tacite se croyaient obligés de
refaire l'un les discours du vieux Caton, l'autre celui
de l'empereur Claude, dont ils avaient l'original sous
les yeux. Même en cherchant à parler comme autrui,
on garde toujours quelque chose de son propre accent.
Par là, on évitait les dissonances trop marquées ; on
obtenait, avec une heureuse variété de nuances, une
couleur d'ensemble harmonieuse et fondue. Ce qui
paraît donc le plus vraisemblable, c'est que Platon,
avec sa verve enjouée et féconde, se sera diverti à
copier les procédés et le tour de Lysias ; il aura voulu
montrer que, si les ennemis de la rhétorique méprisaient ces fausses beautés, ce n'était point par impuissance et par envie, qu'il leur aurait été facile, s'ils
avaient daigné s'y appliquer, d'égaler ceux qui faisaient
un si mauvais usage de leur talent. Si ce discours n'est
point de Lysias, Platon n'aura rien négligé pour imiter
sa langue et ses allures, de manière à faire presque
illusion même aux contemporains. On est donc autorisé
à juger jusqu'à un certain point Lysias rhéteur et
sophiste d'après ce badinage où s'est joué l'auteur du
*Phèdre*. Or, l'expression n'a pas ici les hardiesses
pompeuses et le luxe poétique de Gorgias ; on n'y trouve
qu'une élégance laborieuse et vide. Les idées manquent,
et le style a partout quelque chose de froid et de com-
passé. Si cela n'était très-court, on sentirait bientôt la
fatigue.

L'*Éloge funèbre des Athéniens* qui avaient péri en
défendant Corinthe contre les Lacédémoniens est-il de
Lysias? Au premier moment, cela paraît fort douteux.
On a peine à comprendre que, plusieurs années après
le discours contre Ératosthène, où la pensée et le style
ont une si saine et si mâle simplicité, il ait écrit ces
pages tout artificielles où manquent les idées, où le
monotone et symétrique parallélisme de la phrase rappelle Antiphon et Gorgias. Il y a pourtant une explication plausible. Le sujet rentrait dans ce genre du
discours d'apparat où Lysias avait obtenu ses premiers
succès. En se retrouvant sur son ancien terrain,
n'aurait-il pas été entraîné à reprendre ses vieilles
habitudes de rhéteur, à retomber ainsi dans l'affecté
et le convenu ? Ce serait une rechute[1]. Quoi qu'il en

1. Le dernier critique qui ait étudié la question, du moins à notre
connaissance, est M. Jules Girard, un des hommes qui ont le plus
pratiqué Lysias et qui connaissent le mieux les orateurs attiques.
Dans une dissertation qui a été lue d'abord devant l'Académie des
inscriptions et belles-lettres, puis insérée dans la *Revue archéologique*
(juin et juillet 1872), il se prononce pour l'attribution traditionnelle et
donne ses raisons. Ce travail est intitulé : *Sur l'authenticité de l'oraison
funèbre attribuée à Lysias*. Il mérite d'être lu en entier. M. Girard, suivant la critique allemande sur son terrain, entre dans le dernier détail ;
avec une ingénieuse et patiente subtilité, il examine la trame du style de
l'*Epitaphios*, il analyse les procédés que l'auteur de ce discours a employés
pour lier ses idées et construire ses périodes ; il réfute les objections de
ses adversaires par des exemples tirés soit des discours qui appartiennent
certainement à Lysias, soit des œuvres de ses contemporains et de ses
successeurs. Tout aride que paraisse au premier abord cette discussion, il
réussit à la rendre intéressante, et il met de la finesse et du goût dans des
remarques dont beaucoup, les plus concluantes peut-être, portent sur
l'emploi de μὲν, de δὲ ou d'autres particules analogues. Si tous les doutes
ne sont pas levés, au moins peut-on dire que M. Girard a rendu l'opinion
qu'il soutient plus plausible, plus vraisemblable que la thèse contraire.

soit, pour que l'on ait attribué ces pages à Lysias, il faut que l'on ait eu de lui des ouvrages écrits dans ce goût. Le recueil nous offre encore un autre opuscule qui a quelque chose de ce même caractère ; il est intitulé *Accusation d'injure contre des camarades* (πρὸς τοὺς συνουσιάστας κακολογιῶν). Ce singulier petit discours n'est ni un plaidoyer, ni un simple exercice d'école ; il faudrait peut-être y voir plutôt une lettre dont le thème, une renonciation formelle à l'amitié de gens par qui on a été trahi, est développé à la manière des sophistes. Cette froide et obscure composition ne mérite pas d'ailleurs qu'on s'y arrête. Hâtons-nous d'arriver à des œuvres plus dignes de nous occuper et de nous retenir. Lysias sophiste n'était qu'un disciple de plus parmi tant d'autres qui s'évertuaient à marcher sur les traces de Tisias et de Gorgias. Qu'il fût resté dans cette voie, son nom n'aurait échappé à l'oubli que grâce à l'honneur que lui a fait Platon de le railler et de le parodier. Le véritable Lysias, le seul qui tienne à juste titre une grande place dans l'histoire des lettres grecques, c'est le Lysias des vingt dernières années, Lysias homme de parti et avocat, dégoûté des vains jeux de la rhétorique, parlant, soit en personne, soit par la bouche de ses clients, aux citoyens rassemblés sur le Pnyx et devant les tribunaux.

La réputation de Lysias et sa supériorité s'expliquent par le tact avec lequel il a su approprier le plan, le style, tout le caractère de ses discours, aux conditions très-particulières que les habitudes athéniennes impo-

saient à celui qui faisait profession d'écrire des plaidoyers. Lysias est le type le plus accompli et comme
l'idéal du *logographe* ou de l'avocat athénien, qui différait à beaucoup d'égards de l'avocat romain ou de
l'avocat dans les sociétés modernes. Pour bien faire
comprendre l'originalité de Lysias, il nous faut revenir
avec quelque détail sur ce qui n'a été qu'indiqué dans
une précédente étude à propos d'Antiphon, le premier
qui ait donné l'exemple d'aider de son talent les plaideurs embarrassés pour composer eux-mêmes les
discours qu'ils devaient prononcer devant le tribunal [1].

Le mot d'Aristote cité au début de cet essai traduit
fidèlement l'idée athénienne ou plutôt l'idée antique :
chaque citoyen, pour être complet, doit suffire à toutes
les exigences et à tous les devoirs de la vie publique.
Rompu dès l'adolescence aux exercices gymnastiques,
exercé ensuite au métier des armes, tout Athénien, en
temps de guerre, devait servir, s'il était riche, dans la
cavalerie, s'il était pauvre, soit dans l'infanterie, soit
sur la flotte comme rameur. En temps de paix, il était
tenu de connaître assez les intérêts, les affaires et les
lois de son pays pour suivre les discussions sur le Pnyx,
pour voter en connaissance de cause, et présider comme
*proèdre* l'assemblée, comme *prytane* le sénat, comme
*archonte* le jury, toutes fonctions pour lesquelles on

---

1. Le véritable caractère du logographe athénien et les différences qui
le distinguent de l'avocat moderne ont été pour la première fois aperçus
et signalés chez nous par M. Egger, dans une intéressante étude qu'il a
recueillie dans ses *Mémoires de littérature ancienne*, p. 355.

était désigné par le sort. Chacun devait avoir une opinion politique. Se désintéresser de la chose publique, comme on l'a fait chez nous trop longtemps, eût paru une trahison. Solon lui-même avait ordonné à tout citoyen de prendre parti dans les discordes civiles. Il en était de même pour les luttes judiciaires. Athènes, pas plus que Rome, ne connaissait l'institution du ministère public ; par exception seulement, dans certains cas de haute trahison, comme dans le procès d'Antiphon, quelques orateurs pouvaient être chargés de réclamer au nom de l'État le châtiment du coupable. Dans le cours ordinaire des choses, ce n'étaient pas seulement les magistrats qui étaient chargés de veiller à l'exécution des lois ; tout particulier devait aussi relever et poursuivre devant les tribunaux les délits qu'il voyait commettre. Sur le champ de bataille, c'était avec l'épée et le bouclier que le citoyen repoussait l'étranger. Dans la cité, il devait se servir de la parole pour attaquer l'ennemi de l'intérieur, le violateur des lois ; c'est par la parole qu'il devait se défendre contre d'injustes accusations.

Sans doute il n'aurait pu venir à la pensée de personne d'exiger de chaque citoyen des talents militaires ou de l'éloquence. La cité, qui, pendant deux ans, soumettait à des exercices communs les *éphèbes* ou jeunes gens, ne se chargeait guère à cette époque d'autre chose que d'assouplir et de fortifier leur corps par la gymnastique ; elle les envoyait ensuite pendant une autre année faire l'apprentissage de la vie militaire en tenant garnison dans les forteresses de l'Attique et en campant sur la frontière. C'était là peut-être, avec quelques éléments d'écriture, de lecture et de musique, toute l'éducation publique ; ce que nous appelons l'instruction était abandonné à l'initiative privée. Allait qui voulait et qui pouvait chez les grammairiens, avec qui l'on étudiait les poëtes, ou chez les maîtres de dialectique et de rhétorique. La rhétorique, avec sa prétention hautement avouée de persuader aux hommes tout ce que l'on avait intérêt à leur faire croire, était trop suspecte au peuple pour ue la cité en prît l'enseignement sous son patronage ; elle était trop subtile, trop raffinée, pour s'adresser à d'autres qu'aux gens de loisir, déjà préparés par une première culture littéraire. Aux citoyens qui avaient assez d'argent pour payer les maîtres qui la professaient et assez de temps pour s'y exercer sous leur direction, elle assurait dans les discussions une supériorité marquée. Sans doute, grâce à des dons de naissance et à l'habitude de fréquenter assemblée et tribunaux, un certain nombre d'Athéniens arrivaient à parler en public sans avoir été élèves des rhéteurs ; quelques-uns même, comme Cléon et d'autres démagogues, se faisaient une réputation comme orateurs. Pourtant dès la guerre du Péloponèse c'était là l'exception : les progrès de la rhétorique mettaient trop de différence entre ceux qui avaient étudié la parole comme un art et ceux qui devaient tout à une naturelle facilité d'élocution et à leur expérience. Tout

d'ailleurs allait en se développant, en se compliquant :
les affaires publiques devenaient plus difficiles à conduire à mesure que s'élargissait l'horizon, les affaires
privées étaient de moins en moins simples à mesure
que s'accroissait la richesse, que se créaient des intérêts nouveaux ; les lois se modifiaient, le nombre ne
cessait de s'en augmenter. Depuis qu'Athènes a plus
de dépendances extérieures, plus de colonies et de
comptoirs, une marine plus florissante, un commerce
plus actif, plus de citoyens se trouvent habituellement
retenus par leurs occupations et le soin de leur fortune loin de l'Agora. Il n'y a jamais eu à Athènes
autant de différence qu'il y en avait à Rome et qu'il
y en a chez nous entre les gens instruits et aisés d'une
part, et de l'autre, le matelot, l'artisan, le laboureur ;
cette différence était pourtant déjà bien plus marquée
du temps de Lysias que du temps de Solon ou d'Aristide. Ces fêtes de l'esprit qu'offraient à la cité les chefs-
d'œuvre de la plastique, les représentations théâtrales,
les débats politiques et judiciaires, le petit peuple en
jouissait et en profitait dans une certaine mesure. Il
n'était point resté insensible à toutes ces nobles émotions ; mais ses progrès ne pouvaient pas se comparer
à ceux des riches bourgeois, et ce qui avait encore
rompu l'équilibre et altéré la proportion, c'était la
grande quantité d'Athéniens qui vers cette époque
vivaient d'ordinaire hors d'Athènes, en Eubée, à
Lemnos, à Imbros, à Samos et dans d'autres posses-
sions lointaines. Après Périclès, on avait vu naître

cette prose savante que les sophistes et Thucydide
avaient écrite les premiers, dont s'étaient bientôt servis
à la tribune Antiphon, Andocide, Critias, Théramène,
Lysias et tant d'autres de leurs contemporains. Cette
langue nouvelle avec ses termes abstraits, ses nuances
délicates, avec la symétrie et la cadence de ses phrases,
on ne pouvait la parler sans en avoir surpris les secrets
à l'école d'un maître. Ces jeux de la pensée, cette
musique d'une prose soumise à des lois presque aussi
sévères que celles de la poésie, étaient devenus pour
le peuple une jouissance dont il était avide ; ceux qui
ne pouvaient la lui fournir perdaient par là presque
toute chance de se faire écouter. Comment engager
ensuite, désarmés et comme vaincus d'avance, une
lutte de parole avec ces privilégiés qui avaient fait
de l'art de parler l'étude principale de leur vie ?

À l'assemblée, au sénat, ceux qui ne se sentent
point éloquents en sont quittes pour écouter et se taire.
C'est ainsi que, malgré l'appel adressé à l'ouverture
de la séance, par la voix du héraut, à tous les Athéniens, il n'y a jamais qu'un petit nombre de personnes,
toujours les mêmes, qui prennent part aux discussions.
Ces personnes sur qui porte d'ordinaire tout le poids
du débat, ce sont *les orateurs* (οἱ ῥήτορες). Il en est
ainsi dans nos chambres, où la plupart des députés
n'abordent jamais la tribune.

Devant le jury, on n'avait point, comme au Pnyx,
la ressource de l'abstention et du silence. Tout Athénien pouvait avoir soit à défendre sa fortune, son hon-

neur et sa vie contre l'agression d'un ennemi, soit à prendre l'offensive pour résister à d'injustes prétentions. Les Grecs ont toujours été prompts à la dispute. Depuis qu'Athènes est devenue une cité policée, dotée par Solon et ses successeurs d'une législation admirée et respectée, on a perdu l'habitude de s'y faire justice à soi-même; mais en revanche les procès y sont fréquents. Comme juges ou comme plaideurs, les Athéniens y trouvent une distraction et des émotions qui leur sont chères; c'est Aristophane qui a suggéré à Racine son Perrin Dandin, et *les Guêpes* sont une immortelle satire de ces goûts processifs des Athéniens. Il n'est donc personne, si humble de situation et de fortune ou si doux de caractère qu'il puisse être, qui se sente assuré de ne jamais aller devant le tribunal. Il eût été difficile, j'imagine, de rencontrer alors dans Athènes un citoyen n'ayant pas, au moins une fois dans sa vie, lancé ou reçu une assignation, comparu comme demandeur ou comme défendeur. Comment donc s'en tirer, si l'on avait en face de soi un adversaire qui maniait bien la parole? Les juges étaient gâtés par les orateurs de profession qui paraissaient souvent à leur barre; comment s'en faire écouter, si on n'était point capable de leur parler le langage auquel ils étaient accoutumés? Ce fut alors que, comme il arrive souvent en pareil cas, la force des choses suggéra un expédient qui diminua le mal, qui écarta tout au moins l'imminence du danger. Cet expédient est trop original, il est resté trop particulier à

Athènes, pour ne pas mériter toute notre attention. Ni à Rome, ni dans le monde moderne, on ne trouve rien de pareil.

On n'eut l'idée ni d'appeler des avocats officieux, comme ces *patroni* que Rome a connus presque dès son origine, ni d'instituer une corporation de légistes chargés, comme les membres de notre barreau, de représenter le plaideur. De l'une ou de l'autre manière, c'eût toujours été permettre au citoyen une abdication partielle. Le législateur et l'opinion se seraient refusés alors à faire cette dangereuse concession, à consacrer de leur approbation formelle ou tacite le principe de cette décadence. L'idée que le citoyen devait par lui-même suffire à tous les devoirs de la vie civile était encore au fond de tous les esprits ; mais en fait, depuis qu'il y avait un art de la parole qui n'était point à la portée de tous, la plupart des Athéniens se croyaient presque à la discrétion de quelques privilégiés, seuls instruits à manier ces armes nouvelles et puissantes. Que firent-ils donc ? Ils s'adressèrent à ceux-là mêmes par qui ils se sentaient menacés ; ils sollicitèrent leur aide et leur concours, ils l'obtinrent aisément. L'accord qui s'établit devait être avantageux pour les deux parties. En se mettant à la disposition de tous ceux qui avaient à parler et qui se méfiaient de leurs forces, les élèves des rhéteurs augmenteraient le profit à tirer d'une science qui leur avait souvent coûté cher. Antiphon fut le premier à comprendre tout ce que pouvait rapporter ce métier ; le premier, il composa des plaidoyers pour autrui. Son exemple eut aussitôt de nombreux imitateurs. Hors Eschine et peut-être Lycurgue, il n'est pas un des orateurs célèbres d'Athènes qui n'ait ainsi travaillé pour le client. Les hommes d'État, comme un Démosthène ou un Hypéride, ne cherchaient là qu'une occupation accessoire, qu'un moyen de gagner l'argent nécessaire pour supporter les charges de leur situation ou pour subvenir à leurs goûts de luxe. D'autres, comme par exemple Isée, n'ont été que des *logographes;* on pourrait les comparer à ces rares avocats qui, de notre temps, se contentent de plaider le plus possible d'affaires et ne visent pas à la députation.

Avant de multiplier ces rapprochements qui s'offrent d'eux-mêmes à l'esprit, il convient d'insister sur une différence qui est capitale. Chez les Athéniens comme chez nous, le client va trouver un homme qui a étudié l'art de la parole, qui connaît les lois du pays et le tempérament des juges; il lui expose son affaire et lui fournit toutes les pièces à l'appui. Le logographe étudie la cause, classe son dossier et rédige le plaidoyer; mais, et c'est par là qu'il se distingue du patron romain comme de l'avocat moderne, au lieu d'écarter du geste son client et de se lever à sa place devant le tribunal, il reste en quelque sorte caché derrière lui; son rôle est terminé quand il lui a remis, écrit sur un rouleau de papyrus, l'accusation ou la défense à prononcer. C'est au plaideur à l'apprendre par cœur, à la graver dans sa mémoire et à la débiter de son mieux le jour du débat judiciaire. Dans ces conditions, tout citoyen appelé à comparaître en justice a encore à payer de sa personne. Sans doute c'est le logographe qui a disposé les pièces, réuni les textes de loi, composé même tout le discours; mais, tandis que devant nos tribunaux le plaideur en matière criminelle est tenu seulement de répondre aux questions du président et qu'en matière civile il ne se montre point à la barre, à Athènes, il lui faut toujours porter lui-même la parole. Il est tenu de savoir se présenter devant les juges, d'avoir une voix qui porte, un geste et un accent convenables; il doit, le cas échéant, savoir braver une interruption ou improviser une courte réplique. Le concours de l'avocat rendait moins lourde pour l'Athénien cette tâche de la parole publique; mais elle ne l'en dispensait pas. Eût-il en poche le plus beau discours de Lysias ou de Démosthène, il fallait encore qu'il ne tremblât pas devant un auditoire, qu'il restât maître de ses idées et de sa langue. Tout en faisant leur part aux besoins nouveaux, cette combinaison avait le mérite de réserver le principe. Le citoyen restait toujours obligé, dans une certaine mesure, de suffire par lui-même à toutes les exigences de la vie publique : il ne pouvait pas plus se décharger sur un avocat du soin de sa défense que sur un mercenaire du devoir de combattre l'ennemi.

# IV.

Il nous reste à indiquer, d'après Lysias, quelle
influence ces conditions spéciales exercèrent sur l'éloquence judiciaire à Athènes. Il doit, on peut en être
sûr à l'avance, y avoir des différences très-marquées
entre le ton des plaidoyers attiques et celui de plaidoyers romains ou français. Autant l'avocat moderne
peut parfois couvrir son client de sa personne et augmenter ainsi les chances de succès, autant l'avocat
athénien est tenu de se dérober et de se faire oublier.
C'est que son intervention n'est que tolérée par les
juges. Si on l'avait pu, comme on l'aurait empêché de
se glisser derrière le plaideur, de lui souffler les paroles
qu'il répétera au tribunal! Mais par quels moyens
atteindre cette fraude et la rendre impossible? Quand
on entendait un homme ordinaire prononcer un plaidoyer remarquable, la plupart des juges devinaient
bien vite que ce discours n'appartenait à celui qui le
débitait que pour avoir été acquis à beaux deniers
comptants; les amateurs savaient même dire quel
logographe renommé en était le véritable auteur.
« C'est du Lysias », murmurait-on à l'oreille du voisin. « Non, répondait l'autre, je pencherais plutôt
pour Isée. Remarquez cet exorde, voyez comment est

traité ce lieu commun, comment cette loi est expliquée. » En tout cas, on reconnaissait là le style d'un homme du métier ; personne cependant n'était censé en rien savoir, parce que personne n'aurait pu le prouver. Les juges avaient encore deux autres raisons de fermer les yeux. Beaucoup d'entre eux avaient eu déjà à consulter un avocat ; d'autres se disaient qu'ils y viendraient tôt ou tard. Enfin les juges y trouvaient aussi leur compte ; ils y gagnaient un plaisir dont tout le monde à Athènes était plus ou moins friand, l'occasion d'entendre souvent les maîtres mêmes de l'éloquence leur parler par la bouche des plaideurs.

Pour que les juges, moitié de force, moitié de gré, respectassent ainsi une fiction dont il n'étaient pas dupes, il fallait que les logographes les y aidassent de leur mieux. Plus ils étaient habiles, plus ils s'appliquaient à ne le paraître pas. Leur idéal, c'était un discours qui eût tout l'air d'être l'œuvre naïve de ce que les Grecs appelaient un *simple particulier* (ἰδιώτης) ; ils entendaient par là un homme étranger à l'art, sans habitude des assemblées et des tribunaux, un bon bourgeois qui ne se décide qu'à grand'peine, contraint par la malice de ses ennemis, à défendre son droit. Après avoir par un exorde honnête et modeste bien disposé les esprits en sa faveur, il raconte d'un ton uni et familier les faits tels qu'ils se sont passés, avec l'apparente candeur d'un homme qui ne saurait même pas comment s'y prendre pour y rien ajouter et pour les présenter sous des couleurs mensongères. Ce discours doit paraître improvisé ; il faut que l'on y sente s'épancher, comme elle le ferait sans apprêt ni effort dans une conversation entre amis, l'âme d'un honnête homme ; il faut que son caractère et ses habitudes d'esprit semblent s'y révéler à son insu dans un récit sincère où rien n'est voulu ni calculé ; il faut que l'on y entende parler l'homme même tel que l'ont fait la nature, la vie, l'âge, la condition sociale.

Lysias excelle à produire cette illusion ; il était célèbre chez les anciens pour son *éthopœia*, c'est-à-dire pour l'art consommé avec lequel il donnait à chacun de ceux pour lesquels il écrivait l'accent et le ton qui lui convenaient. Il y mettait le même soin qu'un poëte dramatique ou un romancier à la création de ses personnages. Il y a mieux, chaque plaideur s'exprime chez lui d'une manière plus individuelle, plus vraie qu'il ne l'aurait fait, s'il eût tiré son discours de son propre fonds. L'homme du commun, obligé de paraître en public, n'aurait pas su ou pas osé parler de l'abondance de son cœur ; il aurait craint d'être trop simple et de paraître naïf, il aurait forcé sa voix er cherchant l'éloquence, il aurait pris un langage et une attitude de commande, et se serait cru obligé, pour employer un mot familier qui rend seul notre pensée, de « poser » devant ses juges. On devine tout ce qu'y auraient perdu la vérité et la vie. Pénétrant observateur, Lysias, après avoir causé avec son client et avoir obtenu de lui, dans le silence du cabinet, un récit sincère, le connaissait mieux qu'il ne se connaissait lui-même ; il entrait dans ses sentiments, dans ses idées, dans ses mœurs. Quand il était devenu pour un moment, par cet effort d'esprit, comme une vivante copie de son client, comme une seconde épreuve tirée par la nature du même moule, il avait sur lui cet avantage, qu'il savait mieux traduire ce qu'il avait dans l'âme. Ce personnage, souvent fort insignifiant ou tout au moins regardé comme tel jusqu'alors, prenait ainsi, dans le discours que lui prêtait l'orateur, une physionomie expressive et originale que ses amis même n'étaient point accoutumés à lui voir. C'était bien lui, c'était bien sa figure, sa tournure et son langage ; mais tout cela avait pris quelque chose de plus vif, de plus marqué et de plus tranché, qui laissait une empreinte plus nette dans la mémoire.

L'art, on ne saurait le nier, est plus vrai que la nature. Dans chacun de nous, la faculté maîtresse, comme on dit aujourd'hui, ne se révèle que de temps en temps et parfois à de longs intervalles. Il en est de même des traits du visage ; ils ont par instants chez telle personne un caractère très-singulier, qui manifeste clairement les qualités ou les défauts de son âme ; puis cette expression s'éteint tout d'un coup, et fait place à un sourire banal, à un masque de convention : elle ne reparaîtra que plus tard, dans un autre moment d'énergie et d'abandon. Ce fond indestructible de notre être se dérobe, dans le train ordinaire de la vie, sous mille accidents qui nous modifient à la surface ; il se cache sous les apparences de l'éducation et de l'habitude qui, dans une société polie, tendent à effacer les différences que la naissance a mises entre les hommes ; mais cet élément individuel et durable qui échappe souvent aux regards distraits de la foule, le grand artiste, historien, poëte ou peintre, le devine tout d'abord de son œil perçant ; il le dégage de ce qui l'obscurcit, et il l'accuse, il le fixe dans l'image qu'il trace, il y fait prévaloir ce qui est permanent sur ce qui est variable et transitoire. Il insiste sur ce qui finit toujours par reparaître, et qui nous distingue ainsi des autres hommes ; il néglige ce qui nous est commun avec nos semblables. On peut dire en ce sens que tel portrait de maître est plus vrai que son modèle : c'est qu'il lui donne une expression que l'on ne trouvait pas toujours dans l'original, qui ne brillait dans ses yeux que par moments, quand la passion, l'intelligence ou la bonté venaient éclairer un visage qui d'ordinaire semblait vulgaire, morne et disgracieux.

Ce talent de saisir les traits caractéristiques de la nature humaine et de se transformer en autant de personnages que l'on a de clients était nécessaire au logographe ; l'avocat moderne, qui parle toujours en son propre nom, n'a pas besoin de le posséder au même degré. A cette qualité s'en rattache une autre que l'on admirait aussi chez Lysias : c'est ce que les critiques anciens appellent l'*énargéia* ou le don de faire voir les objets, de les mettre sous les yeux de l'auditeur, de telle sorte qu'il croie assister à la scène, à l'acte qu'on lui raconte. Le plaideur était censé rapporter ce qui lui était arrivé à lui-même ;

on voulait trouver dans son récit la vive impression de ce
qu'il avanséitpe ou senti dans tel moment, la précision
d'un témoin oculaire, l'émotion de l'homme qui rapporte
des événements auxquels il a été mêlé et où ses plus
chers intérêts étaient en jeu. Pour montrer ainsi aux
autres les choses et les personnes, il faut commencer
par se les représenter à soi-même, par s'en donner la
sensation nette et forte, par créer ainsi dans son esprit
une sorte d'hallucination volontaire. S'il ne remplit pas
cette condition, le logographe n'atteindra pas son but,
il ne se confondra pas avec son client au point que les
juges ne puissent les distinguer; il ne semblera point
parler dans sa propre cause.

Pour ce qui est de la composition dans ces plaidoyers, il y fallait d'abord éviter toute complication
qui aurait nui à la clarté. Les plaidoyers athéniens
sont courts, surtout au temps de Lysias, et cela pour
plusieurs raisons. C'est en premier lieu que les tribunaux athéniens, très-occupés alors, mesuraient le temps
aux plaideurs, au moins pour toutes les causes d'importance secondaire; placée devant le greffier, la clep-
sydre, le moment venu, leur coupait impitoyablement
la parole. C'est aussi que l'on ne pouvait attendre d'un
simple bourgeois, tant qu'il fut obligé de se suffire à
lui-même devant les juges, qu'il entrât dans d'aussi
longs développements juridiques que chez nous l'avocat, dont la vie tout' entière est consacrée à l'étude
des lois. Accoutumé à manier les idées générales et à
commenter les textes de la loi, le logographe athénien

aurait pu se donner plus libre carrière; mais il fallait tout à la fois qu'il sauvât les apparences et qu'il ménageât la mémoire de son client. Les discours de Lysias sont donc d'une brièveté qui étonnerait nos avocats, dont plusieurs sont fiers de remplir toute une audience, de parler une demi-journée sans s'arrêter; nous n'avons point dans notre recueil de plaidoyers qui aient dû prendre au tribunal plus d'une heure, et la plupart ont à peine duré la moitié de ce temps. Les juges étaient sans doute reconnaissants envers les plaideurs qui savaient épargner leurs moments. Il me paraît vraisemblable que souvent Lysias n'a point voulu remplir tout l'espace dont il disposait. Dans un cadre aussi restreint, il n'y avait point lieu à des divisions très-marquées; elles eussent donné à chaque partie du discours, prise séparément, quelque chose d'étranglé et de mesquin; l'effet général aurait souffert de ce morcellement. L'orateur a un plan, mais il a soin de ne pas l'indiquer lui-même, comme il y a parfois profit à le faire dans des ouvrages plus étendus, qui risquent de lasser l'attention de l'auditeur. Il sait trop bien son métier pour n'avoir pas à l'avance distribué ses moyens et groupé ses idées; toutefois il n'en avertit pas ses auditeurs. L'ordre est plutôt intérieur qu'extérieur, réel qu'apparent; on arrive au bout du discours sans avoir remarqué les chemins par lesquels on a été conduit. C'est là encore une précaution et un artifice qui s'expliquent par les conditions mêmes de la tâche imposée au logographe. Les juges croyaient ainsi écouter moins

un plaidoyer, œuvre méditée d'une habileté professionnelle dont il eût fallu se méfier, que la conversation
d'un honnête homme qui donne de bonnes raisons,
parce qu'il a l'esprit net et le droit pour lui ; ne
trouvant pas d'obscurité dans les idées qu'on leur
exposait, ils se laissaient aller à penser qu'il n'y en
avait point dans les choses, et que toute la mauvaise
foi, tous les torts étaient du côté de l'adversaire.

Quant au style de ces discours, le caractère en est
aussi déterminé par le besoin de produire cette même
illusion. Celui qui est censé parler, c'est un homme du
commun qui le plus souvent dans l'exorde se défend
d'avoir jamais étudié la rhétorique ou appris à tromper
les juges en poursuivant devant eux de ses dénonciations les citoyens paisibles. Sa diction doit donc se
rapprocher autant que possible des allures d'un récit
comme celui qu'un homme, pourvu qu'il ait du sens
et du cœur, peut faire, tout ému par le danger et la
conscience de son droit, devant des concitoyens, ses
égaux et ses juges, dont il attend protection et justice.
Un Crassus, un Cicéron n'avaient à Rome aucune raison
de s'interdire les figures les plus hardies et les plus
variées ; ils pouvaient étaler dans leur plaidoyer toutes
les pompes ou y répandre toutes les grâces d'une
langue riche, colorée et savante : tant mieux pour
eux s'ils faisaient admirer leur talent en même temps
qu'ils défendaient les intérêts de leur client. Le goût
seul était la mesure de ce qu'ils pouvaient oser comme
écrivains. A Athènes, pour un *Lysias* ou un *Isée*, la

première qualité du style oratoire, c'était d'être simple.
Cette simplicité est bien loin d'ailleurs de la trivialité
et de la grossièreté; elle a au contraire, dans le choix
des mots, la justesse des termes, la merveilleuse trans-
parence de la langue et la finesse du tour, je ne sais
quoi d'aimable et d'ingénu qui a toujours charmé les
délicats. Ce serait la perfection de la nature, si la nature
à elle seule pouvait jamais atteindre à cette élégante
pureté; c'est le dernier effort d'un art d'autant plus
exquis qu'il réussit à se faire oublier.

Dans les premiers temps, l'éloquence athénienne
répugnait singulièrement à l'emploi du pathétique; elle
ne s'y accoutumera que par degrés, à mesure que le
goût changera, et pour en trouver des exemples qui
puissent être comparés à ceux que nous offre l'éloquence
romaine, il nous faudra descendre jusqu'à la dernière génération des grands orateurs attiques, jusqu'à Lycurgue,
Hypéride, Eschine et Démosthène. Au commencement
du IVe siècle, de grands mouvements d'indignation et
de colère, d'impétueux élans de douleur ou de haine
eussent surpris et choqué dans la bouche des particuliers qui venaient demander justice aux tribunaux; on
y aurait soupçonné l'inspiration d'un rhéteur habile à
remuer et à troubler l'âme humaine pour lui faire perdre
de vue la vérité et la justice. Il faudrait pourtant se
garder de croire que la passion manque à cette éloquence; seulement, au lieu d'y éclater à grand bruit,
comme elle fait dans Cicéron, elle y reste toujours dis-
crète et contenue. Dans certaines péroraisons de Lysias,

la passion, longtemps comprimée, fait enfin explosion;
mais c'est l'exception. D'ordinaire elle ne se révèle que
par le mouvement de la démonstration, qui s'accélère, —
par l'accent, qui devient plus bref, plus âpre, plus mor-
dant, — par quelque brusque apostrophe ou quelque
importune question qui va frapper l'adversaire au défaut
de la cuirasse. L'orateur attique ressemble à ces hommes
qui ont à la fois une âme ardente et un masque presque
impassible : quand ils sont le plus irrités, ils n'ont ni
un geste, ni un mot violent ; mais leur teint pâlit, leurs
dents se serrent et leur voix prend un timbre sec et
dur où s'accuse une colère d'autant plus menaçante
qu'elle est refoulée au dedans par la volonté.

Cette étude des conditions spéciales imposées au
ogographe par les lois et les mœurs athéniennes nous
a montré quels dons variés il devait posséder pour être
à la hauteur de sa tâche. Il lui faut une expérience,
une connaissance des hommes qui l'éclaire tout d'abord
sur le caractère, l'esprit et les habitudes du plaideur
dont il va prendre le personnage ; il lui faut une vive
imagination qui le mette pour un temps à la place de
son client, qui le fasse entrer dans ses sentiments et ses
idées, qui lui représente, comme s'il les avait vus lui-
même, tous les événements qu'il est appelé à raconter. Ce n'est pas tout : il est nécessaire que la main
d'un homme du métier ne se trahisse nulle part dans
le discours, ni par un ordre trop artificiel et trop roide,
ni par un style orné et qui sente l'écrivain, ni par un
pathétique qui semblerait une attaque à la conscience

des juges. Le rôle de l'avocat athénien était donc autrement difficile à soutenir que celui de l'avocat romain ou français ; il y fallait une autre souplesse de talent et les recherches d'un art bien plus délicat et plus raffiné.

Ces rares qualités qui ne devaient pas souvent se trouver réunies chez un même orateur, Lysias les possède au suprême degré. Pour s'en convaincre, il suffirait de lire le discours par lequel s'ouvre notre recueil, et qui a pour titre : *Défense à propos du meurtre d'Ératosthène*. C'est le plaidoyer d'un mari qui a surpris dans sa propre maison sa femme en flagrant délit d'adultère ; il a puni de mort le séducteur. Accusé de meurtre par les parents de la victime, il soutient que la justice et les lois l'autorisaient à agir comme il l'a fait. Dans ce genre tout particulier que nous avons essayé de définir, ce discours est un petit chef-d'œuvre. Il débute par un exorde simple et ferme où l'on sent chez le défendeur une telle conviction de son droit qu'il paraît impossible que les juges n'arrivent pas à la partager. Vient ensuite un récit qui est un modèle de vivacité et de vraisemblance. L'orateur y a groupé avec une singulière adresse beaucoup de menus détails dont chacun a sa signification et son importance ; ils ont un caractère si intime, si familier, que l'on ne songe pas un instant à le soupçonner d'avoir rien inventé ni même rien arrangé. Cela vaut, dans un tout autre ton, la célèbre narration de la *Milonienne*. Il reste à prouver que la loi, en cas de flagrant délit, permettait ce meurtre ; quelques mots, quelques citations de textes y suffisent. On accusait

Euphilétos d'avoir tendu un guet-apens à Ératosthène, il fait attester par plusieurs témoins qu'il n'y a rien eu de pareil, que, brusquement prévenu au milieu de la nuit par sa servante de la présence d'Ératosthène dans sa maison, il a couru en toute hâte chercher des amis qui l'aidassent à surprendre et à châtier l'adultère. La péroraison est courte; mais elle a de la force et de l'élévation. Ce n'est pas seulement sa propre vengeance qu'a poursuivie le mari offensé; en frappant ce séducteur, il a voulu défendre l'honneur de tous les époux, la sainteté de tous les foyers domestiques : c'est un devoir qu'il a rempli, et, loin de le punir, la cité doit s'en montrer reconnaissante. Nous aimerions à faire lire ce discours tout entier, mais nous devons nous résoudre à n'en citer que la narration. On verra par cet échantillon que les tribunaux d'Athènes avaient aussi leurs causes « grasses, » et que les avocats savaient y grouper ces piquants détails, y tracer ces tableaux de la vie intime qui font sourire les juges et l'auditoire. Laissons la parole au meurtrier d'Ératosthène :

« Juges, dit-il, lorsque je me fus décidé à me marier et que j'eus mis une épouse dans ma maison, je m'arrangeai pendant les premiers temps pour ne pas ennuyer ma femme, mais pour ne pas la laisser non plus trop maîtresse de faire ce qu'elle voudrait. Je la surveillais de mon mieux, et, comme il était naturel, j'avais l'œil sur ses démarches; mais, quand il me fut né un enfant, je commençai, pensant qu'il y avait là le plus sacré de tous les liens, à lui témoigner une entière confiance, je lui remis même toutes mes affaires entre les mains. C'était d'abord la meilleure des femmes, une merveilleuse ménagère, obstinée à l'épargne, et qui gouvernait avec grand soin toute la maison. Par malheur, ma mère mourut, et sa mort fut cause de toutes mes infortunes. Ma femme suivit le convoi; cet homme l'y aperçut, et avec le temps il la séduisit; il avait guetté la servante qui allait au marché, il l'avait chargée de porter ses paroles, et c'est ainsi qu'il perdit la maîtresse. Il me faut ici vous dire, ô juges, — car je suis obligé d'entrer dans ces explications, — que ma petite maison a deux étages. Le premier répond au rez-de-chaussée; l'un est l'appartement des femmes, l'autre celui des hommes. Après la naissance de notre enfant, la mère l'allaitait. Pour que, toutes les fois qu'il fallait le laver, elle ne risquât pas de tomber en descendant l'escalier dans l'obscurité, je vivais alors en haut et les femmes en bas. L'habitude était si bien prise que souvent ma femme s'en allait dormir en bas auprès de l'enfant pour lui donner le sein et l'empêcher de crier. Cela fut ainsi pendant longtemps sans que j'eusse jamais le plus léger soupçon; j'étais si naïf que je croyais avoir épousé la plus sage de toutes les Athéniennes. Un peu plus tard, je revins un soir à l'improviste de la campagne; après le souper, l'enfant pleurait et faisait le méchant, c'était la servante qui l'agaçait tout exprès pour le faire crier. L'homme était en bas; je le sus par la suite. Pour moi, j'engageais ma femme à descendre et à donner le sein à l'enfant, afin qu'il cessât de geindre. Celle-ci tout d'abord s'y refusait, comme joyeuse de me revoir après mon absence; puis lorsque je me fâchai et que j'insistai pour qu'elle descendît, « tu veux, me dit-elle, rester ici seul avec la petite servante; l'autre jour déjà tu étais gris, et tu l'as prise par la taille. » Je me mis à rire; ma femme se lève, s'en va, tire la porte, comme par manière de jeu, la ferme et prend la clef. Ne me doutant de rien, ne soupçonnant rien, je m'endormis comme un bienheureux, fatigué que j'étais de ma course. Quand il fit jour, elle revint, et elle ouvrit la porte. Je lui demandai pourquoi la nuit les portes avaient battu; elle me répondit que la lampe qui brûlait auprès de l'enfant s'était éteinte, et qu'elle était allée la rallumer chez nos voisins. Je me tus et pris cela pour argent comptant. Il me sembla bien, ô juges, qu'elle avait le visage fardé, quoiqu'il n'y eût pas trente jours que son frère fût mort; mais je ne m'y arrêtai pas, et je sortis sans rien dire. Quelque temps encore se passa, et j'étais bien loin de me douter de mon

malheur, quand je me vis aborder par une vieille qui, comme je le
sus plus tard, m'était envoyée par une femme dont ce séducteur
avait été l'amant; celle-ci, irritée et voulant se venger de lui, parce
que maintenant il la négligeait, l'avait surveillé jusqu'à ce qu'elle
découvrît la cause de son abandon. La vieille donc, m'ayant attendu
auprès de notre maison, s'approche et me dit : « Euphilète, ne
crois point que ce soit par envie de me mêler des affaires d'autrui
que je suis venue te trouver ; c'est que l'homme qui vous outrage,
ta femme et toi, est aussi notre ennemi. Prends donc l'esclave qui
va faire vos provisions au marché et qui vous sert ; mets-la à la
torture, et tu apprendras tout. Celui qui agit ainsi c'est Ératosthène
du dème d'Œa ; ta femme n'est pas la seule qu'il ait séduite ; il en
a corrompu beaucoup d'autres ; il en fait métier. » Ayant ainsi
parlé, ô juges, elle s'éloigna. Quant à moi, j'étais là, bouleversé, et
tout me revenait à l'esprit, tout me remplissait de soupçon. Je me
rappelais comment j'avais été enfermé dans ma chambre, je me sou-
venais comment cette nuit-là, ce qui n'était jamais encore arrivé,
les deux portes, celle de la maison et celle de la cour, avaient battu ; je
songeais au fard que j'avais cru voir sur la figure de ma femme...
Je reviens donc à la maison, j'ordonne à la servante de m'accompa-
gner au marché, et je la fais entrer chez un de mes amis ; là je lui
annonce que j'avais appris tout ce qui se passait à la maison. « Tu
peux, lui dis-je, choisir de deux choses l'une : ou bien tu seras
battue de verges, mise au moulin pour le faire tourner, et tu pas-
seras tout le reste de ta vie dans les plus grands maux, ou, si tu veux
m'avouer toute la vérité, il ne te sera fait aucun mal, et je te par-
donnerai ta faute ; mais il ne faut pas mentir, ni me rien cacher
de la vérité. » Elle niait d'abord et me disait de faire ce que je
voudrais, qu'elle ne savait rien ; mais quand j'eus nommé Ératosthène et dit que c'était lui qui fréquentait ma femme, elle perdit
contenance en voyant que j'étais si bien informé. Alors elle se jette
à mes genoux, et, lorsque je lui eus juré qu'elle ne serait point
maltraitée, elle me raconte tout, comment cet homme, après l'enter-
rement, l'avait abordée, comment elle avait fini par se faire sa
messagère, et comment ma femme, avec le temps, avait cédé, comment ils avaient ménagé leurs rendez-vous, comment aux Thesmo-
phories, pendant que j'étais aux champs, elle avait été dans le temple

avec la mère de son amant, enfin elle m'expose tout dans le dernier détail. Lorsqu'elle eut tout dit : « que personne au monde, lui répliquai-je, ne sache que tu as parlé; si tu dis un mot, je ne tiendrai rien de ce que je t'ai promis. Je veux que tu me les fasses prendre sur le fait; ce ne sont pas des paroles qu'il me faut. Je veux, si la chose est ainsi, la voir de mes yeux. » Elle s'engage à m'en donner l'occasion.

« Après cela, trois ou quatre jours se passèrent, comme je vous en fournirai la preuve formelle. Je veux d'abord vous raconter ce qui se passa le dernier jour. J'étais intimement lié avec Sostratos. Je le rencontrai, après le coucher du soleil, qui revenait des champs, et, pensant que, si tard dans la soirée, il ne trouverait chez lui rien de prêt, je l'engageai à souper avec moi : il m'accompagna donc à la maison; nous montâmes dans la chambre d'en haut, et nous y prîmes notre repas. Quand il fut rassasié, il se leva et partit; pour moi je m'endormis. Alors, juges, arrive Ératosthène; la servante monte m'éveiller et me prévient qu'il est en bas. Je lui dis de veiller sur la porte; je descends sans bruit, je sors, et je vais chez celui-ci, chez celui-là, chez d'autres encore de mes voisins. Les uns étaient absents, d'autres se trouvaient au logis. J'en emmène le plus que je puis de ceux que j'avais trouvés; nous prenons des torches dans une boutique tout près de la maison, et nous revenons. La porte sur la rue était ouverte, grâce à la servante, qui se tenait auprès; nous poussons celle de la chambre. Ceux qui entrèrent les premiers et moi, nous voyons Ératosthène encore couché près de la femme; les derniers venus l'aperçoivent qui se dresse nu sur le lit. Pour moi, je me jette sur lui, je le frappe, je le renverse, je lui ramène et je lui lie les bras derrière le dos; puis je lui demande pourquoi il a ainsi pénétré dans ma maison pour l'outrager. Il avoue qu'il est coupable, mais il m'implore, il me conjure de ne pas le tuer, d'exiger seulement une somme d'argent. Je lui réponds: « Ce n'est pas moi qui te tuerai, mais la loi de la cité, que tu n'as pas craint de transgresser pour aller à tes plaisirs; tu as mieux aimé commettre envers ma femme et mes enfants une telle faute que d'obéir aux lois et de te conduire en honnête homme. » C'est ainsi, ô juges! qu'il subit le sort que les lois réservent à ceux qui agissent comme il l'avait fait; mais ce n'est point

18

après avoir été saisi et entraîné en pleine rue, ou, comme le disent mes adversaires, après s'être réfugié en suppliant au foyer. Comment l'aurait-il pu ? Il était dans ma chambre, je l'ai tout de suite frappé et renversé à terre, je lui ai lié les bras derrière le dos. La pièce était d'ailleurs toute pleine d'hommes auxquels il ne pouvait échapper, n'ayant arme de fer ni de bois, ni aucun autre moyen de se défendre contre tous ceux qui s'étaient précipités dans la maison. »

On assurait que deux fois seulement il était arrivé à des plaidoyers écrits par Lysias de ne pas obtenir le succès désiré. Quelque soin que notre orateur pût apporter, comme les avocats qui se respectent, à bien choisir ses causes, quelle que fût la supériorité de son talent, il paraît difficile qu'il n'y ait point là quelque exagération. En tout cas, ce ne fut point le procès d'Euphilétos qu'il perdit. A lire ce discours, nous nous sentons entraînés à prendre parti pour le mari outragé; il nous paraît impossible que les Athéniens n'aient pas senti de même. La vie humaine est plus respectée chez nous qu'à Athènes, et pourtant aujourd'hui encore, si les faits allégués étaient confirmés par le dire des témoins, le plaidoyer de Lysias arracherait certainement à un jury français un verdict d'acquittement.

Nous pourrions donner, dans le même genre, de curieux extraits de plusieurs autres discours, tels que ceux qui ont pour titre *Contre Pancléon* (XXIII) et *Contre Diogiton* (XXXII). Le premier nous montre quel était à Athènes le ton de ce que nous appellerions les affaires de police correctionnelle. Il s'agit d'un aventurier de bas étage, esclave en rupture de ban, auquel celui qui le poursuit veut sans doute faire

administrer par les serviteurs des Onze une bonne
volée de coups de bâton. Ce court plaidoyer est fort
amusant par son naturel et sa familiarité. L'auteur du
plaidoyer nous conduit, à la suite de l'intrigant qu'il
démasque, sous l'auvent du barbier dans la boutique
duquel se donnent rendez-vous les gens de Décélie, au
marché des fromages frais, le jour où s'y rencontrent les
Platéens, devant les tribunaux où Pancléon essaye de se
tirer d'embarras à force d'impudence et de mensonges.
Le discours *contre Diogiton,* écrit pour sauvegarder la
fortune de mineurs que cherche à dépouiller Diogiton, à
la fois leur oncle et leur grand-père, contient une admirable narration, d'une simplicité et d'un pathétique
achevés ; jamais on n'a tiré meilleur parti des affections
domestiques que dans le récit de la scène où la mère,
« quoiqu'elle n'eût pas l'habitude de parler devant les
hommes », prend, devant toute la famille rassemblée
sur sa demande, la défense de ses enfants que l'on
veut réduire à la misère : rien de plus touchant que
les prières et les reproches qu'elle adresse à l'aïeul
dénaturé. Forcé de nous borner, nous renoncerons,
non sans regret, à faire d'autres emprunts aux plaidoyers civils ; mais nous ne voulons pas quitter Lysias
sans faire ressortir une autre face de son talent,
sans offrir au moins un exemple de ce qu'il apporte,
dans les discours dirigés contre les Trente et leurs partisans, de passion et de haine implacable. Comme
échantillon, nous pourrions apporter la péroraison du
discours *contre Eratosthène,* mais elle a déjà été tra-

duite par M. Girard et par d'autres : c'est le morceau
que l'on cite le plus volontiers. Nous préférons prendre
une page moins connue dans un discours qui s'inspire
des mêmes ressentiments ; en y retrouvant le même
accent que dans le discours où il attaque le meurtrier de
son frère, on comprend encore mieux que, toutes les
fois qu'il est en présence d'un des survivants de cette
faction, c'est, même quand il parle par la bouche d'un
autre, une vengeance personnelle qu'il poursuit et
qu'il savoure d'avance.

C'est dans le discours *contre Agoratos,* un des plus
méprisables agents de l'oligarchie, qui s'est enhardi, lui
aussi, après quelque temps écoulé, à reparaître dans
Athènes. Sur la dénonciation de cet Agoratos, dans
les derniers jours du siége, on avait jeté en prison
quelques officiers résolus, les stratéges et les taxiarques
qui voulaient défendre Athènes juqu'à la dernière
extrémité ou obtenir tout au moins, par un suprême
effort, de meilleures conditions du vainqueur. Aussitôt
après que les Trente se furent emparés du pouvoir, ces
malheureux, dont tout le crime était d'appartenir
au parti démocratique, furent traduits, non pas comme
le voulait la loi athénienne, devant un jury désigné
par le sort et votant au scrutin secret, mais devant
le sénat des Cinq-Cents, qui n'avait point prêté le serment judiciaire. Cette première violation de toutes les
règles fut encore aggravée par la manière dont se
recueillirent les suffrages de ces juges improvisés.
Écoutons Lysias (XIII, 36-42) :

« On les conduit devant le sénat de l'année des Trente. Comment s'y rendaient les jugements, vous le savez tous. Les Trente étaient assis sur les bancs où siégent maintenant les prytanes. Devant les Trente étaient deux tables. Ce n'était point dans le secret de l'urne que les sénateurs avaient à laisser tomber leur vote, mais il leur fallait voter à bulletin découvert, en posant la fève de l'acquittement sur l'une des tables, celle de la condamnation sur l'autre. Comment, dans ces conditions, quelqu'un pouvait-il espérer échapper à la mort? En un mot, tous les accusés qui, sous les Trente, furent traduits devant le sénat, furent frappés d'une sentence capitale ; aucun ne fut acquitté, aucun, dis-je, à l'exception de cet Agoratos que voici; lui seul, on le lâcha, pour le payer du service rendu. Pour que vous sachiez à combien de citoyens il a donné la mort, je vous lirai leurs noms à tous. »

Il lit la liste des noms :

« Après donc, juges, que leur arrêt eut été prononcé ; quand il leur fallut mourir, ils font venir dans la prison l'un sa sœur, l'autre sa mère, l'autre sa femme, chacun enfin celle qui lui tenait de plus près, pour ne pas sortir de la vie sans avoir embrassé une dernière fois ces êtres chéris; quant à Dionysodore, celle qu'il demande auprès de lui, c'est ma sœur, qui était sa femme. Celle-ci se hâte de répondre à cet appel ; elle arrive, vêtue de deuil, comme il convenait quand son époux allait périr. En présence de ma sœur, Dionysodore arrangea, comme il lui sembla bon, ses affaires privées; puis, à propos de cet Agoratos, il déclara que c'était lui qui causait sa mort, et il nous recommanda, à moi, à son frère Dionysios que voici et à tous ses amis, de le venger d'Agoratos. A sa femme aussi, qu'il croyait laisser enceinte, il recommandait que, s'il lui naissait un fils, elle lui dît, quand il pourrait la comprendre, que c'était Agoratos qui avait tué son père et qu'il devait punir l'assassin. Pour prouver que je dis vrai, je vous ferai entendre ceux qui ont été témoins de cette scène. »

Sans viser à l'effet, la péroraison, simple et ferme comme tout ce récit, est accablante : les juges athé-

niens, ramenés, par la voix de l'orateur, à cette
cruelle année où les meilleurs avaient péri, où ceux
qui survivaient n'avaient échappé à la mort que par
l'exil, ont dû, cette fois encore, se montrer impi-
toyables : je ne doute point que, comme Ératosthène,
Ergoclès n'ait bu la ciguë.

## V.

C'est surtout comme auteur de nombreux plaidoyers civils et criminels que l'antiquité admirait
Lysias; ce fut là en effet le plus ordinaire emploi et
la forme la plus brillante de son talent. On trouvait
pourtant dans ses œuvres quelques exemples des
deux autres genres que reconnaît la rhétorique, de la
harangue politique et du discours d'apparat. Sa situation de métèque lui interdisait la tribune; mais on
savait son sincère attachement aux institutions démocratiques, pour lesquelles il avait souffert et lutté ; les
hommes d'État qui les rétablirent à Athènes après
l'expulsion des Trente trouvèrent donc naturel de réclamer le secours de son éloquence pour les défendre par
la parole dans les assemblées. Nous avons un curieux
fragment d'un discours qui porte ce titre : *Qu'il ne
faut pas abolir à Athènes l'ancienne constitution*. Il
s'agissait de combattre une proposition présentée par

un certain Phormisios, dont nous ne savons rien d'ailleurs. Celui-ci, en voulant réserver le suffrage aux propriétaires du sol, se trouvait dépouiller ainsi de leurs droits civiques environ 5,000 Athéniens; c'était, à peu de chose près, revenir au plan qu'avaient exposé en 411 Antiphon et ses amis. Or on avait vu le parti aristocratique à l'œuvre sous les Quatre-Cents et sous les Trente; on savait comment il entendait ce qu'il appelait « le gouvernement des bons », comment il respectait la justice et la liberté; il était urgent de s'opposer à toute mesure qui lui permettrait de chercher à ressaisir le pouvoir. Pour qui Lysias écrivit-il ce discours ? Fut-ce pour son ami et protecteur Thrasybule ou pour quelque autre de ceux qui, revenus avec lui de l'exil, travaillaient alors à rétablir l'ordre et à panser les blessures de la république? Nous l'ignorons. Le principal intérêt de ce fragment, c'est qu'il nous fait connaître des manœuvres et des projets dont l'histoire proprement dite ne nous avait pas gardé la trace; mais il nous sert en même temps à prouver que Lysias eut aussi par cette voie indirecte sa part d'influence sur la conduite des affaires publiques, et qu'il contribua par ses exemples aux progrès de l'éloquence politique.

Enfin Lysias, alors même qu'il eut renoncé à ces bagatelles laborieuses où s'était divertie sa jeunesse et où il avait manqué perdre tant d'heureux dons, en revint encore parfois, dans la pleine maturité de son talent, à ce genre qui lui avait été jadis si cher et que nous avons rapproché du discours académique des modernes ; mais il y apporta un tout autre esprit qu'autrefois. Instruit par les épreuves qu'il avait subies, habitué par les luttes judiciaires à poursuivre, chaque fois qu'il prenait la parole, un but défini, un résultat utile, il s'efforça de mettre, même dans ces œuvres d'apparat, des sentiments élevés et des idées pratiques. C'est ce que nous prouve le *discours olympique* prononcé en 384 au milieu du concours de peuple attiré par les jeux sur les bords de l'Alphée, une année où Denys, le tyran de Syracuse, avait essayé d'éblouir la Grèce par la magnificence de l'ambassade qu'il avait envoyée à Olympie et des sacrifices qu'elle y avait offerts en son nom[1]. Nous n'avons malheureusement que l'exorde de cette harangue, dans laquelle Lysias engageait vivement les Grecs à protester, par une publique manifestation de leurs sentiments, contre l'insolente effronterie du prince qui ose ainsi braver l'opinion après avoir détruit la liberté de son pays et envoyé les meilleurs citoyens en exil. Cet exorde est un beau morceau, d'un caractère grave et patriotique; il fait regretter le reste de l'ouvrage. L'orateur débute, il est vrai, par l'éloge d'Hercule, fondateur des jeux Olympiques. C'est que, dans de tels sujets, il y avait toujours une partie de convention consacrée aux antiques légendes, thèmes traditionnels que l'on ne

---

1. Nous suivons ici Grote (*History of Greece*, ch. LXXVII), qui prouve par de très-bonnes raisons que Diodore a dû se tromper de quatre ans quand il a placé en 388 cette scène et ce discours.

pouvait guère se dispenser de reprendre, tant ils étaient chers à l'imagination grecque; mais quand on n'était point un simple rhéteur, quand on avait, comme Lysias, des convictions et des idées, ces vieilles fables ne servaient que d'entrée en matière : on savait, comme autrefois Pindare dans ses odes triomphales, se frayer une voie vers quelque chose de plus sérieux. C'est ce qui arrive ici. Après quelques phrases accordées à l'éloge d'Hercule, l'orateur entre dans son sujet. Il exhorte tous les Grecs encore libres à regarder autour d'eux et à s'unir dans un commun effort contre les dangers dont les menacent d'une part le roi de Perse, de l'autre Denys, le tyran de Sicile. Il leur montre la barbarie et le despotisme qui, de l'Orient à l'Occident, semblent se tendre la main afin de se concerter et d'étouffer dans leur étreinte ce qui reste de cités indépendantes et de liberté républicaine. Il se trompait, sinon sur le danger, au moins sur le côté d'où il devait venir. Artaxercès et Ochus étaient bien moins redoutables que ce Darius et ce Xerxès dont la Grèce, cent ans auparavant, était venue à bout en trois ou quatre batailles ; affaiblis par les intrigues et la vie du harem, ils avaient bien assez à faire de soumettre leurs satrapes indociles et leurs provinces révoltées. Quant à Denys, malgré son perfide et cruel génie, il était trop loin de Sparte et d'Athènes pour songer à les asservir. C'était vers le nord qu'auraient dû tourner les yeux Lysias et d'autres esprits prévoyants qui sentaient vaguement peser sur l'avenir de la Grèce, épuisée par ses longues

divisions, ce péril de l'invasion et de la conquête
étrangère. Là s'agitaient, sur les frontières mêmes de la
Grèce, autour de l'OEta, de l'Olympe et du Pinde, des
populations belliqueuses, assez pauvres, assez peu civi-
lisées pour avoir conservé toute leur séve et leur virilité,
assez liées avec la Grèce par des rapports d'origine et
par de longues relations pour pouvoir un jour lui emprunter et tourner contre elle toute une partie de ses
arts, sa diplomatie, ses armes et sa tactique. Déjà en
Thessalie Jason, prince actif et ambitieux, s'essayait à
ce rôle de fondateur d'une grande monarchie militaire.
Quand il tomba, avant d'avoir rien achevé, sous le
poignard d'un assassin, la Macédoine avait donné naissance à ce Philippe qui devait tuer la liberté grecque.

Lorsque, à la veille de ce désastre, Démosthène
essayera de réveiller Athènes en l'entretenant de son
ancienne gloire et de sa mission historique, lorsqu'il
tentera de réunir, dans une action commune contre le
Macédonien, Athènes, Thèbes et tant d'autres cités
depuis longtemps jalouses les unes des autres, fera-t-il
autre chose qu'évoquer avec une incomparable éloquence les souvenirs auxquels se reporte Lysias, et
que répéter d'une voix plus retentissante cet appel à la
concorde et à l'oubli des vieilles haines? Ainsi, par son
amour de la grande patrie grecque comme par son
dévouement aux intérêts d'Athènes et à la cause de sa
liberté et de ses institutions populaires, le fils de
Képhalos, ce Sicilien, est le vrai précurseur de Démosthène. A cet égard, Lysias est bien plus près de lui

qu'Isée, qui fut pourtant le prédécesseur immédiat et
même le maître du grand orateur. Isée, très-versé dans
la connaisance des lois attiques, avocat habile et fécond,
ne paraît point avoir été mêlé aux luttes des partis, ni
avoir recherché autre chose que le succès et le gain.
Ce n'est point à l'école de ce praticien que son élève
aurait pris cette noble passion politique, ce culte de
la patrie, de ses lois et de son honneur, qui est l'âme
même de son éloquence. Lysias, ennemi des tyrans,
ami fidèle de Thrasybule et des libérateurs d'Athènes,
défenseur convaincu de la démocratie, est au contraire,
avec Périclès et avec Thucydide, un de ces hommes du
passé auxquels il déroba l'étincelle de cette flamme du
patriotisme, de son temps déjà languissante, qui, avant
de s'éteindre pour toujours, allait concentrer en lui,
pour ranimer un instant la Grèce et pour illuminer ses
funérailles, toute sa chaleur et toute sa lumière.

Que si on laisse de côté l'homme politique et son
rôle public pour songer surtout au talent et à l'art de
l'écrivain, Lysias est encore, dans cet âge intermédiaire, celui des orateurs auquel l'éloquence doit les
progrès les plus marqués. Chez Antiphon, orateur, on
avait toujours senti le maître de rhétorique. Andocide,
dans sa vie agitée et décousue, n'avait-eu que des accidents heureux, des éclairs de talent. Lysias est le premier qui renonce franchement à la sophistique et à ses
jeux pour se consacrer tout entier aux luttes sérieuses
de la tribune et du barreau. Grâce aux circonstances
qui l'ont, au péril de sa fortune et de sa vie, brus-

quement ramené dans le droit chemin alors qu'il faisait
fausse route, la rhétorique n'a été pour lui, comme
pour Démosthène et ses contemporains, que le moyen
et non le but, qu'un exercice de jeunesse qui assou-
plit l'esprit. Du jour où il veut remuer par la parole
l'âme des juges, il comprend que ce qui constitue l'éloquence, ce sont des idées claires, une imagination
forte, une passion sincère. Ce sont là les qualités
mêmes que Démosthène, avec bien autrement d'ampleur et de puissance, portera dans l'éloquence
politique. Nous aurions toute l'œuvre de Lysias,
tous les discours qu'il a composés pour la tribune et
dont il ne nous reste qu'un court échantillon, que
nous n'y trouverions rien qui approchât, même à
distance, des *Olynthiennes* ou du discours *de la couronne;* mais, pour ce qui est de l'éloquence judiciaire
proprement dite, telle que l'entendaient les Athéniens,
et dans le cadre où ils l'enfermaient, je ne sais vraiment si personne y a surpassé Lysias. Démosthène
aussi a été logographe. Dans sa jeunesse et dans les
heures de loisir que lui laissait son rôle d'orateur et de
ministre du peuple, il a écrit, pour des amis qui le
servaient ou des clients qui le payaient, plus d'un plaidoyer consacré à des causes civiles ou criminelles. Plusieurs de ces discours, nous aurons plus tard l'occasion
de le montrer, ont un rare mérite. Ce n'était cependant
là pour Démosthène qu'une distraction et un lucratif
accessoire; il n'y mettait pas tout son génie; il n'en
soignait peut-être pas autant tous les détails qu'il l'eût

fait pour une de ses *Philippiques*. Aussi, dans cette
partie de son œuvre, je ne sais si l'on trouve un plaidoyer dont le succès auprès d'un jury athénien paraisse
aussi certain, aussi infaillible que celui du discours *sur
le meurtre d'Ératosthène,* du discours *contre Agoratos*
et de quelques autres de Lysias. Archinos, le rival de
Thrasybule, était donc bien mal inspiré le jour où,
cédant à je ne sais quelle basse jalousie, il décidait un
tribunal à dépouiller Lysias de son titre de bourgeois
d'Athènes. Jamais étranger ne se fit, plus que cet
homme, une âme de citoyen, n'honora plus, par son
caractère et par son talent, sa patrie d'adoption ; personne ne lui eût mieux payé sa dette de reconnaissance.
Plus juste pour Lysias que ses contemporains, la postérité restitue ce titre de fils légitime d'Athènes à celui
qui tempéra ainsi la vivacité de la chaleur syracusaine
par la solidité et la finesse du plus pur atticisme, et
qui porta presque jusqu'à la perfection l'éloquence
judiciaire.

# CHAPITRE VI.

## ISOCRATE.

## I.

Isocrate naquit à Athènes en 436 [1]. Il était fils d'un citoyen nommé Théodoros, qui avait une fabrique d'instruments de musique. De même que Démosthène, il appartient à ce que l'on peut appeler la bonne bourgeoisie athénienne. Comme Démosthène le père, Théodoros avait, par son industrie, gagné assez de fortune pour faire donner à son fils l'éducation la plus recherchée que l'on pût recevoir à Athènes vers la fin du $v^e$ siècle. Tout jeune, Isocrate commença par étudier la musique et la poésie sous les meilleurs maîtres ; au sortir de l'adolescence, en même temps que les enfants

1. Sur Isocrate, voir Ottfried Müller, ch. XXXVI ; Spengel, 149-172 ; Westermann, I, § 48, 49, 50, et surtout le travail de M. Havet auquel nous renvoyons plus loin. La plus récente traduction d'Isocrate est celle qui porte pour titre : *OEuvres complètes* d'Isocrate, traduction nouvelle, avec le texte en regard, par le duc de Clermont-Tonnerre, Didot, 3 vol. in-8º. Le papier et l'impression sont superbes ; le français est pénible.

des plus grandes maisons, il fréquenta les sophistes, et se trouva mêlé dans leur auditoire aux Andocide, aux Alcibiade, aux Critias, aux Théramène, aux Callias, aux Calliclès. Il entendit, nous dit son biographe, Prodicos, Gorgias et Tisias : nous soupçonnons là quelque inexactitude[1]. Tisias en effet est antérieur à Gorgias, et pour Gorgias même ce ne serait que vers la fin de sa vie et dans un de ses derniers séjours à Athènes qu'Isocrate aurait pu assister à ces entretiens et à ces discours qui attiraient tant de curieux. Lors de la fameuse ambassade où Gorgias révéla aux Athéniens la rhétorique sicilienne et leur en fit admirer les finesses et la subtilité, Isocrate n'avait encore que neuf ans. S'il ne put qu'entrevoir le maître lui-même, au moins suivit-il avec passion les leçons de ses principaux disciples et de ses plus brillants rivaux. Il paraît surtout s'être attaché à Théramène. Ce souple et vif esprit, avant de marquer dans la politique et d'y trouver une fin tragique, avait commencé par approfondir l'art des rhéteurs, en avait étudié et enseigné la théorie ; Isocrate n'échappa point aux séductions de cet aimable et dangereux personnage. Ceux mêmes qui avaient le plus souffert des intrigues de Théramène et de sa versatilité proverbiale à Athènes ne pouvaient se défendre d'admirer cette fécondité de ressources, cette facilité à changer d'attitude et de langage, cette belle humeur qui persistait jusque dans les situations les

---

1. *Vies des dix orateurs,* IV, 1, 2.

plus difficiles et en face de la mort même. On comprend que le jeune Isocrate, au début de la vie, ait
mal discerné ce que ces brillantes apparences cachaient
d'égoïsme et de sèche ambition. Il partageait avec la
plupart des Athéniens une illusion que ne réussirent
point à dissiper toutes les trahisons de Théramène ; il
fut ébloui par des défauts et des mérites qui étaient
tout l'opposé des siens ; il fut dupe enfin d'un prestige
auquel l'histoire même, tout avertie qu'elle était par
de graves témoins, s'est plus d'une fois laissé prendre.

Par bonheur, Isocrate, à l'âge ou l'âme reçoit son
pli et sa forme durable, subit une autre influence
meilleure que celle de Théramène, et qui pénétra plus
avant, celle de Socrate. Ce qui conduisit d'abord
l'adolescent auprès du philosophe, ce fut sans doute
la curiosité et le désir d'entendre de beaux discours.
Socrate ne se distinguait point des sophistes, aux yeux
de ses contemporains, par des différences aussi tran-
chées que nous serions portés à le croire aujourd'hui
sur la foi du grand poëte qui a nom Platon. Il pour-
suivait, il est vrai, un tout autre but que Gorgias ou
Protagoras ; mais son esprit avait presque même
démarche et mêmes allures. Pour les combattre, il leur
empruntait leurs propres armes, et, ces armes, il les
maniait avec tant de dextérité que plus d'un specta-
teur devait, sur le moment, s'y tromper de très-bonne
foi, et ne pas bien savoir lequel des deux adversaires
abusait le plus du raisonnement et des distinctions ver-
bales. Ce qui distinguait vraiment Socrate de ceux

que confondait avec lui, longtemps encore après sa mort, le jugement superficiel de la foule, c'est qu'il ne discutait pas pour le seul plaisir de discuter; à côté de ses procédés de réfutation, empruntés aux dialecticiens antérieurs, il avait sa méthode d'exposition et d'enseignement. Il ne partait point du scepticisme pour y revenir comme à un terme naturel; par ses méditations prolongées, il s'était fait sur le problème de la destinée humaine, sur la loi et la fin des choses, un certain nombre d'idées qu'il cherchait à répandre; il croyait au vrai et au bien : il avait, comme nous dirions aujourd'hui, sa psychologie, sa théodicée, sa morale et sa politique. Tandis que les dilettantes et les ambitieux ne voyaient dans la fréquentation de Socrate, ceux-ci qu'un agréable passe-temps, ceux-là qu'un moyen de s'ouvrir et de se délier l'esprit, d'autres, les vrais disciples du maître, étaient plus touchés encore du fond que de la forme de ces entretiens. Ils en rapportaient de nobles pensées qu'ils développèrent et fécondèrent plus tard, des germes d'où sortirent les célèbres écoles philosophiques que représentent les noms de Platon, d'Aristote, d'Épicure et de Zénon.

Isocrate n'était point de ceux que la nature avait faits pour la grande curiosité scientifique et la haute spéculation; il en avait reçu toutefois des instincts élevés, le goût du bien, l'amour et le respect de la vertu. Par ce côté, il appartenait à un groupe intermédiaire dont Xénophon nous offre un autre type

intéressant ; il était de ces esprits qui aimaient et
admiraient surtout dans Socrate un instituteur des
âmes et le révélateur d'une morale nouvelle, plus pure
que celle des sages ses prédécesseurs, en même temps
mieux démontrée, plus capable de rendre raison d'elle-
même. Aux yeux de ces hommes, Socrate, dont les
dieux mêmes avaient proclamé la supériorité, était de
tous les Grecs celui qui par ses discours enseignait le
mieux la vertu, et qui par ses exemples en fournissait
le plus parfait modèle ; quelques-uns même, comme
nous le voyons pour Xénophon, le consultaient avant
de rien entreprendre d'important, et trouvaient en lui
une sorte de directeur de conscience. Ceux des socratiques qui avaient ce tour d'esprit n'ont guère traité,
quand ils ont écrit, que les questions de morale ; leurs
ouvrages tournent toujours au sermon. Histoire,
roman, anecdote, tout s'y fait précepte, leçon ; vous
avez la *Cyropédie* de Xénophon, ou les discours de
notre orateur intitulés, *à Démonicos* et *à Nicoclès.*

Isocrate se fit remarquer auprès du maître par
l'intérêt avec lequel il écoutait sa conversation, par la
justesse de ses réponses, par le sincère désir qu'il
laissait paraître d'être lui-même bon et vertueux, ainsi
que d'éclairer et de corriger les méchants. Cette ardeur
de prosélytisme, qu'il conserva jusqu'à son dernier
jour, devait éclater bien plus vivement encore dans
les yeux, dans la physionomie, dans les moindres
paroles du jeune homme ; que Socrate en ait été frappé
et touché, c'est ce dont témoigne Platon dans les der-

nières lignes du *Phèdre*, son premier ouvrage. On sait comment dans ce dialogue Platon, par la bouche de son maître, commence contre la rhétorique cette campagne qu'il continue dans le *Gorgias*. Phèdre est épris de l'art de Lysias, qui n'était alors qu'un docile élève des rhéteurs siciliens. Socrate lui montre ce qu'il y a de vide et de faux dans cette éloquence sans idées, dans cette puérile recherche de l'effet, et il termine ainsi le dialogue : « Va dire tout cela à ton jeune ami. — Mais, dit Phèdre, il ne faut pas non plus oublier le tien. — Qui donc ? — Le bel Isocrate. Que lui feras-tu dire, Socrate, et que prononcerons-nous sur son compte ? — Isocrate est bien jeune encore, je veux dire pourtant ce que j'augure de lui. — Et quoi donc ? — Il me semble qu'il y a dans son génie quelque chose de plus élevé que l'art de Lysias, et qu'il est d'ailleurs d'un tempérament plus généreux ; il ne faudra donc pas s'étonner, quand il avancera en âge, si d'abord, dans le genre où il s'exerce aujourd'hui, tous les maîtres ne paraissent auprès de lui que des enfants, et si même, ne se contentant plus de ces succès, il se sent porté vers de plus grandes choses par un instinct plus divin ; car, en vérité, mon cher Phèdre, *il y a de la philosophie en lui*. Voilà ce que nous pouvons aller dire, de la part des dieux que nous avons consultés, moi à mon Isocrate et toi à ton Lysias. »

Dans quelle mesure nous devons souscrire à cet éloge et ce qu'il y a peut-être à en rabattre, c'est une question que nous ne pourrons examiner qu'au terme même de cette étude, quand nous aurons parcouru et apprécié l'œuvre d'Isocrate. Contentons-nous pour le moment de noter l'impression qu'avait produite le jeune Isocrate sur le maître lui-même et sur ceux qui l'entouraient, les espérances que leur avaient suggérées son aimable et honnête figure, sa passion pour le bien, la candeur de son âme et la sincérité de ses convictions. L'occasion se présenta bientôt pour Isocrate de prouver qu'il n'y avait rien de feint dans l'attachement qu'il témoignait à son maître. En 399, Socrate fut condamné à mort. Après qu'il eut succombé, presque tous ses disciples se cachèrent ou s'enfuirent. Isocrate, racontait-on, parut sur la place publique d'Athènes en habit de deuil; on ne pouvait affirmer plus haut ses sympathies et ses regrets [1].

On a douté de cette anecdote, et par malheur il ne faut employer qu'avec une extrême réserve les renseignements fournis par le biographe auquel nous la devons; elle est pourtant confirmée d'une manière indirecte par le passage du *Phèdre* que nous venons de citer. Il y a quelque chose qui me paraît très-digne d'attention dans l'hommage que rend ici à Isocrate celui que ce dialogue posait tout d'abord comme le plus brillant élève du maître et son légitime héritier. On sent dans toute cette page une effusion, une cha-

---

1. *Vies des dix orateurs*, IV, 35.

leur, que ne suffit point à expliquer la suite de la vie
et des travaux d'Isocrate. Rien de plus naturel au
contraire dans l'hypothèse que nous admettons : au
moment où les amis de Socrate, d'abord atterrés
du coup qui les avait atteints et dispersés dans toute
la Grèce, commencèrent à reprendre courage et à
relever leur drapeau, Platon se chargea de parler au
nom de tous ceux qui étaient restés fidèles à la
mémoire du sage; il exprima leurs sentiments en
accordant ce magnifique éloge à celui d'entre eux dont
les vêtements de deuil, au lendemain même de ce
meurtre judiciaire, avaient pu, comme une muette
protestation, frapper les yeux des Athéniens sur cette
place publique où trônaient et péroraient encore les
accusateurs de Socrate, Anytos, Mélitos et Lycon. On
pourrait avoir plus de doutes sur l'autre anecdote que
rapporte le même écrivain; d'après lui, quand Critias,
au mépris de toute égalité, fit saisir en pleine séance
du sénat un de ses collègues du gouvernement, Théramène, une seule voix s'éleva pour résister à cet abus
de pouvoir, et ce fut celle d'Isocrate, un des membres de
ce corps dont la majorité partageait au fond de l'âme
les opinions et les désirs de celui que l'on entraînait à
la mort. Ce serait sur les instances de Théramène
lui-même qu'Isocrate se serait rassis, aurait renoncé à
une opposition qui ne pouvait que le perdre sans sauver le malheureux qu'il était seul à défendre [1]. Ce qui

1. § 3, *Vies des dix orateurs.*

rend ce récit suspect, ce n'est point seulement que nous
n'en voyons nulle part aucune confirmation directe ou
indirecte, c'est aussi qu'il nous paraît presque calqué
sur le précédent. Isocrate avait étudié la rhétorique sous
Théramène comme la philosophie auprès de Socrate;
on aurait trouvé naturel qu'il protestât contre la lâcheté
du sénat qui laissa périr Théramène aussi bien que contre
le verdict du jury qui frappa Socrate. Enfin Xénophon,
qui raconte avec beaucoup de détails et de vivacité la
séance où Critias fit arrêter Théramène, ne nous dit
pas un mot du rôle que le biographe y prête à Isocrate :
il y a là bien des raisons de suspendre notre jugement [1].

Quoi qu'il en soit, ce seul trait de courage nous
suffit pour comprendre de quelle nature était cette
timidité qui fut le chagrin de la vie d'Isocrate. Il avait,
à ce qu'il semble, tout ce qu'il fallait pour parler au
Pnyx et devant les tribunaux, pour jouer un rôle politique. La fortune de son père lui avait permis d'acquérir tout à loisir cette instruction pratique par laquelle
les ambitieux se préparaient aux discussions oratoires ;
il avait fréquenté les sophistes, les rhéteurs, les philosophes ; la rhétorique et la dialectique n'avaient plus
pour lui de secrets, et certains plaidoyers composés
pour des particuliers dans les premières années qui
suivirent le rétablissement de la démocratie, vers la fin
du Vᵉ siècle, avaient déjà pu révéler aux connaisseurs
ses rares talents. Dans ces premiers essais, dont une

---

1. *Helléniques*, II, 3.

partie seulement nous est parvenue [1], les délicats pouvaient deviner et goûter par avance les qualités que vingt ans plus tard toute la Grèce admirera dans le *Panégyrique d'Athènes*. Ajoutez à cela qu'Isocrate, habile aux exercices du corps, avait une santé robuste, de beaux traits, une physionomie agréable et fine [2]; il semble que rien ne lui fît défaut de ce qui pouvait lui donner de l'influence sur l'esprit du peuple assemblé. Jamais pourtant il n'osa prendre la parole en public; c'est qu'il lui manquait deux choses : cette voix chaude, sonore et timbrée qui porte jusqu'aux derniers rangs de la foule, pénètre jusque dans les moelles et va caresser ou soulever au fond du cœur toutes les passions, et cette assurance que double une interruption et une insulte au lieu de la déconcerter : il n'avait qu'un filet de voix. Or, si dans nos chambres, toujours closes et couvertes, un homme supérieur comme M. Thiers peut se faire entendre à force de se faire écouter, au Pnyx, sous le ciel, devant un auditoire qui se composait parfois de plusieurs milliers de personnes, il fallait avant tout des poumons, de l'haleine et une action très-marquée, de grands gestes qui aidassent les plus éloignés des assistants à suivre le sens du discours. Sa voix, Isocrate aurait pu peut-être

---

1. C'est à cette époque qu'appartiennent l'*Exception contre Callimaque*, l'*Éginétique*, le discours *contre Lochitès*, et probablement aussi le *Trapézitique*, le meilleur et le plus intéressant de tous les plaidoyers privés d'Isocrate.
2. *Vies des dix orateurs*, V, 42.

par l'exercice en grossir le volume, en augmenter la
portée : on sait ce que Démosthène, à force de volonté
et de patience, réussit à faire d'un organe sourd, inégal
et criard. On peut en dire autant de la pantomime oratoire dont avaient besoin ceux qui voulaient faire
figure sur le *béma,* large estrade taillée dans la pierre
vive où l'orateur, la couronne au front, se dressait
au-dessus des têtes de la foule, semblable à un acteur
qui occuperait la scène à lui tout seul ; il allait et
venait sur cette plate-forme, jetant sa parole tantôt
d'un côté, tantôt de l'autre, parfois drapé à l'ancienne
mode dans un manteau serré au corps qui ne laissait
passer que l'avant-bras droit, parfois d'un geste brusque
se débarrassant de cette draperie qui gênait ses mouvements, se frappant la poitrine ou la cuisse, comme
Cléon aimait à le faire, levant ses bras nus vers le ciel
pour prendre les dieux à témoin, les tendant vers l'Acropole, pleine des monuments du génie athénien, ou vers
le Pirée, d'où s'était élancée la flotte victorieuse à Salamine. Tout cela sans doute aussi pouvait s'apprendre,
tout cela déjà s'enseignait à Athènes ; pourtant l'avantage était grand pour ceux que la nature avait pré-
disposés à ce rôle. Il est en effet des hommes qui
par instinct et avant toute étude ont bien plus que
d'autres ce don de traduire leurs sentiments au dehors
par les intonations de la voix, par le regard, par le
mouvement des muscles de la face et des bras, par les
tressaillements et l'agitation de toute leur personne.
Tout nous fait supposer qu'Isocrate, à cet égard, était

parmi les moins favorisés; d'esprit et de corps, c'était un délicat, et les délicats éprouvent à laisser paraître leurs sentiments devant la foule, à subir son contact et parfois ses brutalités, un secret embarras et comme une sorte de pudeur qui éteint la flamme de leurs yeux, qui paralyse leur langue et tous leurs mouvements.

Nous touchons ici à ce qui fut vraiment le malheur et l'infirmité d'Isocrate. Dans le langage de celui qui parle au peuple, dans ces luttes qui ont leurs chances et leurs péripéties imprévues comme celles du champ de bataille, il y a toujours une large place pour l'im- provisation, c'est-à-dire pour l'à-peu-près; or Isocrate était amoureux de la perfection. Quand on discute à la tribune, on est souvent interrompu par un contra- dicteur; il faut alors que la réplique parte aussi rapide que dans un assaut la riposte après l'attaque. C'est dans ces occasions que, surexcités par le combat et par le péril, certains orateurs trouvent leurs plus beaux effets et s'élèvent au-dessus de l'attente de leurs adver- saires et même de leurs amis; Isocrate était au con- traire de ceux qui ont toujours besoin de réfléchir, de prendre leur temps. Se sachant ainsi fait, pouvait-il s'exposer à se voir déconcerté et réduit au silence par la première interpellation railleuse ou brutale? Devait- il risquer d'être désarmé dès la première passe par quelque démagogue ignorant, qui aurait sur lui cet avantage d'une impudente audace et d'une langue plus prompte? Isocrate se respectait et respectait le public; il aurait cru se manquer à lui-même en se commettant

avec quelque grossier hâbleur, il aurait cru manquer
au public en courant devant lui les chances de l'impro-
visation, en lui offrant des pensées de rencontre expri-
mées dans une langue hasardeuse, inégale et impar-
faite.

Tout se réunissait donc pour écarter Isocrate de la
vie politique et de la tribune. Brave par devoir et par
raison dans les grandes occasions, il était timide par
tempérament ; il n'avait ni les qualités, ni les défauts
qui sont nécessaires à l'orateur populaire. D'autre part,
il avait étudié la rhétorique avec trop d'amour et de
persévérance pour que la fréquentation même de Socrate
eût réussi à lui en ôter le goût et à le guérir des habitudes que l'esprit contractait à l'école des rhéteurs. Il
y avait d'ailleurs urgence pour lui de mettre à profit
ce qu'il avait appris. Ce qui l'y poussait, ce n'était pas
seulement un naturel désir de réputation et de gloire,
c'était aussi le besoin de vivre [1]. La société athénienne,
si riche au temps de Périclès, avait été ruinée par les
désastres qui n'avaient pas cessé de la frapper depuis
l'expédition de Sicile. A partir de cette catastrophe,
c'était une lutte inégale que soutenait Athènes. Elle
jouait, par orgueil, une partie qu'elle ne pouvait plus
gagner ; frappée au cœur, elle se roidissait, comme un
soldat mortellement blessé, pour ne pas tomber et
combattre encore. Dans cette période, elle fit une
effroyable dépense d'hommes et d'argent. Aussi, quand

---

1. *Vies des dix orateurs*, IV, 4.

après Ægos-Potamos Lysandre entra par la brèche, au son des flûtes, dans la ville conquise, quand il y installa une oligarchie appuyée sur une garnison lacédémonienne, il semblait bien qu'Athènes fût pour jamais incapable de se relever. Tout ce qu'elle avait d'ennemis et de jaloux en Grèce pouvait se croire délivré de son importune grandeur; ce ne serait bientôt plus qu'un souvenir historique et légendaire, comme l'ancienne puissance de la Mycènes d'Agamemnon ou de l'Orchomène des Minyens. Servie par le génie politique et militaire du seul homme vraiment supérieur qu'ait jamais eu Sparte, de l'ambitieux et dur Lysandre, la discipline spartiate et thébaine avait triomphé; les cités aristocratiques n'avaient plus à craindre le contact et l'exemple de cette turbulente démocratie, éternel fléau de la Grèce, comme disaient ses détracteurs. L'épuisement d'Athènes était si profond, sa ruine si complète, que quelques-uns même des vainqueurs se sentaient touchés de pitié quand ils jetaient les yeux autour d'eux et qu'ils songeaient au contraste du présent et du passé [1].

Athènes, après la guerre, restait sans ressources apparentes ni moyens de s'en créer de nouvelles. Tout le capital accumulé depuis le commencement du $v^e$ siècle dans les coffres de l'État et entre les mains des particuliers avait été détruit. Le trésor public était vide; parmi les fortunes privées, celles même qui parais-

1. Plutarque, *Lysandre*, 17.

saient le mieux établies étaient presque réduites à rien.
Des invasions répétées avaient ravagé presque toute
'Attique, arraché les vignes, brûlé les oliviers ; partout
es champs les plus fertiles étaient en friche. Athènes,
pendant tout ce siècle, avait profité du revenu que
tiraient de leurs propriétés les colons ou *clérouques*
athéniens établis dans la Chersonèse de Thrace, en
Eubée, à Lemnos, Imbros et Samos ; dépossédés par
Lysandre, tous ces colons affluaient à Athènes, n'y
rapportant que découragement et misère. Depuis les
guerres médiques, le Pirée était devenu le grand entre-
pôt des céréales de la Crimée et le principal port marchand de la Grèce ; mais, maintenant que les détroits
étaient aux mains des ennemis d'Athènes, le commerce
prenait une autre direction, les quais du Pirée étaient
déserts et les magasins vides. Enfin bien des familles
avaient perdu leur chef, celui dont l'intelligence et le
travail avaient fait la prospérité de la maison ; Athènes
était pleine de veuves et d'orphelins. On ne sait si,
comme tant d'autres, le père d'Isocrate périt à l'armée,
en Sicile ou dans quelque autre désastre ; ce qui est
sûr, c'est que l'industrie de Théodoros, industrie de luxe,
dut être une des premières à souffrir, et que vers la fin
de la guerre Isocrate, comme presque tous les anciens
riches, était ruiné. Il fallait vivre et non-seulement vivre,
mais, si c'était possible, garder le rang et satisfaire les
goûts dont on avait pris l'habitude. Isocrate paraît avoir
eu d'abord, en même temps que Lysias, l'idée dont
celui-ci tira tant de profit et de réputation : il voulut, lui

aussi, mettre à profit ses connaissances acquises, son
art de rhéteur et son talent d'écrivain, pour composer
des plaidoyers que lui payeraient les clients; il songeait
à ce métier de *logographe* dont nous avons, à propos
de Lysias, essayé de faire comprendre les exigences et
les conditions.

Le moment était favorable pour une pareille tentative. Interrompus pendant près de deux ans par les
malheurs d'Athènes et la domination des Trente, les
jugements par jury venaient d'être rétablis dans leur
ancienne forme. Délivrée par Thrasybule de ses tyrans
et de la garnison lacédémonienne, remise en possession de ses vieilles lois et de sa constitution populaire,
en paix avec toute la Grèce et bien vue de beaucoup
de ses ennemis d'hier, que commençait à alarmer
l'arrogance spartiate, Athènes se relevait à vue d'œil.
Ouvriers et artistes, industriels et commerçants s'étaient
remis à l'œuvre; de nouveau le vaste bassin du Pirée
s'emplissait de navires. Dans ce courageux effort d'une
société qui se refait par la liberté et par le travail, les
tribunaux étaient très-occupés et très-suivis. Les
procès politiques n'étaient pas rares, ou plutôt la politique se mêlait à tous les procès. L'amnistie dont
Thrasybule et ses amis avaient pris l'initiative avait,
il est vrai, été votée avec un empressement et observée
avec une loyauté dont témoigne Xénophon, qui n'est
point suspect de partialité pour la démocratie athénienne; mais il est plus facile de décréter l'oubli que
de perdre la mémoire. Tout devenait occasion ou pré-

texte à réveiller d'irritants souvenirs. D'abord un petit
nombre de citoyens qui avaient joué les premiers rôles
dans ces tragédies sanglantes avaient été en termes
formels exclus de l'amnistie; ils ne pouvaient rentrer
qu'après un jugement. D'autres, moins compromis,
auraient pu vivre tranquilles, s'ils avaient su se tenir
à l'écart; mais il leur tardait de parler encore sur le
Pnyx, de reparaître au sénat et dans les fonctions
publiques. Or on n'entrait pas en charge sans subir
au préalable, devant une section du jury, une sorte
d'examen, la *docimasie,* qui portait sur toute la vie
antérieure du candidat. C'était à cette épreuve que l'on
attendait ceux auxquels leur passé aurait dû conseiller
le silence et la retraite; le tribunal se laissait aisément
entraîner à leur faire affront, à les déclarer indignes
de siéger comme sénateurs ou magistrats [1]. Quand il
s'engageait un procès qui ne semblait porter que sur
quelque récent délit ou même sur une contestation
d'intérêt privé, si l'une des parties avait trempé dans
les cruautés et les trahisons de la fraction oligarchique,
les griefs articulés passaient au second plan : ce qui
remplissait, ce qui passionnait le débat, c'était la question de savoir quelle conduite avait tenue la personne
en cause dans les luttes politiques de la cité; c'était

1. Nous avons un discours de Lysias prononcé, vers cette époque
même, dans un débat de ce genre, contre un certain Évandre qui, après
avoir été un des agents les plus malfaisants de l'oligarchie, n'avait pas
craint de se laisser désigner par le sort pour l'archontat. Sur la *docimasie,* ingénieuse institution particulière à la démocratie athénienne, on
peut consulter notre *Essai sur le droit public d'Athènes,* p. 79-88.

surtout cette considération qui dictait aux juges leur arrêt.

Les procès civils étaient encore plus nombreux. La guerre, par les vides qu'elle avait faits dans la cité et dans les familles, avait rendu incertaines et précaires bien des situations. Beaucoup d'hommes qui n'avaient point d'héritiers directs avaient été brusquement enlevés par la mort avant d'avoir eu le temps de pourvoir, par une adoption ou un testament, à la transmission de leur fortune. Parfois le père et le fils avaient péri à la fois dans un même désastre. Beaucoup de biens étaient donc tombés en déshérence; d'autres avaient été occupés par des gens qui prétendaient y avoir des droits comme proches parents du défunt. La loi athénienne obligeait quiconque n'était pas le fils ou l'héritier testamentaire du mort à se présenter en justice pour réclamer la succession; ce débat public ne manquait guère de susciter des concurrents. Le tribunal examinait les titres des demandeurs, puis attribuait les biens, par son arrêt, à celui des collatéraux dont les prétentions lui paraissaient le mieux fondées. Il s'agirait donc, dès que la justice aurait pris son cours, de faire confirmer en due forme ce qui n'avait été jusque-là qu'une possession provisoire, sans valeur légale. Enfin, à la faveur de désordres si prolongés, il s'était glissé dans la cité plus d'un intrus, qui aurait bien de la peine, une fois l'attention appelée sur ce point, à justifier de son droit de bourgeoisie. Il était urgent de trancher toutes ces questions de propriété

et d'état : on s'était donc hâté, aussitôt l'ancienne
constitution rétablie, de faire les fonds nécessaires à
l'indemnité judiciaire et de tirer au sort les noms des
jurés. Ceux-ci, quoique divisés en dix sections ou tribunaux, suffisaient à peine à leur tâche ; le nombre
des affaires inscrites au rôle grossissait chaque jour.
L'heure était propice pour les avocats ; on se disputait
les services de tous ceux qui savaient composer un
plaidoyer.

Isocrate paraît avoir voulu profiter de ces circonstances, et, pendant ces premières années de la
démocratie rétablie, avoir tenté de faire, comme *logographe,* concurrence à Lysias. En effet, les plaidoyers
judiciaires qui nous ont été conservés dans la collection de ses œuvres appartiennent tous à cette époque ;
il y en a six qui se placent entre 402 et 390[1]. Or il
est difficile d'admettre que ce soit là un pur hasard :
on pourrait le penser, si nous avions perdu beaucoup

---

1. En voici les titres : 1. *Sur un attelage, pour le fils d'Alcibiade.*
2. *Trapézitique,* ou contre le banquier Pasion. 3. *Exception contre Callimaque.* 4. *Éginétique.* 5. *Contre Lochitès.* 6. *Contre Euthynos,* à propos
d'un dépôt remis sans témoins. Apharée, le fils adoptif et l'éditeur d'Isocrate, désavouait, comme nous l'apprend Denys d'Halicarnasse (t. V, p. 576,
Reiske), les discours judiciaires attribués à son père ; mais nous sommes
tout à fait de l'avis de Denys, qui en défend l'authenticité en se fondant
sur des témoignages contemporains. Il faut, selon nous, voir là une
coquetterie du vieillard : depuis qu'il s'était fait le conseiller des peuples
et des rois, il rougissait d'avoir, lui aussi, pendant quelques années, fait
le métier de logographe ; avec une piété qui tenait de la superstition,
Apharée aura épousé jusqu'aux manies de l'homme célèbre qui lui avait
confié le soin de sa réputation. Isocrate lui-même n'a pas été si loin. Au
commencement de l'*Antidosis* (2, 3), il relève comme une calomnie
répandue par ses ennemis le bruit qu'il écrit des discours judiciaires ;
mais remarquez qu'il ne dit point n'en avoir jamais écrit.

des ouvrages d'Isocrate; mais nous possédons tous ceux que nous citent les anciens, à l'exception d'un seul, l'éloge de Gryllos, fils de Xénophon. Il semble plus probable qu'Isocrate écrivit d'autres plaidoyers que ceux qui sont arrivés jusqu'à nous; lui-même n'attachait pas d'importance à cette partie de son œuvre, et la plupart de ces derniers discours n'ont pas été conservés. Ce qui demeure établi, c'est que, pour donner un échantillon de la manière d'Isocrate, avocat et rival de Lysias, les éditeurs alexandrins durent aller demander à cette période de sa vie quelques spécimens de ce qu'il avait produit dans le genre judiciaire. Pourquoi Isocrate ne persévéra-t-il pas dans cette voie? Il est facile d'en deviner les raisons. Isocrate sentait bien que ce n'était pas là sa vocation, il ne s'appliquait à cette tâche qu'à contre-cœur, par intérêt et par raison. A l'école de Socrate, auprès d'un Xénophon, d'un Cébès, d'un Euclide, d'un Platon, il avait pris le goût des idées générales, il avait conçu le désir et le projet de consacrer toutes les ressources de son art au service de la sagesse et de la vertu, d'employer l'éloquence à rendre les hommes meilleurs et plus heureux. Fallait-il, quand il se sentait dans toute la force de l'âge et du talent, renoncer à ces hautes visées? n'était-ce point déroger que de se mettre aux ordres du premier venu, de ses convoitises et de ses passions? En admettant qu'il ne défendît que des causes justes, n'avait-il pas mieux à faire que de se fatiguer et de s'user à de pareilles fadaises? Il faut

20

entendre de quel ton dédaigneux, dans le *Panathé-naïque,* écrit bien des années après, au terme de sa carrière, il parle de ceux « qui se sont voués aux petites choses, à la discussion des contrats privés et d'autres bagatelles [1] ».

Ce qui devait achever de dégoûter Isocrate du genre judiciaire, c'est qu'il n'y réussissait qu'à demi, qu'il ne pouvait guère espérer y atteindre le premier rang. Honnête, sincère, animé des meilleurs sentiments et d'une généreuse ambition d'esprit, il n'en avait pas moins une vanité des plus chatouilleuses ; il était aussi impatient de la critique, aussi avide d'éloges et d'applaudissements qu'un poëte ou qu'un musicien. Or il dut bien vite reconnaître, aux succès obtenus devant les tribunaux et aux prix offerts par les clients, que, comme avocat, il n'égalerait jamais Lysias. Dans le *Phèdre,* l'indulgente amitié de Platon mettait, il est vrai, Isocrate bien au-dessus de Lysias ; mais les plaideurs et les juges athéniens ne se plaçaient pas au même point de vue que le philosophe. Il faut d'ailleurs l'avouer, le public d'Athènes avait raison d'admirer dans Lysias le premier orateur judiciaire du temps. Isocrate avait à un bien moindre degré que son rival les qualités qui font le grand avocat, l'imagination, la passion, une dialectique vigoureuse et serrée. Dans le discours *contre Lochitès,* assez peu intéressant d'ailleurs, il y a quelques notes émues et graves, quelques mots qui témoignent

---

1. *Panathénaïque,* S 11.

bien de l'impression qu'avaient laissée dans les esprits tant d'agitations et de crises meurtrières. Au moment où il allait demander à l'histoire quelques exemples des maux enfantés par la violence, il s'arrête et s'écrie : « Pourquoi perdre le temps à raconter les malheurs d'autrui, car nous, deux fois déjà, nous avons vu le gouvernement démocratique détruit et deux fois nous avons été privés de la liberté... par des gens qui méprisaient les lois et qui voulaient, en se faisant les esclaves de l'ennemi, s'assurer les moyens de rendre leurs concitoyens victimes de leurs violences? » De pareils accents sont rares chez Isocrate. Les discours *pour Alcibiade* et *contre Euthynos* lui offraient l'occasion d'évoquer les souvenirs de cette domination abhorrée des Trente qui avait proscrit l'un de ses clients et ruiné l'autre ; or, si dans l'un et l'autre de ces plaidoyers il y a des paroles sévères à l'adresse de l'oligarchie, on n'y trouve rien qui ressemble aux invectives passionnées de Lysias contre Ératosthène, contre Agoratos et contre Évandre. Il y a de la dextérité dans l'*Exception contre Callimaque ;* l'avocat s'y prend habilement pour disculper un obscur complice de la tyrannie ; mais on sent déjà dans ce discours quelque chose d'un défaut qui se marquera de plus en plus chez Isocrate à mesure qu'il avancera en âge, le vague, la diffusion. De tous ces plaidoyers, les deux plus agréables sont certainement le *Trapézitique* et l'*Eginétique ;* l'un et l'autre contiennent de piquants détails de mœurs, des récits bien présentés et spécieux ;

on les lit avec plaisir[1]. Ceux-là mêmes sont pourtant
loin d'égaler, comme mouvement et comme couleur,
les discours de Lysias. Dans ceux de ses plaidoyers
qui touchent à la politique, Isocrate manque de chaleur et de flamme ; dans ceux qui roulent tout entiers
sur des intérêts privés, il n'a pas cette vivacité pittoresque, cette abondance et cette précision de détails
que nous avons admirés chez son rival. Partout et
toujours il a moins que lui le don suprême, la vie.

La vanité d'Isocrate s'accordait avec les meilleurs
instincts de sa nature et avec ses plus hautes aspirations pour lui conseiller de laisser à d'autres les profits
et les succès de l'avocat. Au bout d'une douzaine
d'années environ, vers 390, il se décida donc à rompre pour toujours avec le genre judiciaire. Il fallait
pourtant remplacer par une autre cette fructueuse
industrie. Tout sérieux et ami du bien qu'il fût, il
avait des goûts de plaisir que personne alors n'eût
songé à blâmer. La beauté, dont il a parlé dans son
*Éloge d'Hélène* en termes choisis et délicats, le touchait
vivement. « C'est, dit-il, ce qu'il y a sur la terre de
plus auguste, de plus précieux et de plus divin[2]. »
Aussi eut-il des liaisons, dont l'une paraît avoir tenu
une assez grande place dans sa vie pour mériter les
railleries des comiques : ce fut celle qu'il contracta,

---

1. Nous retrouverons l'occasion de faire connaître le *Trapézitique*
quand nous étudierons, à propos de Démosthène, l'histoire de la banque
fondée par Pasion et continuée après lui par son affranchi Phormion, le
banquier et le client du grand orateur.
2. *Éloge d'Hélène*, § 54.

étant déjà d'un âge mûr, avec une courtisane nommée Lagiscé. Il en eut une fille qu'il éleva et qui mourut à douze ans. Plus jeune, il avait été l'amant de la belle Métanire, qui avait été aussi aimée par Lysias [1]. Avec de tels goûts et de telles habitudes, il lui fallait de la fortune ; il se résolut à imiter ses maîtres, à enseigner la rhétorique.

## II.

Héritier de la tradition des Tisias et des Gorgias, Isocrate avait la même confiance sans limite et sans réserve dans les mérites et la puissance de son art ; comme eux, il le croyait capable « de faire paraître petites les choses grandes, et grandes les choses petites [2] ». Où il se séparait de Gorgias et des sophistes, avec lesquels il ne voulut jamais être confondu, c'était sur un point capital : il repoussait leur scepticisme philosophique. Il ne se déclarait point, comme eux, indifférent à l'usage que le rhéteur ferait du don de la

1. *Vies des dix orateurs*, IV, § 40, 41.
2. Un grand nombre de rhéteurs et de grammairiens font allusion à cette définition, qu'Isocrate donnait dans son *Art de la rhétorique*. Voici comment la cite Maxime Planude (t. V, p. 455 des *Rhéteurs grecs*, de Walz) : Ἰσοκράτης ἔργον ἔφασκεν εἶναι ῥητορικῆς τὰ μὲν σμικρὰ μεγάλως εἰπεῖν, τὰ δὲ μεγάλα σμικρῶς, καὶ τὰ μὲν καινὰ παλαιῶς, τὰ δὲ παλαιὰ καινῶς. On retrouve la même idée et presque les mêmes expressions dans l'exorde du *Panégyrique*, § 8.

persuasion ; il proclamait que celui-là seul était digne d'estime et faisait honneur à son art, qui s'en servait pour exprimer dans un langage harmonieux et séduisant des idées utiles et de nobles pensées. Par ses critiques, Socrate n'avait pu le guérir de ses illusions et ébranler sa foi ; mais il lui avait inspiré un fidèle et sincère amour de la vérité morale.

Qu'il y eût au fond contradiction entre ce culte minutieux de la forme que professait Isocrate et ses prétentions philosophiques, cela va de soi, et il est inutile d'y insister. Ce qui importe, c'est de bien comprendre quelle était alors l'originalité de ces vues, et par quels côtés le programme d'Isocrate s'écartait de celui des maîtres qui l'avaient précédé. Ce ne fut point à Athènes même qu'Isocrate inaugura cet enseignement nouveau. Peut-être ne voulut-il point faire son début comme professeur dans cette ville où les Gorgias, les Protagoras, les Antiphon, avaient laissé des souvenirs si présents, et qui était déjà redevenue le rendez-vous de tout ce qu'il y avait en Grèce d'esprits vifs et curieux. Ce fut dans une cité ionienne, Chios, la ville principale de l'île qui porte aujourd'hui encore ce nom, qu'il alla essayer ses forces et appliquer ses théories. L'endroit était heureusement choisi. Pendant tout le v* siècle, jusqu'après la catastrophe de Sicile, Chios avait été l'alliée la plus fidèle d'Athènes, et, quand elle s'était détachée de sa cause, ce n'avait été que comme à contre-cœur, sous la pression d'une minorité aristocratique soutenue par les escadres péloponésiennes.

Jusqu'alors, pour témoigner de l'étroite union qui régnait entre les deux cités, le héraut, dans les sacrifices publics à Athènes, prononçait le nom des Chiotes après celui des Athéniens, et priait en même temps pour les deux peuples. Divers indices témoignent du goût que les Chiotes avaient pour les choses de l'esprit et de la part distinguée qu'ils prirent, du temps de Périclès, à l'effort et à l'œuvre immortelle du génie athénien. Ion de Chios, un des premiers citoyens de l'île, dont il écrivit l'histoire, passa une partie de sa vie à Athènes; ses tragédies parurent avec honneur sur la scène attique à côté de celles de Sophocle. Les Chiotes ont encore aujourd'hui, dans tout l'Orient, la réputation d'être en affaires les plus fins et les plus retors de tous les Hellènes; cette finesse et cette subtilité qu'ils appliquent aujourd'hui surtout au négoce leur avaient fait, dans l'antiquité, prendre grand plaisir à la sophistique, que plusieurs d'entre eux étaient allés enseigner jusque dans la Grande-Grèce. Isocrate, déjà précédé d'une notoriété acquise à Athènes, devait donc trouver à Chios un terrain bien préparé et un accueil favorable.

Il ouvrit, dit-on, son école avec neuf élèves; mais le nombre s'en augmenta bientôt, et du continent, des îles voisines, on accourut suivre ses leçons. De tous ses auditeurs de Chios, le plus célèbre fut un citoyen de cette ville, Théopompe, qui se fit plus tard une grande réputation comme historien. Suivant son crédule biographe, l'influence qu'Isocrate acquit dans la cité

aurait été telle qu'il en aurait changé la constitution et
les lois [1]. Rien n'est moins vraisemblable; nous savons
tout ce qui manquait à Isocrate pour prendre une part
active à la politique, et ce n'est point dans une ville
étrangère qu'il aurait tenté une pareille intervention.
Non-seulement nous ne trouvons pas trace, dans l'histoire de Chios, de cette prétendue réforme accomplie
par les soins d'Isocrate, mais nulle part il n'y est fait
la moindre allusion par l'orateur, pas même dans le
discours sur *l'Echange*, où, arrivé au terme de sa carrière, il résume avec complaisance tous les titres qu'il
croit avoir à la reconnaissance de ses concitoyens
et de tous les Grecs. On prétend aussi qu'après avoir
commencé à enseigner son art à quiconque lui payait
le salaire convenu, il se serait écrié avec douleur : « Je
ne m'appartiens plus, je me suis vendu pour de l'argent [2]! » Sans doute c'était un principe admis par
Socrate et par ses plus fidèles disciples qu'il était
indigne d'un philosophe de vendre la sagesse, d'en
faire, comme les sophistes, métier et marchandise;
c'eût été là aux yeux de Platon une profanation analogue à celle que les premiers chrétiens réprouvèrent
sous le nom de *simonie*. Isocrate qui se piquait de
ne pas être un rhéteur comme les autres et d'enseigner la vertu en même temps que l'art de bien
dire, se souvint-il en effet des scrupules du maître?
Éprouva-t-il d'abord quelque embarras en recevant

1. *Vies des dix orateurs*, IV, § 6-8.
2. *Ibidem.*

la rétribution que lui apportèrent ses premiers disciples?
Toujours est-il que ce sentiment, s'il a jamais existé,
ne dura guère : nous voyons plus tard l'orateur tirer
vanité du prix auquel on paye ses leçons et ses discours, ainsi que du grand nombre de ses auditeurs.
Sans être avide, on s'habitue aisément à gagner beaucoup d'argent.

On ne sait pas combien de temps Isocrate séjourna
dans l'île de Chios; quand il en revint au bout de
quelques années pour se fixer à Athènes, son enseignement était célèbre dans la Grèce entière. Tous ceux
qui aspiraient à la gloire de l'éloquence se croyaient
obligés de passer par son école [1]. Un grammairien,
Hermippos, composa vers la fin du siècle suivant un
ouvrage en plusieurs livres, aujourd'hui perdu, sur les
disciples d'Isocrate. On connaît les noms des plus
remarquables d'entre eux : ce furent, parmi les historiens, Ephore, qui du temps de Philippe disputa la
palme à Théopompe, autre élève d'Isocrate, et Andro-
tion, orateur et politique peu estimable, si l'on en
croit Démosthène, mais l'utile auteur d'une *Atthide* ou
histoire de l'Attique qui précéda celle de Philochoros;
ce furent, parmi les poëtes, Asclépiade et Théodecte,
dont on avait des tragédies, parmi les sophistes, Lacri-
tos, riche Lycien domicilié à Athènes, contre lequel
est dirigé un plaidoyer conservé dans les œuvres de
Démosthène, parmi les orateurs, Léodamas, dont le

1. *Vies des dix orateurs*, IV, § 9-12.

nom se rencontre assez souvent dans la première
moitié du ɪvᵉ siècle, et Lycurgue, en qui Athènes trouva
son meilleur ministre des finances et l'un de ses plus
grands citoyens. Ce fut aussi à l'école d'Isocrate que
se forma ce Python de Byzance qui mit au service de
Philippe son talent de style et de parole. Directeur de
ce que nous appellerions la chancellerie macédonienne,
c'était lui qui rédigeait les manifestes du roi et ses
dépêches; il eut aussi l'honneur, comme ambassadeur
de Philippe, de lutter à la tribune, dans plus d'une cité
grecque, contre Démosthène. On citait encore Isée et
Hypéride; mais, pour ces deux orateurs, le biographe
ne mentionne leurs noms qu'avec une certaine hésita-
tion. Quant aux anecdotes qui mettent Démosthène en
rapport avec Isocrate, elles paraissent toutes plus que
suspectes. Plutarque, dans sa Vie de Démosthène, nie
d'ailleurs d'une manière formelle qu'Isocrate ait jamais
été le maître du grand orateur. Ce qui est certain au
contraire, c'est qu'Isocrate trouva dans l'un des plus
renommés capitaines qu'eût alors la Grèce un de ses
principaux admirateurs et de ses auditeurs les plus
assidus; personne ne lui fut plus attaché que Timothée,
le fils de Conon, habile et vaillant général comme son
père.

Le nombre des élèves qui fréquentèrent Isocrate
est évalué par son biographe à une centaine. On comprend que Cicéron ait comparé la maison d'Isocrate à
un gymnase, à un atelier de paroles ouvert à toute la
Grèce; de son école, dit-il encore, comme du cheval

de Troie, est sortie une foule de héros [1]. La rétribution ordinaire, au moins pour les étrangers, était de
1,000 drachmes, environ 900 francs; des citoyens
d'Athènes, il n'exigeait, assure-t-on, aucun salaire;
cependant il ne refusait pas des cadeaux. Timothée,
qui avait hérité des grands biens de son père dans
l'île de Chypre, lui fit don d'un talent (5,600 francs),
et de plus lui éleva dans Éleusis une statue de bronze
qui portait cette inscription : « En souvenir d'amitié
et pour rendre hommage à l'intelligence, Timothée
a consacré aux déesses cette image d'Isocrate [2]. »

Nous regrettons de ne pas posséder quelques détails
sur la forme d'un enseignement qui eut tant de vogue
et d'influence; mais il est pourtant possible de s'en
faire quelque idée. Cela se rapprochait bien plus que
les séances données jadis par les sophistes d'un vrai
cours d'études, d'une série méthodique de leçons. Isocrate, avant de commencer à professer, ce qu'il ne fit
guère qu'entre quarante et cinquante ans, avait passé
de longues années à méditer sur la rhétorique. C'est
le fruit de ces réflexions qu'il recueillit dans un traité
qui portait le titre d'usage, *techné* ou art. Comme on
pouvait s'y attendre, il avait tenu à dépasser ses prédécesseurs; il avait voulu donner des préceptes plus
logiques, plus clairs, plus complets. On retrouvait chez
lui cette définition que Platon critique si vivement dans

1. *De Oratore*, II, § 22, 94.
2. *Vies des dix orateurs*, IV, § 9, 27. Sur le caractère de Timothée,
sur ses vertus et son impopularité, voir Isocrate, XV, § 137-147.

le *Gorgias :* « La rhétorique est l'ouvrière de la persuasion » (πειθοῦς δημιουργός)[1] ; mais en même temps il
affirmait que la rhétorique était une partie de la philosophie[2]. On reconnaît là une idée qui lui était propre,
sa prétention de n'employer cet instrument de persuasion qu'à faire prévaloir le bien sur le mal, la vérité
sur le mensonge. Il étudiait et classait ensuite les lieux
communs, il distinguait les différentes parties du discours et il indiquait ce qui convenait à chacune d'elles :
nous avons le résumé de quelques-uns des conseils qu'il
donnait pour l'exorde et la narration[3]. Traitait-il aussi
de la distinction des genres? On n'a aucun renseignement à ce sujet; mais on peut voir, par quelques courts
fragments, qu'il entrait dans de minutieux détails sur
la partie de son art qu'il avait le plus étudiée, sur la
construction de la période oratoire et le choix des
mots[4]. Ce manuel, il le lisait à ses élèves, sans doute
en l'accompagnant de commentaires et d'exemples;
peut-être leur en dictait-il les parties les plus importantes. En tout cas, les plus zélés prenaient des notes :
c'est ce que prouve un curieux passage de Plutarque.
Selon lui, « Démosthène aurait eu secrètement com-
munication, par Callias de Syracuse et par d'autres,

1. Quintilien, II, 15, 4. Cf. Sextus Empiricus, *contre les mathémati-
ciens*, II, § 62, p. 301, F.
2. Quintilien, II, 15, 33.
3. Denys d'Halicarnasse, t. V, p. 489, 2; p. 492, 8; p. 494, 3; p. 396,
5. Quintilien, IV, 2, 31.
4. Ces témoignages, tirés des *Scholiastes* d'Hermogène, sont réunis
dans les fragments d'Isocrate, édition Ch. Müller, sous les numéros 10,
11 et 12.

des préceptes d'Isocrate sur la rhétorique et de ceux du rhéteur Alcidamas ; il en aurait tiré grand profit [1]. » On dirait aujourd'hui qu'il avait emprunté les *cahiers* d'un élève d'Isocrate. Ceci prouverait qu'Isocrate et les autres professeurs de rhétorique ne publiaient point, au moins tant qu'ils continuaient à enseigner, le manuel qui faisait le texte et le fond de leur cours. Si l'ouvrage avait été entre les mains de tout le monde, on n'aurait pas eu autant d'intérêt à suivre et à payer les leçons du maître.

Isocrate ne nous dit nulle part si, comme les rhéteurs latins, comme les Sénèque et les Quintilien, il exerçait ses élèves à la composition, s'il leur proposait un sujet et corrigeait ensuite leurs essais. En tout cas, comme on le voit d'après le *Panathénaïque,* il leur lisait ses discours avant de les publier, il en discutait avec eux le plan et les idées, il leur en faisait valoir les beautés [2]. C'est peut-être pour servir ainsi de modèles qu'ont été composés des ouvrages comme l'*Éloge d'Hélène* et le *Busiris.* Par leur caractère tout sophistique, ces discours sortent tout à fait du programme qu'Isocrate, au début du *Panathénaïque,* dit s'être tracé tout jeune à lui-même; ils ne touchent en rien « ni au bien de la cité, ni aux intérêts communs de toute la Grèce [3] », ils rentrent au contraire dans un genre qu'il affecte de mépriser, celui de « ces dis-

1. Plutarque, *Démosthène,* § 5.
2. *Panathénaïque,* § 200-201, 229, 233-234.
3. *Panathénaïque,* § 2.

cours pleins de fables, de prodiges et de mensonges, qui font plus de plaisir au vulgaire que les plus salutaires conseils [1] ». Cette infraction aux règles qu'il avait lui-même posées, cette excursion sur le terrain des sophistes s'explique par une préoccupation didactique qui se rencontre ici avec un petit calcul de vanité. L'un et l'autre de ces sujets avaient déjà été traités avant lui ; en les reprenant à nouveau, il a voulu montrer, dit-il, que ses devanciers n'avaient pas tiré de ces thèmes tout le parti possible. Il obtient ainsi un double résultat : ses élèves s'instruiront en comparant l'ébauche informe à ce qu'il leur donne comme un chef-d'œuvre, et les gens de goût auront une occasion de plus d'apprécier le génie d'Isocrate. Quant à nous, quelque bonne volonté que nous y mettions, il nous est difficile d'admirer. Encore y a-t-il dans l'*Éloge d'Hélène,* une fois le sujet admis, au moins une page d'un sentiment vraiment grec, vraiment attique, qui se lit avec plaisir [2] ; mais il est impossible de rien imaginer de plus froid et de plus insipide que le *Busiris.* Tout l'ouvrage porte sur cette idée singulière, que ce personnage, connu de la légende seulement pour sa cruauté, est le véritable fondateur des institutions égyptiennes. Ces institutions, Isocrate les célèbre à ce propos de manière à montrer qu'il n'en soupçonne ni l'origine ni le caractère. Les Grecs ont accrédité bien

---

1. *Panathénaïque,* § 1.
2. M. Havet en a donné, dans son *Étude sur Isocrate* (p. 72), une traduction comme il sait les faire.

des erreurs sur le compte de la civilisation égyptienne ; aucun de ceux qui ont essayé de la décrire n'en a parlé d'une manière aussi vague et aussi fausse. Vrai rhéteur, Isocrate était dépourvu de cette curiosité passionnée, éprise du détail exact et précis, qui fait l'historien ; aussi ceux de ses disciples, comme Éphore et Théopompe, qui écrivirent l'histoire, n'y cherchèrent-ils guère qu'un prétexte à de brillantes amplifications et à des harangues qu'ils croyaient éloquentes. Ce fut là ce qui les rendit si inférieurs non-seulement à des hommes de génie, comme Hérodote et Thucydide, mais même à un esprit de second ordre, comme l'auteur des *Helléniques,* Xénophon. Le sens historique n'a point de pire ennemi que le goût de la phrase, la superstition de la forme oratoire.

# III.

Isocrate, grâce au succès de son enseignement, était arrivé à une aisance qui le rendait indépendant, à une réputation qu'il pouvait prendre pour de la gloire. C'est alors qu'il s'essaye à un rôle nouveau auquel il aspirait depuis longtemps. Ce n'était pas sans une secrète et profonde douleur que, se sentant du talent et des idées, il avait renoncé au désir et à

l'espoir d'agir par la parole sur l'esprit de ses concitoyens, sur les affaires d'Athènes et de la Grèce. « Je
prends dix mines, lui entendait-on dire, pour enseigner
mon art; mais j'en payerais volontiers dix mille à qui
me donnerait l'audace et la voix[1]. » Au terme de sa
vie, âgé de près de cent ans, il éprouvait encore ce
regret, il souffrait de cette impuissance[2]. Il lui avait
été, il lui était encore pénible de voir écoutés sur le
Pnyx et devant les tribunaux des hommes auxquels il
se croyait très-supérieur par l'éducation et le mérite.
Tout au moins, quand, vers l'âge de cinquante ans,
connu et admiré dans tout le monde hellénique, il put
être sûr d'avoir de nombreux lecteurs, il voulut arriver
par un autre chemin à cette influence qu'il n'avait pu
demander à la tribune. Il se fit écrivain politique, ou,
comme nous dirions, publiciste ; il offrit ses conseils aux
peuples et aux rois. Profitant des loisirs que lui assurait sa fortune, il composa des discours longuement
médités et travaillés avec le plus grand soin, où il donnait son avis sur chacune des questions qui intéressaient la Grèce et surtout Athènes.

De tous ces discours, qui forment la partie principale de l'œuvre d'Isocrate, le plus célèbre est celui qui
est connu chez nous sous le titre fort inexact de *Panégyrique d'Athènes :* c'est *le Panégyrique* que l'on devrait
dire. En effet, ce mot, dans le grec classique, n'a point

1. *Vies des dix orateurs,* IV, § 4, 30.
2. *Panathénaïque,* § 9, 10.

encore le sens qu'il a pris en français ; il désigne les
discours prononcés dans une de ces grandes assemblées,
les jeux pythiques, isthmiques ou olympiques, les
Grandes Panathénées, où se donnaient rendez-vous,
outre tous les habitants des contrées voisines, des Grecs
accourus par milliers des plus lointaines colonies. Cette
foule, avide de spectacles où se déployassent pour lui
plaire les énergies du corps et celles de l'esprit, se
reposait volontiers d'une lutte ou d'une course en
écoutant, dans quelque *odéon* ou salle de chant, parfois même à l'ombre d'un portique, un musicien, un
poëte lyrique ou un rhéteur. Les harangues adressées
à ces auditeurs de rencontre ne peuvent appartenir ni
au genre délibératif ni au genre judiciaire : on est venu
là non pour voter une mesure politique ou pour rendre
un verdict, mais pour se donner un plaisir, comme on
va au théâtre. Il n'y a donc guère place, dans de
pareilles réunions, que pour le genre *épidéictique* ou le
discours d'apparat, et ce qui en fait le thème ordinaire et naturel, c'est l'éloge de quelque chose ou de
quelqu'un, l'éloge d'une ville, d'un peuple, d'une vertu,
d'un héros ou d'un grand homme. C'est ainsi que, par
une altération graduelle qui remonte, pour certains
dérivés de ce même radical, à l'antiquité même, le
mot *panégyrique* a perdu peu à peu sa signification
primitive; il est devenu dans la plupart des langues
modernes l'exact équivalent de ce que les Grecs appelaient *encomium,* éloge public.

Le fond de ce discours est d'ailleurs bien l'éloge

# ISOCRATE.

d'Athènes : l'orateur se propose d'y prouver que les Athéniens ont rendu plus de services à la Grèce que les Lacédémoniens, et qu'Athènes est la vraie capitale de la Grèce. A cet effet, après un long exorde où il fait ressortir l'intérêt et les difficultés de son sujet, il passe en revue toute l'histoire de sa patrie, depuis les temps légendaires jusqu'au moment où il écrit. Avec plus d'accent et de vivacité qu'il n'en a d'ordinaire, il montre tout ce que sa chère et glorieuse Athènes a fait pour la Grèce et pour la civilisation ; puis il passe à Sparte, et lui demande ce que les Grecs ont gagné à sa victoire. Quelle triste différence entre les traités qu'un Cimon imposait autrefois au roi de Perse et ceux que sollicite et obtient de lui, comme une faveur, le Spartiate Antalcidas! « Si l'on veut bien comprendre la grandeur du changement, que l'on compare les conventions jadis conclues par nous et celles que l'on signe aujourd'hui ! On verra que nous, nous limitions le pouvoir du roi, et que nous lui fermions la mer ; mais c'est lui maintenant, c'est lui qui a la haute main sur les affaires de la Grèce, c'est lui qui enjoint à chaque cité ce qu'elle doit faire ; peu s'en faut qu'il ne mette des gouverneurs dans les villes. A cela près, que manque-t-il à son pouvoir? N'a-t-il pas allumé et prolongé la guerre comme il l'a voulu? n'est-ce pas lui qui a dicté les conditions de la paix et qui a réglé la situation actuelle de la Grèce? N'entreprenons-nous pas de longs voyages pour aller nous accuser les uns les autres devant lui comme devant un maître? Ne lui

donnons-nous pas le titre de *grand roi,* comme si nous
étions devenus ses prisonniers? Dans les guerres que
nous engageons les uns contre les autres, ne plaçons-
nous pas, des deux côtés, nos espérances de victoire
en celui qui serait enchanté de voir anéanti aussi bien
l'un que l'autre parti[1]? » Il y a encore de l'énergie et
de la couleur dans la peinture des maux qu'inflige à
la Grèce, par son âpreté et son avidité, cette Sparte
qui s'est faite ainsi la complaisante de l'étranger.
« Jusque dans leur personne, dit-il, les sujets de Sparte
endurent plus d'outrages que chez nous les esclaves
achetés à prix d'argent : aucun Athénien ne maltraite
son serviteur comme les Spartiates châtient les hommes
libres[2]. » Il rappelle la destruction de Mantinée en
pleine paix, l'occupation frauduleuse et violente de la
Cadmée, la citadelle de Thèbes, les attaques dirigées
contre les Phliasiens et contre la fédération olynthienne,
enfin l'étroite alliance conclue entre Sparte et tous les
princes qui menacent l'indépendance républicaine des
cités grecques, Denys, le tyran de Syracuse, Amyntas,
le roi de Macédoine, et enfin l'ennemi héréditaire du
nom grec, le successeur des Darius et des Xerxès.

Après avoir dressé cet acte d'accusation, Isocrate
s'arrête : il proteste que ses paroles n'ont pas pour but,
toutes vives et passionnées qu'elles soient, de diviser
encore plus profondément la Grèce : au contraire, ce

1. *Panégyrique,* § 120-121.
2. *Panégyrique,* § 122.

qu'il veut prouver, c'est la nécessité d'une réconciliation sincère et durable entre les deux cités grecques,
réconciliation dont les barbares payeront les frais. Il ne
demande point la ruine de Sparte, membre nécessaire
du grand corps hellénique; mais il s'efforce de persuader
aux Grecs, aux Spartiates eux-mêmes, que Sparte
n'est point à la hauteur du rôle qu'elle aspire à jouer
depuis les désastres d'Athènes. Athènes a été battue,
humiliée, condamnée pour longtemps à l'impuissance
ou tout au moins à la modestie d'un rôle secondaire,
au recueillement et à l'attente; mais elle n'a pas été
remplacée. Sparte ne lui a pas succédé comme protec-
trice des faibles, comme gardienne des mers, comme
tutrice de la liberté grecque, menacée par l'énorme et
confuse barbarie. La Grèce a perdu plus encore
qu'Athènes elle-même à la chute de l'empire maritime
qu'avaient constitué Aristide, Cimon et Périclès; elle
en est comme toute désorientée. Il s'est fait dans le
monde hellénique un vide que Sparte, avec son génie
dur et borné, n'a pas su, ne saura jamais combler.
Sparte n'est pas généreuse; or sans générosité on peut
remporter de grandes victoires, on peut écraser ses
ennemis, mais on ne conquiert point ce prestige, cet
ascendant moral dont ne se passera jamais impunément
quiconque prétend non-seulement saisir le premier
rang par un coup de fortune, mais s'y maintenir et le
garder longtemps.

Dans toute la dernière partie du discours, Isocrate
s'attache à démontrer aux Grecs que, s'ils veulent

s'unir tous dans un commun et vigoureux effort, c'en
est fait de l'empire des Perses; il insiste sur tout ce
qu'il y a de faiblesse cachée sous ces apparences de
richesse, de grandeur et de puissance. Sans remonter
aux guerres médiques, la génération à laquelle appartient
l'orateur n'a-t-elle pas vu *les dix mille* traverser en
vainqueurs tout l'empire, puis, bientôt après, Thymbron,
Dercyllidas et Agésilas, avec une faible armée, être sur
le point d'arracher au grand roi toute l'Asie en deçà
de l'Halys? Ce sont les discordes des Grecs qui ont
forcé Agésilas à évacuer les provinces conquises. Plus
récemment encore, les insurgés égyptiens, et dans l'île
de Chypre Évagoras, n'ont-il pas tenu, ne tiennent-ils
pas en échec depuis plusieurs années toutes les forces
de la Perse et ses meilleurs généraux? La conclusion,
c'est que tous ceux qui ont part aux affaires publiques
doivent sans retard travailler à réconcilier Athènes et
Sparte. Qui donc en Grèce se refuserait à suivre leur
exemple et resterait en arrière quand elles marcheront
pour venger sur les Perses tant d'injures et de hontes,
pour affranchir les Grecs d'Asie? Ce qu'Isocrate ne dit
pas, c'est à quelles conditions pourrait se conclure
cette alliance si nécessaire; il a plus de goût pour les
considérations générales que pour le détail et la pratique. Son idée, c'était celle qui fut alors parfois mise
en avant comme projet de transaction, le partage du
commandement entre Sparte et Athènes, celle-ci, puissance maritime, prenant en main toutes les forces
navales de la Grèce, et Sparte, qui valait surtout par

sa redoutable infanterie, disposant de l'armée de terre.
Une pareille combinaison pouvait paraître juste et
sensée, mais qu'il eût été difficile de passer à l'exécution ! On ne l'essaya même jamais.

Déjà en 376, dans un discours dont nous n'avons
conservé qu'un fragment, Lysias, à Olympie, avait
donné aux Grecs assemblés des conseils analogues ; il
leur avait signalé avec éloquence les dangers dont les
menaçaient leurs divisions intestines. Nous savons que le
*Panégyrique* fut publié en 380, c'est-à-dire la première
année de la centième olympiade ; n'est-il pas naturel
de croire que la fête olympique fut aussi l'occasion
choisie par Isocrate pour offrir à l'admiration des Grecs
l'ouvrage auquel il travaillait depuis dix ans? Dès ses
débuts, il avait rencontré, nous l'avons vu, la concurrence de Lysias, auquel Platon le préférait, mais qui
l'avait emporté sur lui au barreau. Voulant prendre sa
revanche sur un terrain où il ne croyait point avoir de
rivaux, celui de la philosophie politique et des hautes
considérations d'intérêt général, Isocrate, que ses scrupules excessifs d'artiste et la lenteur de son minutieux
travail avaient mis en retard, dut au moins tenir, s'il
n'arrivait pas le premier, à venir figurer sur la scène
où Lysias avait brillé ; il dut tâcher de le faire oublier
par les auditeurs mêmes qui avaient applaudi cet autre
panégyrique. L'antiquité tout entière nous atteste le
succès obtenu par l'œuvre d'Isocrate ; à peine publiée,
elle devint, pour tous ceux qui professaient ou étudiaient
la rhétorique, une sorte de modèle classique. On fut

unanime à en admirer le style noble et soutenu, l'art
avec lequel y étaient enchaînées les pensées, la propriété des termes, la science du nombre oratoire,
l'harmonie d'une prose presque aussi douce à l'oreille
que la poésie. On ne voit pourtant pas qu'au premier
moment l'œuvre nouvelle ait remué les âmes autant
que l'avait fait l'éloquence plus passionnée de Lysias ;
elle n'amena rien de semblable à ce soudain mouvement de colère qui souleva la foule quand, après avoir
entendu la harangue de Lysias, elle infligea aux ambassadeurs de Denys le Tyran un sanglant et public affront.
Il est vrai de dire qu'Isocrate n'aspirait point à provoquer une pareille explosion ; son discours se termine
par un appel à la conciliation et à la concorde.

C'eût été pour les critiques un curieux sujet d'étude
que de pouvoir lire l'un à côté de l'autre le panégyrique de Lysias et le panégyrique d'Isocrate. Malheureusement du discours de Lysias il ne reste que l'exorde,
à peine une page. Ce qu'on peut croire, c'est que
Lysias, effrayé, comme Isocrate, de voir la Grèce
s'affaiblir et s'user dans ses luttes intestines, jugeait
mieux que lui la situation. Sans doute il ne tournait
pas ses regards du côté de l'horizon où devait se former l'orage : personne alors ne pensait à la Macédoine ; mais il sentait que la Perse n'était peut-être
point le plus dangereux ennemi, il avait peur de ces
monarchies militaires que travaillaient alors à construire
sur les ruines des libertés municipales des hommes
énergiques et ambitieux, les Mausole, les Jason, les

Denys de Syracuse. Isocrate, lui, ne songe qu'aux
Perses. Comme ces virtuoses qui, pendant vingt et
trente ans, répètent toujours dans les concerts le même
morceau de bravoure, Isocrate ne s'adresse jamais aux
Grecs sans les provoquer à une sorte de croisade contre
la Perse. Cette guerre nationale lui fournit une belle,
une riche matière oratoire ; il n'en demande pas plus,
et, tout entier à son thème favori, il oublie lui-même,
il fait oublier à ceux qui l'écoutent qu'il est pour la
Grèce d'autres menaces et d'autres périls.

Dans l'exorde du *Panégyrique*, Isocrate raille ceux
qui ont « l'esprit naïf et qui sont étrangers aux
affaires [1] ; » mais il prouve, quelques lignes plus bas,
combien il a peu lui-même le sens pratique et comme
il connaît mal les hommes. Selon lui, ce qui surtout
empêche et retarde cette réconciliation si désirée, à
laquelle les Athéniens sont tout disposés à se prêter,
c'est l'orgueil et l'ambition des Lacédémoniens, qui
veulent commander en maîtres dans toute la Grèce ;
cependant ne se flatte-t-il pas de leur donner de si
bonnes raisons et si bien présentées qu'ils vont se
déclarer convaincus et renoncer d'eux-mêmes à leur
suprématie ? Isocrate avait vraiment trop bonne opinion de son propre talent et de la nature humaine.
Peuples ou princes, les despotes n'abdiquent que par
peur, quelquefois par lassitude, par dégoût.

Le panégyrique ne fit donc pas les miracles qu'en

---

1. Λίαν ἁπλῶς ἔχει καὶ πόρρω τῶν πραγμάτων ἐστίν. § 16.

espérait le complaisant optimisme de l'auteur. Les Spartiates n'étaient pas grands lecteurs ; si quelques-uns d'entre eux, Agésilas et les éphores, parcoururent cet ouvrage, ils se bornèrent sans doute à sourire de la vanité et de la faconde athénienne ; mais sur les autres Grecs et sur les Athéniens l'impression dut être profonde. Dans les villes grecques d'Asie, livrées par la paix d'Antalcidas aux satrapes perses, dans les îles, que désolait la piraterie toujours renaissante, dans les cités de la Grèce continentale qui comme Corinthe, Mantinée, Phliunte, Thèbes, Olynthe, avaient été maltraitées et humiliées par Sparte, dont elles étaient d'anciennes et fidèles alliées, on commence à se souvenir, à comparer les actes aux promesses, le présent au passé. Le brillant manifeste d'Isocrate donne un corps à des sentiments qui, dans beaucoup d'esprits, étaient jusque-là obscurs et vagues. Quelle différence entre l'état actuel de la Grèce et celui où l'avaient mise les victoires de Cimon ! Alors les Perses étaient refoulés dans l'intérieur de l'Asie, alors les escadres athéniennes faisaient la police des mers et en chassaient les pirates de toute race et les marchands phéniciens, alors la crainte de se voir abandonner pour sa puissante rivale forçait Sparte à être juste et loyale envers ses alliés. On oublie les fautes d'Athènes, qu'elle avait si chèrement payées, et ses abus de pouvoir, dont on ne souffrait plus ; on se rappelle tous les services rendus à la cause commune par la vaillante et généreuse patrie d'Aristide, de Cimon et de Périclès.

Quant à Athènes, elle dut trouver un singulier plaisir, dans sa fortune réduite, à regarder passer devant ses yeux, à la voix de l'enchanteur qui évoquait toutes ces chères images, la radieuse vision de ses grands hommes et de ses victoires d'autrefois. Après certaines chutes inattendues et profondes, les peuples qui ont d'eux-mêmes la plus haute opinion risquent de tomber dans un accablement aussi déraisonnable qu'était jadis excessive leur confiance en leurs propres forces. Il est des désastres auxquels ne résiste point même la plus robuste vanité. Du bout des lèvres on répète encore, par habitude et pour se donner une contenance, que rien n'est changé, que l'on a seulement été trahi par les hommes et par le sort; on affecte de mépriser ses vainqueurs et on parle de revanche; mais au fond de l'âme on ne croit plus en soi, on se sent découragé de l'effort et disposé à s'y soustraire soit en hasardant tout, comme un joueur qui ne se possède plus, sur un coup de désespoir, soit en se réfugiant dans le plaisir, dans la vie facile, dans un scepticisme élégant et moqueur. Ce sont souvent au lendemain de ces catastrophes les meilleurs et les plus sages qui sont d'abord les plus abattus : mieux que les autres, ils se rendent compte des vices héréditaires dont les fautes commises n'ont été que le résultat nécessaire. Il importe, à cette heure décisive, de relever l'âme d'une nation en lui montrant que tout n'était pas illusion et rêve dans l'idée qu'elle s'était faite de son génie et de son rôle; il importe de l'aider

à retrouver en elle-même le secret de ces vertus et de
ces forces qui avaient fait autrefois la patrie si glorieuse
et si puissante. C'étaient là les pensées que le panégyrique devait suggérer à l'esprit des Athéniens, ce fut là
le service qu'il leur rendit au début de cette période où
Athènes, s'encourageant peu à peu, s'essayait à reconstituer son ancienne confédération maritime. Comment
ne pas redresser la tête, comment ne pas sentir renaître
sa fierté et son espoir quand on entendait Isocrate,
accordant à Athènes un éloge qui n'est ici que l'expression de la vérité même, rappeler qu'elle avait été
plus grande encore par l'esprit que par ses victoires
guerrières? « Athènes, dit-il en terminant un des
meilleurs chapitres de son discours, Athènes a tellement dépassé les autres peuples par le génie de l'éloquence et de la philosophie, que de simples disciples
chez elle sont admis comme des maîtres chez les autres,
qu'elle a fait du nom de Grec moins le nom d'un peuple
que le signe de l'intelligence même, et qu'on désigne
par ce nom les hommes qui participent à notre éducation plus encore que les hommes qui partagent notre
origine [1]. »

Le succès du panégyrique achève de rendre célèbre
dans tout le monde grec le nom et le talent d'Isocrate ;
à partir de ce moment, ce n'est plus seulement aux
républiques, c'est aussi aux rois qu'il accorde ses
louanges et qu'il offre ses conseils. Nous avons de lui

1. *Panégyrique*, § 50.

trois discours écrits, de 375 à 370, pour les princes de
Chypre ; ils sont intitulés *Évagoras, à Nicoclès, Nicoclès
ou les Chypriotes.* Dans le premier de ces discours, il fait
d'Évagoras, qui venait de périr victime d'un meurtre,
un éloge que l'on dut lire avec plaisir non-seulement
à Chypre, mais encore à Athènes. Évagoras s'était
montré l'ami fidèle d'Athènes au lendemain même de
ses plus cruels désastres; il avait recueilli Conon échappé
avec quelques vaisseaux à la catastrophe d'Ægos-Potamos, et, quelques années après, il avait servi d'intermédiaire entre les Perses, menacés par Sparte en Asie
Mineure, et les Athéniens, qui aspiraient à redevenir
maîtres de la mer ; il avait mis à la disposition de
Conon cette flotte, surtout phénicienne, qui gagna la
bataille de Cnide et détruisit les escadres péloponésiennes. Aussi, quand un peu plus tard Évagoras se
brouilla avec la Perse, Athènes, au risque de rejeter
le grand roi du côté de Sparte, n'abandonna point
Évagoras ; malgré les plaintes et les menaces de la
Perse, elle ne cessa de l'aider d'hommes et d'argent
dans la lutte inégale qu'il soutenait contre toutes les
forces de la monarchie. Cette lutte venait de se terminer
par un traité fort honorable pour Évagoras quand il
fut assassiné ; mais sa mort ne mettait pas à néant les
résultats de son règne. Dans cette île, que s'étaient
disputée jusqu'alors l'influence grecque et l'influence
phénicienne, il avait donné à la langue, aux lettres,
aux arts, au génie de la Grèce une suprématie incon-
testée. Le discours d'Isocrate ne nous fournit pas, sur

ce règne agité et fécond, sur les travaux et combats d'Evagoras, ces détails précis que nous serions heureux d'y trouver ; il est pourtant de quelque intérêt pour l'histoire, tant nous manquons de renseignements sur ce curieux épisode de la lutte séculaire entre l'Europe et l'Asie ! Quant au discours à Nicoclès, c'est un sermon, une sorte de *Petit Carême* prêché devant un prince païen pour l'éclairer sur ses devoirs et lui proposer un idéal de gouvernement. On y retrouve l'utopie que Xénophon, vers le même temps, exposait dans sa *Cyropédie,* cette même théorie d'une monarchie absolue en droit, mais tempérée par la sagesse et la bonté du monarque. Choqués des défauts du gouvernement populaire et lassés des perpétuelles agitations au milieu desquelles ils vivaient, plusieurs esprits distingués s'étaient, dans ce siècle, épris de ce rêve. Isocrate, à qui le régime démocratique n'avait point fait une place qui le satisfît, caresse avec amour cette chimère, et bientôt, tant il a peu le sens politique, ce sera au profit de l'ambitieuse Macédoine qu'il la poursuivra. Dans la harangue qui termine cette série, c'est Nicoclès, le fils et le successeur d'Évagoras, qui parle à son peuple ; on a là une homélie qui traite des devoirs des sujets envers le prince, et qui fait pendant, comme Isocrate l'indique lui-même, à celle où il avait exposé les devoirs du prince envers ses sujets [1].

---

1. M. Havet ne croit pas à l'authenticité du *Nicoclès.* Nous n'y voyons pourtant rien, ni dans le style, ni dans les idées, qui ne puisse convenir à Isocrate.

Nous n'insisterons pas sur plusieurs autres ouvrages dans lesquels, soutenant le rôle qu'il s'était attribué, Isocrate continue à donner son avis sur les affaires d'Athènes et de la Grèce. Le *Plataïque* est de 372. Isocrate y dénonce à l'indignation de ses concitoyens et de tous les Grecs un acte de violence et de cruauté que vient de commettre Thèbes, depuis Leuctres la première puissance militaire de la Grèce; fidèle à ses anciennes haines, elle a détruit une seconde fois cette malheureuse ville de Platée, qu'elle avait déjà prise et renversée au début de la guerre du Péloponèse; elle a de nouveau voué à la misère et à l'exil les tristes Platéens. Dans l'*Archidamos,* Isocrate discute et critique encore l'usage que fait Thèbes de sa prépondérance récemment conquise : ces réflexions sont placées dans la bouche d'Archidamos, fils d'Agésilas et roi de Sparte, qui est censé prononcer ce discours dans le congrès de 366. L'*Aréopagitique* porte un titre trompeur : nous n'y trouvons pour ainsi dire aucun renseignement sur les attributions réelles de l'aréopage et sur le rôle qu'il jouait dans le système des institutions athéniennes; c'est encore une espèce de sermon qu'Isocrate met en quelque sorte sous l'invocation d'un tribunal vénéré qui, tel que l'orateur le représente, a un caractère plus idéal qu'historique. Isocrate y fait la leçon à la démocratie comme il l'avait faite ailleurs aux rois et à leurs sujets. Le discours *sur la paix* (355) a été inspiré par l'une des crises les plus douloureuses de l'histoire d'Athènes, par la lutte que l'on appelle *la guerre sociale.* Cette nouvelle confédération maritime qu'Athènes avait réussi à reformer autour d'elle dans les premières années du iv⁰ siècle était en train de se dissoudre ; Chios, Rhodes et Byzance avaient donné le signal de la sécession. En vain Athènes avait essayé de s'opposer par la force à ces défections ; mal concertés et mal conduits, ses efforts n'avaient abouti qu'à des désastres. De ses généraux, les uns, comme Chabrias, étaient morts en combattant ; les autres, comme Iphicrate et Timothée, avaient quitté le service, dégoûtés de voir le peuple s'en prendre à eux de défaites amenées par l'insuffisance des armements et les intrigues des orateurs. Le trésor était vide, le commerce languissant, le peuple las des charges que lui imposait la guerre. Il n'y avait donc guère d'autre parti à prendre que d'accepter les faits accomplis : c'est ce que conseille Isocrate et ce que l'on résolut ; mais que nous voilà loin du *Panégyrique* et de ses patriotiques ambitions ! Ici Isocrate demande qu'Athènes renonce à toute idée de suprématie ou même d'influence extérieure ; il lui suffit qu'Athènes vive tranquille, gagne de l'argent, et jouisse en paix de son ancien renom ; il veut lui faire prendre sa retraite. Ce sera, si l'on peut ainsi parler, une grande cité honoraire. Pour sauver les apparences et déguiser ce qu'il y a de fâcheux dans cette sorte de démission à laquelle il convie ses concitoyens, Isocrate leur présente, il est vrai, des espérances et leur fait des promesses. « Ce que nous ne pourrions reprendre aujourd'hui, leur dit-il, sans la guerre et sans beaucoup de dépenses, nous l'obtiendrons aisément par des ambassades. Ne croyez pas en effet que Kersoblepte veuille faire la guerre pour la Chersonèse ou Philippe pour Amphipolis, lorsqu'ils verront que nous ne convoitons plus rien de ce qui appartient à autrui [1]. » Se représente-t-on Philippe touché du désintéressement d'Athènes, saisi d'une généreuse émulation et n'aspirant plus de son côté qu'à s'abstenir du bien d'autrui? Si nous ne savions qu'Isocrate parle toujours sérieusement, qu'il n'a jamais plaisanté de sa vie, nous croirions qu'il se moque ici des Athéniens, ce « peuple de gobe-mouches, » comme les appelait Aristophane, ces gens d'esprit auxquels on faisait croire tant de sottises. N'ayant pas la ressource de cette explication, il nous faut bien admettre qu'il y a ici une candeur honnête qui frise la niaiserie.

Les Athéniens, comme le désirait Isocrate, se décidèrent à laisser Chios, Rhodes, Cos et Byzance se détacher de leur alliance; ils restèrent, par le traité qui mit fin à cette lutte, si isolés et si affaiblis, qu'ils ne pouvaient plus guère inspirer d'ombrages à leurs voisins. Cette résignation ne pouvait manquer, selon le publiciste grec, de désarmer le jeune et ambitieux souverain qui était monté en 359 sur le trône de Macédoine. Tout au contraire, elle ne fit que l'encourager à beaucoup oser contre Athènes. En quelques

---

1. *Sur la paix*, § 22.

années, il avait créé la phalange, et s'était donné une armée nationale de 30,000 hommes qu'il tenait toujours en mouvement et en haleine. Il avait pris Amphipolis, l'éternel regret d'Athènes, et, malgré ses belles promesses, il l'avait gardée ; il avait enlevé aux Athéniens eux-mêmes Pydna et Potidée. Entre lui et la mer, il y avait encore Olynthe et les trente-deux villes dont se composait la confédération qu'elle présidait, — une ligue semblable à ce que sera plus tard la ligue achéenne ; Philippe avait emporté Olynthe, secourue trop tard par Athènes. Déjà maître de la Thessalie, sous couleur de venger le dieu de Delphes outragé par les Phocidiens, il avait surpris les Thermopyles, cette porte de la Grèce centrale, et dépeuplé la Phocide au moment même où il venait de signer la paix avec Athènes. C'est cet instant que choisit Isocrate pour publier, en 346, sous forme d'une harangue ou d'une lettre adressée à Philippe, un manifeste où il expose ses idées sur la situation ; il y rappelle le langage que, depuis l'avénement de Philippe, il n'a cessé de tenir dans le cercle qui l'entoure ; il y parle d'un discours qu'il avait commencé pour conseiller cette paix qui vient de se conclure. Par là, on peut juger du rôle qu'a joué Isocrate à Athènes, pendant le cours de cette grande lutte où devait périr la liberté grecque. Pendant plus de dix ans, il travaille à endormir Athènes ; il contrarie les efforts de ceux qui, comme Hypéride, Lycurgue et Démosthène, voudraient ouvrir les yeux de leurs concitoyens et les décider à combattre le mal dans son germe, fût-ce même au prix de grands sacrifices. Il vante la générosité et la modération de Philippe, ainsi que son amitié pour Athènes ; il va même jusqu'à soutenir que, si Philippe fait des conquêtes en Chalcidique et en Thrace, c'est avec l'intention bien arrêtée d'en réserver une part aux Athéniens, de leur offrir des compensations. Le goût du bien-être, l'aversion pour le service militaire, qui se répandaient de plus en plus à Athènes, disposaient les âmes à partager ces illusions ; on avait trop d'intérêt à en croire Isocrate plutôt que Démosthène pour ne pas accueillir volontiers des assurances données avec tant de conviction par un si honnête homme.

C'est ainsi que sans s'en douter Isocrate faisait gratis ce que l'on payait si cher à Eschine et à Démade : il trahissait les intérêts de la Grèce et travaillait à abaisser devant Philippe cette Athènes qu'il aimait tant. Pour récompenser ce naïf complice dont la candeur devait le faire sourire, il n'en coûtait à Philippe que quelques égards et quelques complaisances. Par les lettres qui nous sont parvenues sous le nom d'Isocrate et dont on admet en général l'authenticité, on voit qu'il y avait une correspondance suivie entre le rhéteur octogénaire et la cour de Pella. Le rusé Macédonien ne refusait aucun concours et ne décourageait aucune sympathie ; il chargeait donc Python, l'ancien élève d'Isocrate, de répondre, par quelque belle épître écrite dans la langue du maître, aux louanges mêlées de conseils que lui prodiguait Isocrate. Celui-ci ne se sentait pas de joie à ces marques de déférence et de respect dont le comblait un prince victorieux ; il répétait à tous ceux qui l'approchaient que l'on calomniait Philippe, et que, 'si le roi continuait la guerre, la faute en était à tous ces brouillons d'orateurs qui ne cessaient de l'attaquer et de l'insulter. Cependant Philippe, tout en protestant de son goût pour la paix et de son amitié pour Athènes, avançait toujours. Maître des Thermopyles, allié de Thèbes, il menaçait déjà la frontière de l'Attique et les défilés du Cithéron. Pour détromper Isocrate, il faudra Chéronée. Philippe vient d'anéantir par le fer et le feu un des peuples les plus braves de la Grèce, les Phocidiens ; il a changé leur territoire en un désert où fument encore partout les ruines. Alors même Isocrate ne voit encore à la Grèce qu'un ennemi, la Perse ; il n'a qu'une idée, décider tous les Grecs et Athènes la première, cette Athènes dont il avait jadis retracé lui-même la glorieuse histoire, à s'incliner devant le Macédonien et à s'enrôler sous sa bannière pour aller conquérir l'Asie. Ainsi, lorsqu'en 1866 la Prusse se préparait à écraser l'Autriche qu'elle avait compromise, il s'est trouvé en France tout un groupe d'écrivains pour soulever les esprits contre l'Autriche et pour exalter la Prusse, « puissance protestante et libérale ». Contre cette malheureuse Autriche, on exploitait de vieux souvenirs, comme Isocrate contre la Perse ceux des guerres médiques, et, pour détourner les yeux des ambitions prussiennes, on insistait sur le péril imaginaire de je ne sais quelle restauration du moyen âge rêvée par l'Autriche. De même Isocrate, quand Philippe franchissait les Thermopyles, le saluait comme « l'homme providentiel » chargé d'arracher la Grèce au danger d'une nouvelle invasion asiatique. Quand il s'agit d'embrouiller les idées de tout un peuple et d'égarer l'opinion, ceux qui y travaillent de bonne foi sont encore plus dangereux que les sophistes à gages : il est un certain air de conviction qui ne s'imite pas. Dupe lui-même, Isocrate a peut-être à son insu rendu plus de services à Philippe que les orateurs, j'allais dire les journalistes, qu'il soudoyait à Athènes.

Nous avons eu nos Isocrates dans ces tristes années que nous venons de traverser; mais ils n'écrivaient pas le français comme Isocrate écrivait le grec. La langue, l'art, les finesses de style, c'est ce qui reste jusqu'au bout sa principale préoccupation. C'est à ce titre surtout que l'on peut lire avec quelque intérêt le *Panathénaïque*, où il reprend d'une plume alanguie par l'âge le thème qu'il avait traité quarante ans plus tôt, l'éloge d'Athènes. Il avait, comme il nous l'y apprend lui-même, quatre-vingt-quatorze ans quand il commença cette œuvre, quatre-vingt-dix-sept quand il l'acheva [1]. Isocrate était né académicien : il faut voir comme, au terme de sa longue vie, il jette un coup d'œil de satisfaction sur tous ces beaux discours qu'il a écrits, sur ce dernier discours qu'il donne aujourd'hui

---

1. *Panathénaïque*, § 267-280.

au public. Il y a surtout un passage curieux, où il se montre à nous entouré de trois ou quatre jeunes gens, éplucheurs de phrases comme lui et « regratteurs de mots », qui s'exercent sous sa direction à toutes les subtilités de la rhétorique, à toutes les combinaisons de la période ; ces respectueux disciples, dociles confidents, lui renvoient l'écho de la naïve admiration que lui inspirent ses propres ouvrages[1]. Ce qui fait sourire, c'est qu'avec tout cela Isocrate, toujours de la meilleure foi du monde, nous parle de sa modestie[2]. Là s'étale encore avec complaisance l'idée qu'il se fait de son importance, ainsi qu'une disposition chagrine dont on trouverait de bonne heure la trace dans ses autres écrits. Cette apologie ou plutôt cette glorification de sa personne et de son rôle, à laquelle Isocrate revient dans l'exorde du *Panathénaïque*, il l'avait déjà présentée, une quinzaine d'années auparavant, avec plus de force et de talent, dans le discours sur l'*Antidosis* ou « l'échange » (354). Là, se supposant traduit devant un jury athénien et en présence d'accusateurs acharnés contre lui, il avait répondu, en termes qui ont souvent leur énergie et leur noblesse, aux reproches que lui adressaient ses détracteurs ; pour mieux faire ressortir l'unité de sa vie, le caractère patriotique et moral de son enseignement, il avait cité et reproduit dans cette composition de nombreux passages de ses discours antérieurs. Si nous n'avons pas insisté sur ce curieux

1. *Panathénaïque*, § 200.
2. *Ibidem*, § 20.

ouvrage, c'est qu'il a été pour un de nos maîtres, M. Havet, l'occasion d'une remarquable étude intitulée *l'Art et la prédication d'Isocrate* [1].

On sait fort peu de chose sur ces dernières années d'Isocrate en dehors de ce qu'il nous apprend lui-même de son rôle public et de son état d'esprit. Son aisance, quoi qu'il en dise, était presque de la richesse. Bien qu'il n'y eût rien en Grèce qui ressemblât à ce que nous appelons la propriété littéraire, ses discours ne lui avaient pas moins rapporté que ses honoraires de professeur. On lui payait très-bien des éloges dont on tirait vanité, des conseils que l'on était toujours libre de ne pas suivre. Pour le seul éloge d'Évagoras, Nicoclès lui envoya 20 talents, plus de 110,000 francs [2]. Aussi Isocrate fut-il désigné trois fois pour la *triérarchie* ou l'équipement d'un vaisseau de guerre, charge

1. *Revue des Deux Mondes*, 15 décembre 1858. Nous n'aurions pas même osé parler d'Isocrate après M. Havet, si le but que nous nous proposions d'atteindre n'eût été différent du sien. Ce que nous voulions faire, c'était raconter la vie d'Isocrate, le replacer dans son cadre, esquisser à propos de lui un chapitre de l'histoire d'Athènes. Sur l'art d'Isocrate, sur le caractère de son éloquence et de son style, sur son influence et ses imitateurs, nous n'aurions rien pu ni ajouter ni changer à ce que M. Havet a si bien dit; son étude est un chef-d'œuvre de finesse et de précision. On la trouvera reproduite, avec d'importantes additions, dans le beau volume sorti des presses de l'imprimerie nationale, qui a pour titre le *Discours d'Isocrate sur lui-même, intitulé sur l'Antidosis,* traduit en français pour la première fois par Auguste Cartelier, revu et publié avec le texte, une introduction et des notes par Ernest Havet, in-8°, 1862. Les notes ont une réelle importance; elles ne sont pas empruntées à des commentaires antérieurs, mais elles témoignent d'une rare connaissance de toute la littérature classique de la Grèce. Platon, Aristote et Démosthène y sont surtout singulièrement mis à profit.

2. *Vies des dix orateurs*, IV, § 17. Une autre fois, c'est Timothée qui lui fait don d'un talent (*ibid.* § 9).

qui n'atteignait à 'Athènes que les citoyens les plus opulents. Deux fois, raconte-t-on, il réussit à décliner ce fardeau ; la troisième fois, il ne chercha plus à s'y soustraire et fournit largement aux dépenses qu'il imposait [1]. Déjà vieux, il épousa Plathané, la veuve du sophiste et rhéteur Hippias. Elle avait trois enfants de son premier mari ; Isocrate adopta le plus jeune, Apharée : il ne pouvait mieux choisir. Dans cette maison où il allait chercher les soutiens de sa vieillesse, on avait déjà le culte de la rhétorique. Apharée paraît avoir été pour Isocrate un fils respectueux et dévoué. Il représenta en justice son père adoptif; il eut le crédit de lui épargner par son éloquence une de ces triérarchies auxquelles on prétendait l'astreindre. Après la mort de l'orateur, il se fit l'éditeur et le commentateur de ses ouvrages [2].

Ce devait être pour Isocrate un allégement aux misères de l'âge que de se voir entouré des soins affectueux d'une femme et d'un fils si bien préparés à l'aimer et à l'admirer. Il pouvait aussi s'estimer heureux entre tous de conserver si tard toutes ses facultés sans qu'elles eussent sensiblement baissé. Bien peu d'hommes peuvent encore, à plus de quatre-vingt-dix ans, cultiver les lettres et faire œuvre d'écrivain. Malgré tant de raisons de bénir la destinée, ses dernières années paraissent avoir été tristes. Toute la gloire que lui avaient procurée ses écrits ne l'avait pas encore

1. *Vies des dix orateurs*, § 18, 43.
2. *Ibidem*, § 10.

consolé de n'avoir jamais pu parler en public; il souffrait des succès retentissants qu'obtenaient à côté de
lui des hommes qu'il affectait de mépriser, les Eschine,
les Hypéride, les Démosthène. Ce n'est pas tout : il
se croit environné d'envieux et d'ennemis, dont les uns
l'attaquent ouvertement, tandis que les autres, plus
perfides et plus dangereux, le déshonorent en se cou-
vrant de son nom et en pillant ses ouvrages ; ce sont
ces *sophistes,* comme il les appelle lui-même, contre
lesquels il a écrit un discours tout plein d'amertume et
de mauvaise humeur. Quoi qu'il en ait dit, la postérité
se refuse à voir en lui autre chose que le plus brillant
et surtout le plus honnête des sophistes. Enfin il est
une dernière souffrance qu'Isocrate n'avoue point, mais
dont nous pouvons nous faire idée, connaissant son
patriotisme et sa loyauté : dans le cours de ces longues insomnies auxquelles sont condamnés les vieillards, il dut souvent se prendre à douter de Philippe, ce
terrible vainqueur dont il avait garanti avec tant d'apparat les intentions pacifiques et le désintéressement.
Pourquoi le roi rendait-il la tâche si difficile à ses
amis? Comment expliquer, comment justifier la destruction d'Olynthe, l'occupation des Thermopyles, la
ruine et l'incendie promenés dans toute la Phocide?
Philippe ne le laissa pas longtemps dans l'embarras.
En 338, ramené dans la Grèce centrale par une nouvelle guerre sacrée, spécieux prétexte que lui offrit la
complicité d'Eschine, le roi saisit tout d'un coup Élatée
et marcha sur l'Attique; si Thèbes, sur laquelle il

croyait pouvoir compter, ne lui eût, à la voix de Démosthène, barré le passage, il était en peu de jours au
pied même de l'Acropole. Quelques semaines plus tard,
la supériorité de l'instruction militaire et de la discipline donnait la victoire aux Macédoniens; sur le
champ de bataille de Chéronée, mille Athéniens étaient
tombés pour ne plus se relever. Le jour même où l'on
célébrait les funérailles publiques de ces morts, où
Démosthène, au nom de la cité, leur rendait un suprême hommage, on apprit que le vieil Isocrate venait
d'expirer. Il avait plus de quatre-vingt-dix-huit ans.

Cette coïncidence était trop frappante pour ne pas
tenter les faiseurs d'anecdotes qui abondèrent à l'époque alexandrine. Plus tard donc on raconta que, ne
voulant pas survivre à ce désastre, Isocrate s'était
laissé mourir de faim [1]. Ceci nous semble, comme à
M. Havet, une pure légende. Ne suffit-il pas, pour
abattre le vieillard, d'une si lugubre nouvelle et d'un
si rude choc? La voix avinée de Philippe insultant les
prisonniers athéniens au milieu des cadavres, n'était-ce
pas un assez brutal démenti à toutes ces illusions, à
toutes ces espérances qu'avait caressées et accréditées
le crédule rhéteur? Isocrate, malgré toutes ses faiblesses, malgré sa vanité et ses courtes vues, aimait
tendrement sa patrie; on se plaît à le voir, frappé du
même coup que sa chère Athènes, défaillir et fermer
les yeux à l'heure où, selon l'expression de l'orateur

1. *Vies des dix orateurs*, IV, § 14, 22.

Lycurgue, « la liberté de la Grèce fut ensevelie dans le tombeau des vaincus de Chéronée [1] ». Il avait vécu presque un siècle.

Dans le cours de cette longue existence, que d'hommes et de choses avaient passé devant lui! Comme le monde grec, au moment où il en sortait, présentait un aspect différent de celui sur lequel s'étaient promenés ses premiers regards! Dans les heureuses années de son adolescence, Athènes, enrichie du tribut que lui payaient des villes alliées qu'elle comptait par centaines, redoutée du grand roi qu'elle avait battu sur terre et sur mer, était la capitale politique d'un vaste empire, et en même temps l'ardent foyer où venaient se concentrer toutes les flammes du génie grec et d'où partaient ses plus purs, ses plus étincelants rayons. A côté d'elle, Sparte, Thèbes, Corinthe, Argos, bien d'autres cités, pleines de séve, de virile et guerrière énergie, semblaient promettre à la Grèce un avenir sans fin d'indépendance et d'activité féconde. Quelle menace extérieure, quelle conquête pouvait avoir à craindre cette Grèce, si souple et si résistante tout à la fois, contre laquelle était venu se briser le colossal effort de toute l'Asie conjurée? Quant à ces peuples à demi barbares qui s'agitaient sur sa frontière septentrionale, Épirotes, Macédoniens et Thraces, ils étaient étrangers à la science du gouvernement et à celle de la guerre,

---

1. La belle expression que nous signalons chez Lycurgue paraît avoir été empruntée par lui à Lysias, qui s'en était servi à propos des vaincus d'Ægos-Potamos (II, § 60). Lysias en était-il l'inventeur? Nous l'ignorons.

ils étaient incultes, pauvres et grossiers; les plus habiles de leurs chefs, ceux qui se targuaient de descendre des héros grecs, n'avaient d'autre ambition, lorsque leurs sauvages voisins leur laissaient quelque repos, que de recevoir comme un lointain reflet de la civilisation hellénique.

Les observateurs, même les plus pénétrants, un Thucydide par exemple, n'auraient jamais imaginé que la Grèce eût rien à redouter du côté du Pinde et de l'Olympe. Isocrate avait grandi, et au moment où il entrait dans l'âge mûr il avait vu Athènes ruinée par ses imprudences et par l'excès de son ambition, accablée par les désastres de Sicile et d'Ægos-Potamos, prise et démantelée, puis condamnée à l'affront d'une cruelle tyrannie que soutenait une garnison étrangère; il l'avait vue ensuite se relever avec une élasticité et un ressort merveilleux, de manière à grouper bientôt autour d'elle la plupart de ses anciens alliés. Alors donc que, touchant à la vieillesse, il écrivit le *Panégyrique,* il put espérer que l'avenir d'Athènes ne serait point indigne de son passé, il put croire qu'elle ressaisirait bientôt cette *hégémonie* ou direction des affaires grecques dont Sparte l'avait dépouillée pour se voir à son tour supplantée par Thèbes. De nouvelles fautes vinrent entraver l'essor de cette puissance et de cette prospérité renaissantes; la guerre sociale brisa la confédération dont Athènes était redevenue le centre. Il avait fallu renoncer aux espérances dont l'orateur s'était fait, devant toute la Grèce, l'éloquent interprète. Alors

même l'infatigable vieillard ne s'était pas découragé ;
il avait cru qu'Athènes obtiendrait, par son désintéressement et son respect de la justice, ce qu'elle n'avait
pu conquérir par la diplomatie et par les armes ; il
avait auguré pour elle un temps où, débarrassée des
soucis de l'empire, tout entière aux arts de la paix,
elle jouirait, au milieu de la Grèce, qu'elle n'inquiéte-
rait plus par ses ambitions, d'une sorte de primauté et
de magistrature morale. Ce serait le moment où, réu-
nie dans une même pensée sans être soumise à aucune
domination, la Grèce pourrait enfin tourner toutes ses
forces contre l'ennemi commun, le roi de Perse, et
venger les anciennes injures. Philippe vint troubler ce
beau rêve. Au lieu de pénétrer ses desseins, Isocrate,
attaché à sa chimère avec une obstination sénile, se
mit à compter sur le Macédonien pour la réaliser. Au
lieu de pousser son peuple, comme Démosthène, à faire,
quoi qu'il dût advenir, son devoir de premier soldat
de la liberté grecque, il travailla, sans le vouloir, à le
tromper et à l'endormir ; il se fit l'involontaire complice
des lâches et des traîtres. Arrivé au terme d'une existence qui avait dépassé la mesure ordinaire, il vit la
bataille de Chéronée consommer sans retour l'abaissement d'Athènes et l'asservissement de la Grèce. Quand
il apprit cette nouvelle, dans le désespoir auquel il
succomba, il devait y avoir non-seulement de la douleur, mais du remords. Isocrate avait, pour sa part,
ouvert le chemin à Philippe, il avait contribué à la
défaite et à la chute de cette Athènes qu'il avait tant

aimée, et qu'il avait connue, dans les beaux jours d'autrefois, si grande et si glorieuse.

Cette longue vie, que l'historien ne peut résumer sans tristesse, nous a donc offert le tableau d'une décadence politique lente, mais ininterrompue : au moment où notre récit se clôt par la mort d'Isocrate, le joug macédonien va s'appesantir sur Athènes et sur la Grèce ; il va les préparer à subir, presque sans secousse, au bout d'un autre siècle, la conquête romaine. Nous éprouverions une impression toute différente, si nous n'avions étudié dans Isocrate que l'homme de lettres et l'écrivain. Le génie d'Athènes n'est pas encore épuisé ; il crée encore des formes nouvelles et perfectionne celles qu'il avait déjà ébauchées. Isocrate était encore jeune quand la tragédie expirait avec Euripide et l'ancienne comédie avec Aristophane, quand se tarissaient ainsi les deux dernières sources de haute et grande poésie qu'ait fait jaillir du sol, comme l'antique Pégase, l'imagination grecque ; mais c'est peu d'années avant sa mort que naît ce Ménandre qui, avec tant de charme encore et de grâce, quoiqu'avec moins de puissance, va créer le type où la comédie latine et la comédie moderne chercheront leurs modèles. Dans tous les genres qui se servent de la prose, il y a un rapide et brillant progrès. C'est du vivant d'Isocrate que la prose grecque devient pour le monde ancien ce que la prose française a été pour le monde moderne, le plus merveilleux instrument que les hommes aient eu à leur disposition pour exprimer des idées générales, pour

faire de la politique, de la morale, de la philosophie
ou de la critique. Nous avons assisté aux débuts de la
prose attique, nous savons tout ce qui manquait à
ceux qui les premiers l'ont marquée de leur empreinte.
Ainsi Gorgias, par le luxe de ses métaphores, par la
cadence trop uniforme de ses chutes, par la régularité
de ses allitérations et de ses assonances, fait éprouver
à l'esprit une sorte de fatigue et d'embarras. Cette
accumulation d'images, ce rhythme si monotone, si ce
n'est plus de la poésie, ce n'est pas encore de la
prose. Thucydide a déjà effacé cette couleur poétique ;
mais chez lui, au moins dans ses discours, la phrase
est toute coupée d'incises, toute bouleversée par de
brusques changements de construction : elle éclate en
quelque sorte sous l'effort de ce puissant esprit, qui a
plus d'idées qu'il ne peut en rendre, qui sacrifie sans
cesse l'ordre grammatical à l'ordre logique. C'est chez
Isocrate le premier que la prose grecque atteint sa
perfection. C'est par l'emploi réfléchi de la période qu'il
arrive à ce résultat. La *période,* c'est une phrase où les
idées sont distribuées dans un ordre qui rend sensibles à l'oreille et aux yeux leurs rapports logiques. Les
idées secondaires s'y groupent autour de l'idée principale comme autour d'un centre organique ; les mots
importants y sont placés en un lieu où la prononciation les détache et les signale ainsi à l'esprit ; un certain rapport d'étendue, une certaine ressemblance de
son, sans rien de trop marqué ni de trop exactement
pareil dans cette concordance, indiquent les idées qui

s'ajoutent ou s'opposent l'une à l'autre, les gradations et les antithèses. Par cette savante construction de la période, Isocrate arrive à ce que nous appelons le *nombre oratoire,* qui est très-distinct du rhythme poétique; le nombre donne à la prose une harmonie propre, moins mécanique, plus libre, plus difficile à définir que celle des mètres prosodiques, mais dont les effets discrets et variés ne touchent pas moins vivement une oreille délicate. Chez Andocide et Lysias, on remarque parfois déjà des phrases d'un ample développement; on y voit naître le sentiment de l'harmonie et de la cadence qui conviennent à la prose oratoire; mais ce ne sont encore là que des rencontres heureuses. C'est bien à Isocrate que revient l'honneur d'avoir découvert les lois de la période et du nombre, de les avoir appliquées d'une manière aisée et suivie, et de les avoir enseignées à ses contemporains. Ajoutez à cela un soin scrupuleux, on peut même dire méticuleux, apporté au choix des mots, une application continue à rendre les nuances les plus fines de la pensée grâce à l'exacte propriété des termes, et, quand même vous ne pourriez goûter le plaisir de lire dans l'original la prose attique, vous comprendrez ce que la langue dut à Isocrate, et quels furent ses mérites comme écrivain.

Isocrate ne s'est guère servi de son merveilleux instrument que pour exprimer les idées communes de son siècle; le fond de ses écrits n'a plus pour nous qu'un intérêt historique, et avant qu'il eût disparu de la scène, d'autres profitaient pour le dépasser des exemples qu'il avait donnés. Platon lui-même, malgré la hauteur et l'originalité de sa pensée, a dû apprendre certains secrets du métier chez cet Isocrate dont il fait dans le *Phèdre* un si vif éloge ; mais ce sont surtout les orateurs qui viennent s'instruire à cette école. Si Lysias, avec sa phrase plus leste et plus courte, avait pu fournir des modèles parfaits de l'éloquence judiciaire telle que l'entendaient les Athéniens, il faut à la grande éloquence politique plus de souffle et plus d'espace. Or la phrase de Démosthène et de ses plus brillants rivaux, les Eschine et les Hypéride, n'est autre chose que celle d'Isocrate, remplie d'idées plus neuves et plus fortes, échauffée et colorée par la passion. C'est ainsi qu'en tout temps, avant les hommes de génie, on voit paraître les hommes de talent qui déblayent et ouvrent la voie, qui préparent les matériaux. L'erreur d'Isocrate a été de se croire un philosophe et un politique, de se figurer qu'il écrivait, lui aussi, pour la postérité ; il n'était qu'un industrieux et habile ouvrier dont le rôle se borne à dresser le moule où d'admirables artistes feront ensuite couler à flots le métal en fusion, le bronze de leurs immortelles statues.

# CHAPITRE VII.

## ISÉE.

———

## I.

Tous les orateurs dont il a été question jusqu'ici, dans le cours de ces études, ont été plus ou moins mêlés aux luttes politiques de leur temps. Hommes d'État, ils ont, comme Périclès, gouverné la cité ; chefs de faction ou ambitieux aventuriers, ils ont, comme Antiphon et Andocide, risqué leur liberté, leur vie ou leur honneur dans les discordes civiles d'Athènes. Si leur qualité d'étranger ou leur tempérament les écartait de la tribune du Pnyx, ils avaient pourtant appartenu, comme Lysias, à l'un des grands partis qui aspiraient à gouverner la cité, ou, comme Isocrate, ils avaient cherché à éclairer et à diriger leurs compatriotes, ils avaient offert leurs conseils à Athènes et la Grèce, ils avaient donné leurs avis sur les affaires publiques, sur les réformes intérieures, sur la paix, la guerre et les

alliances. Avec Isée, nous nous trouvons pour la première fois en présence d'un homme qui n'a rien voulu
être qu'avocat et interprète du droit : c'est ce qui fait
dans cette série de portraits la nouveauté et la singu-
larité de sa figure. Isée semble au premier abord
n'avoir cherché dans sa science et son talent que l'occasion de plaider beaucoup de procès, et par suite de
gagner beaucoup d'argent ; mais, si l'argent sert à tout,
il ne suffit à rien, et il est rare qu'un homme d'un
vrai mérite s'en contente, qu'il en fasse le seul but
de ses efforts et qu'il y trouve toute sa récompense.
A y bien regarder, on reconnaît qu'Isée avait une vocation marquée pour le travail auquel il s'est consacré :
il semble avoir pris un vif plaisir à comparer les lois,
à en scruter, à en analyser les principes ; il paraît avoir
voulu s'élever au-dessus de ses rivaux en pénétrant
plus avant qu'aucun d'entre eux dans l'étude de la
législation athénienne. Cet étranger a peut-être été
l'homme qui a le mieux saisi l'esprit de ces lois que,
*métèque,* il n'avait point qualité pour créer ou pour
modifier par son suffrage.


II.


Tout ce que nous apprend d'Isée le grammairien
qui a composé les *Vies des dix orateurs* tient en

en quelques lignes ; nous les citerons pour montrer que
l'antiquité, au moment où elle commençait à recueillir
ses souvenirs et à faire l'inventaire de ses richesses, n'en
savait guère plus que nous sur un personnage dont les
critiques aimaient à citer le nom entre celui de Lysias
et celui de Démosthène. « Isée était Chalcidéen de
naissance, mais il vint s'établir à Athènes[1]. Élève
d'Isocrate, il se rapprocha surtout de Lysias par l'exacte
convenance des termes et par le talent avec lequel il
expose une affaire ; il faut donc être un très-fin con-
naisseur pour pouvoir dire d'un certain nombre de discours auquel de ces deux orateurs ils appartiennent. Il
fleurit, comme on peut le juger d'après ses discours,
après la guerre du Péloponèse, et son activité se pro-
longea jusqu'au règne de Philippe. Ayant quitté tout
exprès son école, il fut le maître de Démosthène ; de là
vint sa principale illustration. Il en est même qui pré-
tendent que c'est lui qui a composé pour Démosthène
les discours que celui-ci prononça dans son procès
contre ses tuteurs. On a sous son nom soixante-quatre

---

1. C'était là un point contesté ; d'autres, comme Hermippos, l'auteur
du livre si souvent cité *Sur les disciples d'Isocrate,* prétendaient qu'il était
Athénien. Schœmann cherche à concilier les deux versions en admettant
qu'il aurait été fils d'un *clérouque* ou colon athénien établi en Eubée. La
question n'a d'ailleurs pas d'importance. L'exemple de Lysias, d'Aristote,
d'autres encore dont il serait facile de grouper les noms, prouve combien il était fréquent de voir des étrangers venant s'établir à Athènes et
en suivre les maîtres à l'âge où l'esprit reçoit son pli et sa forme dernière, en prendre la langue et le goût et s'y faire une place parmi les
représentants les plus autorisés de la pensée et de l'art attique. Ce que
critiquait dans l'étranger Théophraste, la fruitière du marché, c'était sa
prononciation ; par son style écrit, c'était un pur attique.

discours, dont cinquante sont authentiques, et un manuel de rhétorique. Le premier, il se mit à faire usage des figures et s'appliqua aux causes civiles ; c'est par ces côtés que relève surtout de lui Démosthène. Le comique Théopompe fait mention de lui dans son *Thésée.* » Denys d'Halicarnasse, si bien instruit en général de tout ce qui touche aux orateurs attiques, confesse aussi son ignorance ; à ces indications si vagues et si sèches, il n'ajoute qu'un seul renseignement de quelque importance. « Isée, dit-il, d'après Hermippos, fréquenta les philosophes les plus distingués de son temps. » Il n'y a point là, on le voit, de quoi tenter même l'esquisse d'une biographie d'Isée[1]. Le seul épisode de cette vie qui puisse avoir pour nous quelque intérêt, les rapports de Démosthène et d'Isée, trouvera mieux sa place dans une étude sur Démosthène. Là même d'ailleurs, on n'aperçoit rien qui jette quelque jour sur les habitudes, les mœurs et le caractère d'Isée. L'homme nous échappe ; il faut nous résigner à ne connaître de lui que son talent, à ne chercher dans ce qui nous reste de ses œuvres que le juriste et l'orateur.

Moins considérable que l'œuvre de Lysias, l'œuvre d'Isée est bien loin aussi de nous être arrivée complète. On n'a en tout de lui que onze discours entiers, auxquels

---

1. Une biographie anonyme, qui se trouve transcrite en tête de quelques-uns des manuscrits d'Isée sous le titre de γένος Ἰσαίου, n'ajoute à ce qui précède que quelques anecdotes qui paraissent apocryphes et une appréciation puérile.

il faut ajouter des fragments d'une quarantaine d'autres, fragments dont l'un, cité par Denys d'Halicarnasse, est long et fort intéressant : les autres se réduisent à quelques lignes ou à quelques mots allégués par les grammairiens pour fixer le sens d'un terme de l'ancienne langue[1]. En tout cas, la collection des discours d'Isée ne présenterait pas la même variété que celle des discours de Lysias : il ne s'est point essayé dans le discours politique ni dans le discours d'apparat; des trois genres que reconnaissait l'école, il n'en a cultivé qu'un, le genre judiciaire. Au barreau même, il paraît avoir eu sa spécialité : c'était, comme on dirait aujourd'hui, un avocat de causes civiles. Parmi les discours dont nous avons les titres, presque tous ceux dont on peut deviner le sujet ont trait à des questions de propriété ou d'état ; les onze qui nous restent se rapportent à des contestations d'héritage, et on voit par les fragments qu'un certain nombre de plaidoyers analogues ont été perdus.

Ce n'est point probablement par l'effet du hasard que la partie sauvée du recueil se compose de discours qui appartiennent tous à cette catégorie. Ajoutez à ces onze plaidoyers quatre autres dont le titre prouve qu'ils roulaient sur un débat du même genre, et vous

---

1. Jusqu'en 1785 on n'avait que dix discours d'Isée; c'est alors que fut publié pour la première fois, d'après un manuscrit de Florence, le discours *sur l'héritage de Ménéclès*. Enfin, ce ne fut que dans notre siècle, en 1815, que le discours *sur l'héritage de Cléonyme,* dont on n'avait pas la moitié, fut complété par la découverte que fit Angelo Maï, dans un manuscrit de Milan, de toute la partie manquante.

reconnaîtrez que les discours consacrés à des hérédités litigieuses formaient à eux seuls plus du quart, le tiers peut-être de la collection. Nous ne serions pas surpris qu'ils en aient été en même temps la partie la plus remarquable. Appliquant à l'étude du droit un esprit que la nature avait déjà tourné de ce côté et auquel la philosophie avait donné le goût des idées générales, Isée avait dû se sentir particulièrement attiré vers le droit successoral. Dans l'ensemble des règles qui gouvernent la vie d'une nation, il n'y a rien où l'accident, où les vues personnelles du législateur aient moins de part; il n'y a rien qui se perpétue plus longtemps et qui traduise d'une manière plus fidèle les instincts les plus secrets, les sentiments les plus obscurs et les plus profonds de telle ou telle variété de l'âme humaine. Il n'est point de matière juridique qui demande moins d'efforts à la mémoire, où on trouve plus de concordance et de clarté; tout y est dominé par quelques instincts primitifs et quelques idées élémentaires, par la manière dont telle ou telle race a constitué la famille, conçoit la vie et se représente la destinée de l'homme après la mort. En ce qui concerne Athènes, aucun auteur ancien ne nous aide autant qu'Isée à comprendre le droit qui y règle les successions, à le rétablir dans son unité logique et son antique originalité; pour la science moderne, qui travaille avec une curiosité si passionnée à faire revivre l'image des sociétés évanouies, c'est une rare bonne fortune que la conservation de ces onze plaidoyers d'Isée. Depuis la renaissance jusqu'à nos jours,

les rares critiques qui avaient pris la peine de les commenter ne les avaient guère étudiés qu'au point de vue
de l'art ou de la langue ; l'érudition de notre siècle en
tire un tout autre parti [1]. On trouve dans ce recueil
une assez grande variété d'affaires, et, pour employer
le terme technique, assez d'*espèces* différentes pour en
extraire de précieux renseignements sur ce genre de procès ; on y trouve cités de nombreux textes de loi ; de
plus, l'orateur ne s'en tient pas aux textes qu'il allègue
pour le besoin de sa cause, il cherche à en dégager la
pensée dont s'est inspiré le légistateur, il s'élève jusqu'aux principes et aux axiomes du droit. Ce qu'il
apporte de finesse et de précision dans ce travail, qui
était alors toute une•nouveauté, on en jugera par les
passages que nous aurons l'occasion de traduire ; il est
impossible en effet de parler d'Isée sans essayer de
présenter, d'après lui, une esquisse des lois suivant
lesquelles à Athènes les biens se transmettaient de
génération en génération.

Ce qui domine tout ce système d'institutions, c'est
cette vieille religion commune à tous les peuples de

1. On trouvera la liste à peu près complète du petit nombre de travaux dont Isée a été l'objet dans la préface de la seule édition spéciale
et savante qui ait été donnée d'Isée, de la seule à laquelle doive recourir
quiconque se propose d'étudier ces plaidoyers. C'est celle qui a été publiée
par l'un des hommes qui connaissent le mieux les antiquités grecques,
par G.-Fr. Schœmann, sous ce titre : *Isœi orationes XI, cum aliquot deper-
ditarum fragmentis,* recognovit, annotationem criticam et commentarios
adjecit. — Greifswald, 1831, 8°, xvɪ-511 pages. Cf. Westermann, I, § 51,
et Spengel, p. 181. Ottfried Müller n'a pas eu le temps d'arriver jusqu'à
Isée.

race aryenne, ce culte héréditaire des morts et du foyer
domestique dont M. Fustel de Coulanges a fait l'histoire dans son remarquable livre, *la Cité antique,* —
c'est cette idée, qu'il n'est point pour l'homme de plus
grand malheur que de mourir sans laisser après lui
un héritier qui continue la famille et qui prenne sa
place dans l'État, c'est cette pensée, que la cité est
intéressée à ne voir s'éteindre aucun foyer, aucune
famille disparaître. Nous autres modernes, quand,
préoccupés de l'avenir, nous songeons à laisser derrière
nous quelqu'un qui continue notre action et notre personne, c'est surtout au nom que nous tenons. C'est le
nom qui est pour nous le symbole même de la famille,
qui rappelle ses traditions de probité, d'honneur et de
gloire ; c'est par le nom que les fils représentent leurs
pères aux yeux des générations qui se succèdent sur
la scène mobile du monde. Rome républicaine, la
société la plus fortement organisée qui ait jamais été,
Rome avait le nom de famille, plus complexe même et
plus développé que chez nous, plus articulé, si l'on
peut ainsi parler, rendant mieux compte, dans son
unité variée, du passé de la famille, de ses ramifica-
tions, de ses titres divers à l'estime et au respect. A
Athènes au contraire, il n'y a, pour parler le langage
moderne, que des noms de baptême. Chaque citoyen
ne porte qu'un nom, légèrement déterminé dans les
usages de la vie civile par le nom du père et celui du
*dème* ou bourg natal, qui s'y ajoutent presque toujours. Là aussi il y a bien eu une certaine tendance à

fixer et à perpétuer le nom ; mais elle ne s'est marquée
que par le fréquent retour de deux mêmes noms, se
succédant, chez une même famille, dans un ordre toujours pareil et passant constamment du grand-père
au petit-fils : *Apollodore fils de Thrasylle, Thrasylle
fils d'Apollodore.* Il y avait bien, en outre, des noms
patronymiques, comme *Alcméonides* et *Eumolpides ;*
mais ils désignaient l'ensemble de la famille, du clan,
ils n'étaient portés par personne. Qu'il y a loin de là
à cette riche détermination du nom latin, surtout si
on le prend chez quelque grand personnage, comme
*Publius Cornelius Scipio Æmilianus Africanus Numan-
tinus !* On a ici d'abord le prénom qui distingue ce
personnage des autres membres de sa famille ; on voit
ensuite à quelle *gens* patricienne il appartient et auquel
des groupes de familles dont elle se compose, puis à
quelle autre grande maison aristocratique se rattache
par le sang cet Émilius, fils adoptif des Scipions, qui
confond ainsi en lui les gloires de deux nobles races ;
enfin les deux derniers surnoms indiquent et par quels
exploits s'est signalée la famille qu'il représente et par
quelles actions illustres lui-même a rehaussé et rajeuni
cette vieille renommée héréditaire.

Il n'en va pas ainsi à Athènes, et cette maigreur,
cette sécheresse du nom révèle une des faiblesses de
la société grecque, un des côtés par lesquels elle le
cède à la société romaine, tandis qu'elle lui est supérieure sous tant d'autres rapports. La famille n'est pas
ici tout ce qu'elle est à Rome ; les mœurs et les lois

n'ont pas conspiré, comme à Rome, pour serrer avec
une force inouïe les nœuds que forme la nature. Pourtant, si Athènes n'a rien connu de pareil à cette redoutable puissance paternelle, qui était comme la pierre
angulaire du monde romain, du moins, sous l'influence
du sentiment religieux et du culte domestique, la génération présente s'y préoccupait, bien plus qu'elle ne
le fait dans nos sociétés modernes, de se rattacher à
celle qui l'avait précédée et à celle qui la suivrait, aux
ancêtres et à la postérité. Athènes n'avait pas su constituer le nom, qui est le symbole immatériel de la
famille et qui la représente à l'esprit des hommes ;
mais elle veillait avec un scrupule jaloux et une pieuse
tendresse sur ce qui en est le symbole matériel dans le
temps et dans l'espace, sur le domaine héréditaire et la
maison patrimoniale. Là l'enfant joue sur les genoux
de l'aïeul ; là, par la triple vertu du sang, de l'éducation et de l'exemple, l'esprit du père passe dans ses
enfants ; là chaque place qui devient vide autour du
foyer toujours allumé est aussitôt remplie, et tout se
renouvelle ainsi sans que rien paraisse sensiblement
changer, sans que la continuité s'interrompe jamais.
Pour un Athénien, c'était un malheur et une honte
que de vouer à la solitude et à l'abandon ou de faire
passer entre les mains d'un indifférent étranger la
demeure que l'on avait reçue de ses ancêtres animée
et vivante, et où s'étaient succédé tant de générations
unies par le lien étroit d'une filiation directe. Ce qui
rendait cette douleur plus poignante encore, c'était la

pensée religieuse : avec ces vieilles croyances dont le
plus incrédule philosophe sentait encore quelque chose
au fond de son âme, avec les idées que l'on se faisait
de la condition des morts dans le tombeau et du plaisir
qu'ils prenaient aux hommages et aux sacrifices de
leurs proches, rien n'était plus désolant pour un Athénien que l'idée de voir interrompu par sa faute ce culte
domestique. Écoutez plutôt Isée : « Tous ceux qui
voient arriver la mort, dit-il, se préoccupent de ce qui
viendra après eux, de la pensée de ne point laisser
leur maison déserte, d'avoir au contraire quelqu'un qui
apporte à leurs mânes les offrandes funéraires et qui
leur rende tous les honneurs consacrés par l'usage ; si
donc on est exposé à mourir sans enfants, on s'en crée
et on en laisse derrière soi au moyen de l'adoption. Et
ce n'est point là une préoccupation que les particuliers
soient seuls à ressentir ; l'État lui-même en est touché
et le témoigne publiquement, car la loi confie à l'archonte le soin de veiller à ce que les maisons des
citoyens ne deviennent jamais désertes [1]. » Dans cette
religieuse Athènes, qui avait une de ses fêtes les plus
antiques et les plus solennelles, celle que l'on appelait
*les Apaturies,* consacrée au souvenir et à l'adoration
des ancêtres, mourir ainsi en ne laissant personne après
soi pour s'acquitter d'un devoir transmis par vos
pères, mourir avec la certitude d'être privé de ces
suprêmes hommages, qui ne manquaient pas au plus

1. *De l'héritage d'Apollodore,* § 30.

pauvre et au plus humble, c'était mourir deux fois.

Ce qui effrayait tant chaque particulier, le législateur le redoutait comme une calamité publique. C'était
une chose fâcheuse pour la cité qu'un de ces autels où,
depuis des siècles, s'offraient chaque année des sacrifices héréditaires se vît soudainement négligé et fût
abandonné sans retour. Tous ces héros légendaires,
ces glorieux ancêtres veillaient maintenant sur leurs
descendants, et en retour des hommages qu'ils en rece-
vaient, protégeaient encore cette Athènes pour laquelle
ils avaient autrefois vécu, lutté et souffert. A chaque
famille qui s'éteignait, laissant périr avec elle son culte
domestique, c'était un protecteur que perdait la ville.
S'il en était souvent ainsi, les *dieux d'en bas* finiraient
par s'irriter contre la ville qu'ils avaient si longtemps
favorisée.

Les politiques avaient d'ailleurs, pour agir dans le
même sens, des raisons plus pratiques. Le nombre des
citoyens, dans les républiques anciennes, était très-
restreint, et surtout le nombre des chefs de famille
riches, qui portaient à Athènes par les *liturgies* presque
tout le poids des services publics. Une maison opulente
et renommée tenait à honneur de s'acquitter avec éclat
des obligations que lui imposait sa fortune; les fils
s'astreignaient souvent à des efforts extraordinaires
pour surpasser ou tout au moins pour égaler leurs
pères dans la *chorégie* ou la *triérarchie*. Si au contraire, par suite de l'extinction d'une famille, les biens
passaient à une autre plus récente et plus obscure,

celle-ci pouvait très-bien, comme on disait à Athènes, *rendre invisible,* c'est-à-dire mobiliser une partie de la fortune, pour éviter de contribuer aux dépenses de la république en proportion de l'accroissement de ses ressources. C'est ainsi que l'un des clients d'Isée, Thrasylle, reproche à son adversaire, qui avait recueilli la succession de son beau-père, de ne point lui avoir choisi parmi ses propres enfants un héritier, mais d'avoir vendu les biens et l'habitation pour cinq talents ; il s'indigne que l'on ait fait disparaître « cette maison qui, tout le monde le sait, s'acquittait si noblement de la triérarchie[1] ».

Il est donc facile d'apprécier les motifs qui poussaient le citoyen athénien, lorsqu'il se voyait vieillir sans enfants, à se donner par l'adoption un successeur. Cette préoccupation avait sa source dans un des sentiments les plus impérieux que la nature ait mis au plus profond du cœur humain, le sentiment de la solidarité qui relie les unes aux autres les générations humaines. Ici cette disposition se fortifiait encore de tout ce qu'y ajoutaient des croyances religieuses fidèlement transmises depuis le berceau même de notre race et entretenues par le culte des ancêtres, à la fois officiel et privé, public et domestique, tel qu'il était établi à Athènes. C'est ce que nous fait très-bien comprendre Isée. Il a souvent l'occasion de mentionner et de discu-

---

1. *De l'héritage d'Apollodore,* § 31,32. Voyez encore la péroraison, citée plus loin, du discours *contre Dicéogène.*

ter des adoptions; or c'est toujours l'idée religieuse qu'il indique comme le principal des motifs qui ont pu en inspirer la pensée. « Ménéclès, dit un plaideur, songeait à ne pas rester sans enfants, mais à trouver quelqu'un qui pendant sa vie nourrirait sa vieillesse, qui, après sa mort, l'ensevelirait, et d'année en année honorerait sa tombe... Moi, son fils adoptif, et ma femme, nous l'avons entouré de soins tant qu'il a vécu, nous avons donné son nom à mon fils, afin que le nom de sa maison ne se perdît point. Après sa mort je l'ai enseveli d'une manière digne de lui et de moi, j'ai dressé au-dessus de sa tombe un beau cippe, je lui ai fait les sacrifices du neuvième jour et rendu tous les derniers devoirs aussi bien qu'il m'était possible, de manière à mériter les éloges de tous les gens du dème [1]. » Ailleurs Isée exprime la même idée sous une forme plus générale. « Le citoyen, dit-il, qui désire laisser derrière lui un fils que lui aura donné l'adoption prend toutes les précautions nécessaires pour que les dispositions qu'il a combinées aient leur plein effet. Sa fortune passera donc à celui qu'il aura adopté, et c'est celui-ci qui ira aux autels paternels et offrira au défunt et à ses ancêtres les hommages accoutumés [2]. » Enfin, dans ce même discours, celui qui prétend avoir seul des droits à l'héritage fait valoir, comme une considération qui doit être d'un grand poids dans la balance,

1. *De l'héritage de Ménéclès*, § 10 et 36.
2. *De l'héritage d'Astyphilos*, § 7 et 36.

la nécessité de ne point laisser profaner le culte héréditaire et les sacrifices des ancêtres par un intrus qui viendrait les offrir sans droit. De pareilles raisons n'étaient peut-être pas ce qui touchait le moins le jury athénien.

On faisait donc, chez les Athéniens, un très-fréquent usage de l'adoption; mais l'adoption ne paraît pas y avoir eu la même originalité et la même puissance qu'à Rome, y avoir été entourée de formes aussi solennelles, ni avoir aussi profondément modifié la situation de celui auquel elle s'appliquait. A Rome, pour autoriser un citoyen à passer d'une famille dans une autre, il fallait une loi curiate, c'est-à-dire, avant que cette autorisation ne fût devenue une pure affaire de forme, l'intervention du peuple tout entier assemblé dans ses comices; à Athènes, au contraire, il suffisait de la simple volonté de l'adoptant, pourvu qu'elle fût clairement manifestée. Vivant, il n'avait qu'à présenter son fils adoptif à la *phratrie* ou association religieuse héréditaire, et à le faire inscrire dans le *dème* ou bourg dont il faisait partie; mourant, il pouvait encore adopter par testament. En revanche, à Athènes le fils adoptif n'était pas, comme à Rome, complétement susbtitué aux droits d'un fils légitime. Tandis que le fils légitime était saisi de plein droit à la mort de son père, l'adopté devait demander au magistrat la saisine judiciaire, et tous ceux qui avaient des prétentions sur l'héritage pouvaient former opposition et réclamer qu'il fût sursis à l'envoi en possession. L'adoption, telle qu'Athènes la

pratiquait, n'était, à vrai dire, qu'une institution d'héritier. C'est ce que prouve un exemple tiré du discours
d'Isée qui a pour titre : *De l'héritage de Dicéogène.*
On y voit un citoyen décédé sans enfants laisser au fils
d'un de ses amis une partie de sa fortune en l'adoptant
par acte testamentaire. « Ce Dicéogène, dit Isée, est
ainsi devenu, pour le tiers de l'héritage, le fils adoptif
de Dicéogène, fils de Ménéxène, notre oncle [1]. » Or la
loi de Solon qui avait institué à Athènes le droit de
tester le refusait à tout citoyen qui laissait des enfants
légitimes ; celui-ci ne pouvait même pas disposer à titre
de legs d'une partie des biens. Si le fils adoptif eût été
assimilé au fils donné par la nature, il aurait reçu, par
le fait même de l'adoption, la totalité de la fortune. En
réalité, tout ce qui le distingue ici des légataires qui en
recueillent les deux autres tiers, c'est qu'il est consi-
déré comme le vrai successeur du défunt et son propre
représentant. A ce titre, la maison patrimoniale lui est
sans doute attribuée, et, quoique la plus grande part de
l'héritage lui échappe, c'est lui qui est chargé de rendre au mort les honneurs accoutumés et de continuer
les sacrifices aux ancêtres. C'est là le seul caractère
qui le sépare de ses cohéritiers. On peut même dire
qu'à certains égards sa situation est moins avantageuse
que la leur, car l'adoption, bien qu'elle eût perdu de sa
force primitive, enlevait encore à l'adopté tout droit
à succéder aux biens de la famille qu'il avait quittée.

1. *De l'héritage de Dicéogène,* § 6.

La loi, qui désirait favoriser et multiplier les adoptions, s'était préoccupée de corriger les inconvénients
de cette situation : il ne fallait pas que l'intérêt détour-
nât les citoyens de se prêter à relever ainsi les maisons
qui menaçaient de s'anéantir. Comme le prouvent de
nombreux passages d'Isée, pour avoir le droit de rentrer dans votre famille naturelle, il vous suffisait de
laisser en votre lieu dans la famille adoptive un héritier
légitime chargé de la continuer : un de vos fils, si vous
étiez marié, ou bien quelqu'un que vous adoptiez à
votre tour. Pendant le temps même que vous demeu-
riez dans la maison étrangère, la loi avait soin de vous
conserver tout au moins les droits que vous teniez du
chef de votre mère ; on ne perdait que ceux qui décou-
laient du père auquel on avait renoncé.

La loi n'avait donc pas à Athènes la même puissance qu'à Rome pour créer des liens artificiels ; cette
parenté de choix que constituait l'adoption ne s'y confondait pas au même degré avec la parenté de la chair
et du sang. Si, à cet égard, Rome semble avoir conservé mieux qu'Athènes la tradition du vieux droit
religieux fondé sur la continuité de la famille et des
sacrifices, Athènes, de son côté, y était restée plus
fidèle en ce qui regarde le droit de tester. Aussi loin
que nous remontons dans l'histoire de Rome, nous y
trouvons pour le père de famille pleine et entière liberté
de disposer de ses biens. On connaît le fameux texte
de la loi des Douze Tables : « Ce que le citoyen aura
ordonné par son testament sur ses biens ou sur la

24

tutelle des siens, que cela fasse loi. » *Uti legassit super pecunia tutelave suœ rei, jus esto.* Il ne reste point de trace de restrictions et de limites dont le législateur aurait entouré cette faculté. Solon avait au contraire consacré d'une manière formelle le droit du fils à hériter des biens patrimoniaux ; ce droit, il l'avait mis à l'abri de tout caprice. Isée a sans cesse l'occasion de s'appuyer sur cette loi, qui devait être conçue à peu près en ces termes : « Si l'on n'a pas d'enfants légitimes et mâles, on peut léguer ses biens à qui l'on veut[1]. » La loi allait plus loin, elle partageait les biens par portions égales entre les enfants : il semble qu'elle n'autorisât le père de famille ni à soustraire à la masse, pour un étranger, la moindre part des biens, ni à avantager aucun des fils. Elle se substituait plus complétement encore à la volonté du père que la loi française, qui permet de prélever sur la succession une part d'enfant. Cette volonté, elle l'annulait et la remplaçait. C'était elle, dans toute la force du terme, qui disposait des biens, comme Isée nous le dit avec beaucoup de netteté dans un passage du discours *sur l'héritage de Philoctémon :* « Quand on a des fils naturels et légitimes, on ne donne point, par testament, à l'un d'entre eux telle ou telle chose particulière, parce que c'est la loi elle-même qui remet au fils la fortune du père, et qu'elle ne permet même pas à ceux qui ont des enfants naturels et légi-

---

1. Voir notamment *De l'héritage d'Astyphile*, § 13, et *De l'héritage de Philoctémon*, § 9.

times de prendre des dispositions testamentaires[1]. »
Pas plus que le père, l'aïeul ne pouvait exhéréder ses
descendants au profit d'un tiers.

Mais les filles, que devenaient-elles? C'est au fils
seulement que la loi semble assurer la succession paternelle. En effet, quand il y avait des fils, la fille n'était
pas admise à concourir au partage; toutefois, à défaut
de la tendresse naturelle, l'usage et l'opinion obli-
geaient le père ou le frère, celui qui se trouvait le protecteur de la jeune fille au moment où elle atteignait
l'âge nubile, à l'établir et à la doter. Au besoin, le
magistrat serait intervenu pour le décider à remplir ce
devoir. Si la fille était seule dans la maison paternelle,
le père, nous assure Isée, n'avait pas le droit de la dés-
hériter ; s'il mourait la laissant en bas âge, il pouvait
par son testament lui choisir un mari qui s'engagerait
à charger un de ses fils de perpétuer la famille. L'héritage se transmettait non *à la fille*, mais *avec la fille*.
Jusqu'à ce que cette union devînt féconde, l'héritage
n'avait, pour ainsi dire, pas de propriétaire ; il n'appartenait point à la femme, qui, tenue dans un perpétuel état
d'incapacité légale, n'avait pas qualité pour posséder ;
il appartenait encore moins à l'époux, qui faisait partie
d'une autre famille et célébrait un autre culte domestique. L'époux n'était qu'un administrateur provisoire, un
curateur aux biens. C'est que l'héritage n'était pas une
dot assignée à la mère, dot sur laquelle tous les enfants

---

1. *De l'héritage de Philoctémon*, § 28.

issus de ce mariage auraient eu les mêmes droits : il
y avait là une de ces substitutions que prohibe notre
loi, et que favorisaient les législateurs de Rome et
d'Athènes. Le véritable, le seul héritier, c'était *le fils
de la fille* (θυγατριδοῦς), celui des enfants, ordinaire-
ment le premier-né, qui était choisi pour succéder à
son aïeul. Dès que cet enfant avait atteint sa majorité,
il sortait de la maison paternelle, et, quoique son père
et sa mère fussent encore vivants, il prenait possession
du patrimoine de son grand-père maternel. C'est un des
traits originaux de la législation athénienne que ce rôle
réservé dans la transmission des biens à ces filles que
l'on appelait les *épiclères* (ἐπίκληροι), mot que l'on a
traduit à tort par *les héritières :* il signifie proprement
*celles qui accompagnent l'héritage, que l'on prend avec
lui.* Nous n'avons rien de pareil, parce que notre droit
successoral repose sur de tout autres fondements.

Au contraire, pour tout ce qui regarde la forme
même du testament, la loi attique, plus spiritualiste
que la loi romaine, se rapprochait beaucoup de la
nôtre; pourvu que la volonté du testateur fût clairement manifestée, la loi se déclarait satisfaite et tenait
l'acte pour valable, de quelque manière qu'il fût rédigé.
Ce qui faisait foi, ce n'était pas, comme chez nous,
l'écriture et la signature du testateur, c'était son sceau
apposé sur l'acte; dans toute l'antiquité, c'est l'empreinte
de l'anneau sur la cire qui a été ainsi le symbole de la
volonté souveraine du citoyen ou du prince, la garantie et le signe de l'authenticité. Parfois le testament

restait un acte privé et n'était entouré d'aucune solen-
nité. Ainsi nous voyons dans Lysias Diodote, qui part
pour la guerre, appeler sa femme et son frère, leur
faire ses adieux, et remettre à celui-ci son testament
où il l'institue tuteur de ses enfants [1]. D'autres fois on
confiait à l'archonte l'acte où l'on avait consigné ses
intentions; si l'on était surpris par la maladie, on pouvait mander ce magistrat près de son lit de mort, et
déclarer devant lui ses dernières volontés. Ce qui pourtant était le plus ordinaire, c'est ce que nos codes nom-
ment *la forme mystique* du testament. On faisait venir
des témoins, mais on ne leur lisait pas l'acte et on ne
leur en faisait pas connaître les dispositions. Leur rôle
se bornait à constater qu'il avait été déposé, en telle
année et tel jour, sous une enveloppe cachetée dont ils
avaient vérifié les sceaux, entre les mains de tel ou tel
citoyen qui devait le produire en temps et lieu. L'usage
si commode des codicilles, qui ne s'introduisit à Rome
que sous Auguste, fut de bonne heure répandu à
Athènes. On pouvait, nous le voyons dans Isée, compléter par un codicille sous seing privé (γραμματεῖον)
un testament confié au magistrat, y ajouter sans doute
quelque libéralité accessoire, quelque legs à titre particulier; mais le législateur n'avait pas voulu que, dans
un moment de passion ou de faiblesse, on pût, par
cette voie, annuler un ensemble de dispositions combinées jadis avec réflexion, et dont l'État était en quel-

1. Lysias, xxxii, § 5.

que sorte devenu le garant alors qu'il en avait accepté
le dépôt. Pour abolir un acte conçu dans la forme
authentique, il fallait comparaître une seconde fois
devant le magistrat [1]. Des précautions analogues
avaient été prises pour l'acte remis aux mains d'un
tiers. La volonté d'un citoyen n'était pas enchaînée à
tout jamais par un premier testament, mais on ne lui
permettait pas de se déjuger à la sourdine, sous l'empire peut-être de quelque puérile rancune et pour des
motifs qu'il n'oserait même pas laisser soupçonner.
Isée nous montrera comment se passaient alors les
choses. Euctémon a fait un testament et l'a déposé
chez son parent, Pythodore de Céphise, en présence de
témoins. Il veut plus tard annuler le testament; mais
il ne lui suffit pas pour cela d'en faire un autre ni de
demander que Pythodore lui remette cet acte de la main
à la main. Pythodore n'a point, à ce qu'il semble,
le droit de s'en dessaisir ainsi : Euctémon est forcé
de l'assigner devant l'archonte; il le somme de produire cette pièce. Pythodore se déclare prêt à le faire,
mais il demande un délai jusqu'au moment où la fille
de Chéréas, un des gendres d'Euctémon, alors orpheline
et mineure, aurait quelqu'un pouvant la représenter
et consentir en son nom à la remise du testament, qui
avait été confié à Pythodore avec le concours et l'approbation de Chéréas. Euctémon, en présence de cette
opposition, n'insiste plus pour ressaisir la pièce; il

1. *De l'héritage de Cléonyme*, § 24, 25.

déclare devant l'archonte qu'il abolit le testament dont Pythodore est dépositaire, et il se retire après cette déclaration, dont acte lui est donné[1]. La loi respectait, on le voit, jusqu'au dernier moment la liberté du citoyen ; mais elle cherchait à le protéger contre des surprises qui devenaient plus à craindre à mesure qu'il avançait en âge et que l'intelligence faiblissait. Par les démarches qu'elle lui imposait afin de recouvrer ou d'infirmer l'acte qu'il avait déposé, elle lui donnait le temps de réfléchir, elle le forçait à se rendre compte et quelquefois à rendre compte aux autres des motifs de sa résolution. En ceci, comme en bien d'autres choses, la loi athénienne était plus judicieuse qu'on ne serait porté à l'attendre de ce caractère de légèreté et d'étourderie qu'il est de mode de prêter aux Athéniens.

Après avoir indiqué dans quel esprit les lois attiques réglaient tout ce qui se rapporte aux successions testamentaires, il ne nous reste plus qu'à résumer les principes qu'elles appliquaient aux successions légitimes. Quand il y avait des fils, aucune difficulté ; le fils était, pour prendre la forte expression du droit romain, *héritier sien et nécessaire*. Il était saisi des biens par le fait même du décès de son auteur ; il n'avait qu'à s'en emparer par une simple *adition d'hérédité* (ἐμϐάτευσις). S'il n'y avait que des filles, aucun doute n'existait non plus sur l'attribution de l'héritage : il devait se trans-

---

1. *De l'héritage de Philoctémon*, §31-32.

mettre avec la fille aux enfants qui naîtraient de son mariage ; mais ce qui amenait l'intervention du magistrat et, s'il y avait contestation, celle du jury, c'était la question de savoir qui épouserait l'*épiclère* ou héritière. Le plus proche parent avait le droit de se la faire adjuger ; s'il négligeait de s'en prévaloir, ce droit passait à celui qui occupait le degré suivant dans ce que les Romains appelaient l'*agnation* ou parenté civile, et ainsi de suite jusqu'à ce que la fille eût trouvé un mari auquel l'autorité publique la remettait pour continuer avec elle et par elle la famille. Si personne ne se présentait, l'archonte était tenu de sommer les parents de remplir leur devoir ; ceux qui s'y refusaient, il les contraignait d'ajouter aux biens personnels de la fille une dot calculée d'après leur fortune, dot qui améliorait encore sa situation. Quoique l'époux n'eût ici que l'usufruit de la fortune, en tout pays, à Athènes comme à Paris, une héritière, eût-elle tous les défauts dont se plaignent certains personnages de la comédie grecque, a toujours fini par rencontrer quelqu'un qui apprécie ses mérites.

La loi athénienne admettait pour les petits-enfants la *représentation* de la même manière et dans les mêmes conditions que la loi française. C'est ce qu'Isée exprime en ces termes dans son discours *sur l'héritage d'Apollodore :* « Si un homme meurt sans laisser d'enfants ni de testament, qu'il ait une sœur vivante et un neveu né d'une autre sœur, les deux sœurs étant d'ailleurs issues du même père que le défunt, la loi partage par moitié l'héritage entre la sœur survivante et le neveu [1]. » Les détails nous manquent, mais l'esprit de la loi est facile à saisir. Qu'il s'agît de sœurs et de frères ou d'enfants du mort, que la succession fût en ligne directe ou en ligne collatérale, le partage se faisait, comme chez nous, par souche.

Il est en revanche un point par lequel la loi attique s'écarte tout à fait des législations modernes : il ne semble pas qu'elle ait reconnu au père et à la mère aucun droit sur la succession de leurs enfants. La loi de Solon sur les successions légitimes est plusieurs fois citée ; elle ne mentionne pas les ascendants. Il n'y a d'ailleurs rien là que de naturel, si l'on songe à la pensée qui dominait tout l'antique droit successoral : assurer par l'héritage la perpétuité de la famille ; à ce point de vue, il y avait toute raison de faire passer les collatéraux avant les ascendants. Le frère ou le cousin, encore jeune, marié ou apte à le devenir, était plus propre à remplir cette tâche et à susciter l'héritier désiré que le père ou la mère déjà âgés, à plus forte raison que l'aïeul déjà arrivé au terme de la vieillesse. Animée du même esprit, la loi hébraïque ne reconnaît pas non plus de droit à l'ascendant, au moins dans la ligne directe ; parmi les héritiers à réserve, elle nomme les frères, les cousins, les oncles, pas le père ni la mère. Chez les Athéniens, à mesure que l'on s'éloigne de l'époque et de la conception primitives, on finit par

1. *De l'héritage d'Apollodore*, § 19.

trouver bien dure, bien contraire à la nature une loi qui risquait de laisser mourir dans la misère de vieux parents, tandis que l'opulent héritage de leurs fils allait à des cousins éloignés ; il paraît bien que, vers le temps d'Isée et de Démosthène, on s'efforçait d'arriver par voie d'interprétation à faire reconnaître au père et à la mère un droit sur la succession de leurs enfants.

Les collatéraux qui primaient ainsi les ascendants, voici comment la loi les classe ; un discours d'Isée, celui qui traite *de l'héritage d'Hagnias,* va nous l'apprendre [1] :

« La loi « sur les successions collatérales » appelle d'abord à l'héritage les frères du père et leurs enfants, car c'est là le degré le plus voisin du défunt. S'il ne se rencontre aucun parent à ce degré, elle appelle en second lieu les sœurs de père et les enfants issus d'elles ; si elle ne trouve personne encore à cette place, elle désigne comme parents du troisième degré les cousins germains du côté du père et les issus de germains ; si ceux-là aussi lui font défaut, elle remonte de nouveau à l'auteur commun, et donne les biens aux cousins du côté de la mère en les faisant venir dans l'ordre qu'elle a suivi pour les parents du côté du père. Ce sont là les seules parentés que crée le législateur, et il les énonce en termes plus concis que je ne l'ai fait, mais sa pensée est bien celle que j'ai indiquée. »

Le droit à la succession *ab intestat* ne s'étend pas, on le voit, au delà des issus de germains. Les derniers agnats qui puissent être appelés en vertu de la loi sont donc les femmes issues de cousins germains de la mère

1. *De l'héritage d'Hagnias,* § 2, 3.

du défunt. Là s'arrête la *parenté civile* (ἀγχιστεία), que la Grèce, elle aussi, a distinguée de la *parenté naturelle* (συγγένεια), tout en n'établissant pas entre les deux une différence aussi profonde que Rome l'a fait entre l'*adgnatio* et la *cognatio;* tout au moins Athènes a travaillé plus tôt à rapprocher l'une et l'autre ces deux espèces de parenté, à mettre d'accord la loi et les tendresses naturelles. C'est qu'Athènes n'a pas connu, au moins dans la période historique, cette théorie de la *puissance* paternelle et maritale, qui crée entre ceux qu'elle réunit dans un même groupe et sous la main d'un même maître absolu les seuls liens qui puissent emporter des effets civils.

Le principe qui domine toute cette classification des héritiers collatéraux, c'est la préférence accordée à la ligne masculine. Isée y revient ailleurs, et cite ces mots comme les propres termes de la loi : « Les mâles et ceux qui seront issus d'eux, pourvu qu'ils aient avec le défunt un auteur commun, passeront avant les femmes, quand même ils ne seraient parents du défunt qu'à un degré plus éloigné[1]. » Il y a là une inégalité qui peut nous paraître choquante ; mais, qu'on ne s'y trompe pas, ce qui nous paraît si rigoureux est déjà un adoucissement du droit primitif. A l'origine, comme le dit M. Fustel, « la descendance en ligne masculine établissait seule entre deux hommes le rapport religieux qui permettait à l'un de continuer le culte de

---

1. *De l'héritage d'Apollodore*, § 20.

l'autre. La religion n'admettait pas de parenté par les femmes. Les enfants de deux sœurs ou d'une sœur et d'un frère n'avaient entre eux aucun lien et n'appartenaient ni à la même religion domestique ni à la même famille ». Il s'ensuivait qu'ils ne pouvaient hériter les uns des autres. C'est ce dont témoigne une vieille loi citée par Démosthène : « Si un homme est mort sans enfants, l'héritier est le frère du défunt, pourvu qu'il soit frère consanguin ; à défaut de lui, le fils du frère, *car la succession passe toujours aux mâles et aux descendants des mâles* [1]. » A quelle époque Athènes transigea-t-elle sur ce point ? Nous l'ignorons. Ce pas était déjà fait, et depuis assez longtemps peut-être, au IVᵉ siècle. La loi admettait les femmes à transmettre l'héritage ; toutefois elle semblait ne les y appeler que faute de mieux et comme en désespoir de cause.

Toujours sous l'influence de cette même idée religieuse, la loi antique était bien plus sévère encore que la nôtre pour les enfants nés en dehors du mariage. L'introduction d'un bâtard dans la famille eût souillé l'autel domestique et profané ainsi la cité tout entière : les orateurs, Isée par exemple et Démosthène, insistent avec force sur cette pensée dans des litiges qui, devant un tribunal moderne, n'auraient que le caractère d'une contestation d'intérêt privé. Un citoyen ne pouvait léguer sa fortune au *bâtard* (νόθος) sans s'exposer à voir le testament attaqué et cassé. La loi permettait

1. *Contre Macartatos*, § 51.

seulement de lui laisser, à titre d'aliment, dirions-nous, une somme qui ne dépassât pas mille drachmes. Même dans le cas où le défunt n'aurait pas institué d'héritier ni laissé de parents au degré successible, l'enfant naturel n'avait rien à prétendre. Ce n'était pas non plus, autant que nous pouvons en juger, l'État qui réclamait les successions vacantes. Nous n'avons aucun texte formel à ce sujet; cependant tout l'esprit du vieux droit et les analogies que l'on peut tirer de la loi romaine primitive ne peuvent guère nous laisser de doutes. Les biens devaient revenir à la *gens* et à la *phratrie,* c'est-à-dire à un groupe d'individus et de familles, présumés descendus d'un auteur commun, que réunissait de temps immémorial le lien d'un culte héréditaire célébré par des sacrifices et des banquets. Avant Solon, quand la faculté de tester n'existait pas à Athènes, le cas devait se présenter souvent; c'était probablement alors la *gens* (γένος) qui choisissait dans son sein un citoyen chargé d'occuper la maison du défunt et d'entretenir la flamme de son foyer. Une fois, au contraire, le testament passé dans les mœurs, il devait être bien rare qu'un citoyen qui ne se connaissait point de parents ne prît pas ses mesures pour se donner un successeur. En droit, le principe n'en subsistait pas moins tel qu'au temps des décemvirs Rome l'avait inscrit dans la loi des Douze Tables [1].

---

1. *Si adgnatus nec escit, gentilis familiam nancitor;* « s'il n'y a pas d'agnat, que le gentil soit héritier. »

Lorsqu'un Athénien n'avait pas d'enfants légitimes, sa volonté, d'après le texte de Solon que nous avons cité, aurait dû, comme à Rome, faire loi pour la transmission de l'héritage ; mais la pratique ici était loin de répondre à la théorie. Il s'était introduit des abus que révèle plus d'un plaidoyer des orateurs attiques. Ces grands jurys qui tranchaient sans appel tous les litiges étaient composés d'hommes qui n'avaient point fait des lois une étude spéciale ; ils étaient trop nombreux pour qu'aucun des juges se sentît contenu par le sentiment de sa responsabilité personnelle. Tous ceux qui portaient la parole devant eux leur répétaient sur tous les tons que leur pouvoir était absolu et sans limites ; ce n'était que d'eux, de leur bienveillance et de leur sympathie que l'on attendait le succès de ses prétentions. Ces juges ne risquaient point de se voir jamais pris à partie pour leurs décisions ou de les entendre réformer par un tribunal supérieur ; il n'est pas étonnant qu'ils se soient laissés glisser sur la pente où tout le monde s'entendait à les pousser.

A Rome, jurisconsultes et juges avaient une tendance marquée à respecter, du moment qu'elle s'était manifestée d'une manière conforme aux lois, la volonté du testateur ; ce n'est guère qu'au VI<sup>e</sup> siècle de Rome que s'introduisit *l'action pour cause de testament inofficieux,* et que les centumvirs purent annuler un pareil acte comme contraire aux devoirs de la parenté, comme dénotant dans ses dispositions une volonté irréfléchie et déraisonnable. Encore cette action n'était-elle accordée qu'aux enfants, aux héritiers du sang, quand ils se croyaient exhérédés sans motif légitime; on ne la donna que plus tard aux frères et aux sœurs, et cela dans des cas nettement déterminés par la loi. A Athènes, les tribunaux prenaient de bien autres libertés avec les testaments; l'éloquence d'un plaideur et les passions qu'il savait exciter dans leur âme les décidaient aisément à substituer leur appréciation aux volontés du testateur. Le discours d'Isée *sur l'héritage de Cléonyme* nous en fournit un curieux exemple. Voici une succession dont on réclame le partage, au mépris du testament, sans apporter, à l'appui de cette demande, d'autres raisons que celles-ci : « Le testateur a eu l'intention d'annuler l'acte que nous attaquons ; s'il ne l'a pas fait, c'est que le temps lui a manqué, c'est qu'on n'a pas laissé parvenir l'archonte jusqu'à lui... Toute sa conduite prouve cette intention. » Plus loin, l'orateur dit en propres termes : « Si Cléonyme avait été assez insensé pour ne tenir aucun compte de nous, qui sommes les plus proches de lui par la naissance et qui étions les plus liés avec lui, cela vous suffirait, juges, pour casser à juste titre un pareil testament [1]. » Pour que, sur d'aussi faibles présomptions, un simple collatéral ait pu espérer de faire tomber un acte dont il ne conteste pas la régularité, il faut que le jury athénien ait eu l'habitude d'annuler avec une singulière légèreté les testaments qui lui étaient déférés.

---

1. *De l'héritage de Cléonyme*, § 21.

Nous arrêterons ici cette revue des institutions suc-
cessorales d'Athènes ; nous ne parlerons ni de l'accep-
tation des successions, ni du partage et des rapports,
ni d'autres questions accessoires qui nous entraîne-
raient trop loin sur un terrain où, par suite du petit
nombre des textes, il subsiste encore bien des incerti-
tudes. Il a fallu nous borner aux grandes lignes que
permettent de déterminer les discours des orateurs
attiques, surtout ceux d'Isée, et ce qu'on peut recueillir
de renseignements épars chez les historiens, chez les
lexicographes, chez les philosophes et même chez les
poëtes comiques. Voici quelle est l'impression qui résulte de ce rapide examen. La loi attique, telle qu'on
la trouve dans Isée, est comme à mi-chemin entre le
droit primitif de la famille, né tout entier d'une étroite
et puissante conception religieuse, et ce droit, déjà
fondé sur l'équité et la raison, que travailleront à constituer, sous l'influence de la philosophie grecque, les
grands jurisconsultes romains du second et du troisième siècle de nôtre ère. On pourrait à cet égard comparer le droit attique, dans l'âge des orateurs que nous
étudions, au droit romain. des derniers temps de la
république. Vous y retrouverez encore partout la trace
d'un étrange et lointain passé : on se soumet à des
traditions, on continue des pratiques qui ne s'expliquent
que par des croyances déjà penchant vers leur déclin.
En même temps vous voyez s'introduire des conces-
sions et des tempéraments qui témoignent d'un secret
et profond désaccord entre la loi et les mœurs, entre

la dure logique des institutions d'autrefois et les nouveaux besoins de la conscience. Partout des inconsé-
quences et des demi-mesures qui portent la marque
de cet état de transition, de cette lutte intérieure.
L'esprit humain a rompu le câble qui l'attachait au
rivage; emporté par le courant, il dérive, non sans
essayer souvent de se rejeter en arrière, vers des
régions inconnues.

Si maintenant vous comparez, par ce côté du droit
successoral, la loi attique à la loi romaine, vous serez
frappé des ressemblances : elles tiennent au fond commun d'où sont sorties à la fois Rome et Athènes. Quant
aux différences, voici comment on peut les indiquer et
les résumer en un seul mot : la volonté de l'homme
n'a point chez les Athéniens la même puissance, la
même force souveraine et créatrice que chez les Romains. Ainsi, malgré le fréquent usage qu'elle y fait de
l'adoption, elle n'arrive point à produire par là, comme
à Rome, une parenté légitime qui se confonde avec la
parenté naturelle, qui ait même valeur et même durée.
La volonté du testateur est enchaînée par la loi, qui
attribue impérieusement l'héritage aux fils et le divise
entre eux par portions égales; elle ne se meut donc
pas dans le cercle de la famille, elle n'y distribue pas
les rôles et n'en règle pas l'avenir avec la même indépendance et la même dignité. Alors même que l'absence de tout héritier à réserve semble lui rendre toute
sa liberté d'allures, elle est exposée à se voir méconn-
nue et annulée le lendemain du jour où s'ouvrira la

25

succession : les tribunaux cassent les testaments avec
une singulière facilité. Le père de famille n'était pas à
Athènes tout ce qu'il était à Rome; il n'avait pas, dans
sa sphère et son domaine, la même plénitude d'autorité
et de responsabilité. Ce fut là certainement une des
causes qui firent la société grecque moins solide et
moins durable que cette puissante et presque indestructible société romaine.


# III.


Les lois d'Athènes et l'esprit dans lequel les appliquaient les tribunaux, tout concourait à multiplier les
procès en matière d'hérédité. Tous les héritiers testamentaires et les héritiers légitimes autres que les fils
du sang avaient à demander la saisine judiciaire; il
fallait aussi s'adresser à la justice pour se faire adjuger
l'*épiclère* ou la fille avec laquelle se transmettait l'héritage; enfin le sans-façon avec lequel le jury traitait
les testaments encourageait tous les coureurs de succession à affronter les chances d'un procès. Sans doute
on risquait, si l'on perdait, de laisser entre les mains
du fisc une somme, proportionnelle à l'importance de
la succession en litige, que l'on avait dû déposer en
introduisant sa requête; mais que c'était là un faible

frein et un léger inconvénient quand on pouvait, grâce à l'habileté de son avocat et à un caprice des juges, conquérir un riche héritage! Vu la composition du jury athénien et son omnipotence, là plus que partout ailleurs un procès était une vraie loterie; or, pour avoir quelque chance de gagner le gros lot, il faut commencer par prendre un billet. C'est ce que se disaient tous ceux qui se croyaient l'ombre d'un droit ou qui pouvaient alléguer, à l'appui de leurs prétentions, le plus faible prétexte. Dès qu'il n'y avait point d'héritiers à réserve saisis de plein droit, les concurrents abondaient; un testament même, fût-il dressé dans toutes les formes, ne suffisait point à réprimer ces convoitises. A quoi bon avoir des juges à Athènes, si ce n'était pour casser les testaments de ceux qui avaient l'impertinence d'oublier leurs parents ou leurs amis? Le discours d'Isée *sur l'héritage de Nicostrate*, mort à l'étranger en laissant 2 talents, nous offre un vif et curieux tableau de toutes les ambitions que suscitait l'ouverture d'une succession sur laquelle les tribunaux auraient à prononcer.

« Qui ne coupa ses cheveux en signe de deuil, quand arrivèrent d'Ace les deux talents? Qui ne se couvrit de vêtements sombres, comme si ce deuil devait lui donner des droits à l'héritage? Combien on vit paraître de prétendus parents et de fils qui se disaient adoptés par acte testamentaire de Nicostrate! C'était Démosthène, qui se présentait comme son neveu; quand on l'eut convaincu de mensonge, il se désista. C'était Télèphe, qui prétendait que Nicostrate lui avait donné tous ses biens; lui aussi, au bout de peu de temps, y renonça. C'était Aminiadès, qui amenait à l'archonte un enfant de moins de trois ans; il l'attribuait à Nicostrate, quand on savait que celui-ci n'avait pas paru à Athènes depuis onze ans. Pyrrhos de Lamptra soutenait que Nicostrate avait consacré sa fortune à la déesse Athéné, tout en lui en laissant à lui-même une partie. Ctésis de Besa et Cranaos dirent d'abord qu'ils avaient gagné contre Nicostrate un procès où celui-ci avait été condamné à leur payer un talent; puis, quand il leur fut impossible de le prouver, ils affirmaient que le défunt avait été leur affranchi; là encore ils ne pouvaient arriver à confirmer leurs dires. Ce sont là tous ceux qui, dès le début, convoitèrent l'héritage de Nicostrate. Chariadès n'élevait alors aucune prétention. Ce fut plus tard qu'il présenta comme héritiers institués non-seulement lui-même, mais encore l'enfant qu'il avait eu d'une courtisane. Il s'arrangeait ainsi ou pour hériter lui-même de la fortune ou tout au moins pour faire obtenir à l'enfant le droit de cité. Voyant ensuite qu'il serait aisé de le convaincre de mensonge au sujet de la naissance de ce fils, il renonça à cette partie de ses prétentions, mais il présenta sa requête en son propre nom, comme s'il avait été institué héritier, et il consigna la somme exigée par la loi [1]. »

Dans la peinture de tous ces manéges et de toutes ces intrigues, on aura pu, même à travers une traduction, apprécier la touche d'Isée et sa légèreté de main. Voici maintenant les réflexions que lui suggère le tableau qu'il vient de tracer :

« Il faudrait, ô juges, que tous ceux qui viennent ainsi réclamer une fortune à titre de donation testamentaire, quand le tribunal déclarerait leur demande mal fondée, fussent frappés non par la perte d'une consignation dont le montant est réglé une fois pour toutes par un tarif, mais par l'obligation de payer une somme égale à la valeur du patrimoine dont ils avaient espéré se rendre

1. *De l'héritage de Nicostrate*, § 7-10.

indûment possesseurs. S'il en était ainsi, on ne verrait plus les lois méprisées, les familles outragées par ces spéculateurs, et la mémoire des morts insultée par tous leurs mensonges. Puisqu'il n'en est pas ainsi, et que, sans autre règle que son caprice, on peut élever des prétentions sur le bien d'autrui, il faut du moins, juges, que vous apportiez le plus grand soin à vérifier toutes ces assertions, et que vous ne négligiez rien pour décider en connaissance de cause [1]. »

Nous avons tenu à citer ces réflexions, par lesquelles se termine l'exorde; elles montrent comment, dans Isée, à côté du peintre de la vie et des mœurs, se trouve toujours le légiste, préoccupé ou de bien mettre en lumière les principes du droit athénien ou d'en signaler les lacunes et les défauts. L'orateur cherche ensuite à établir comment doivent procéder les tribunaux pour arriver à rendre un juste arrêt, lorsqu'ils ont à prononcer sur une hérédité testamentaire; il veut prouver qu'en l'absence de la seule personne dont la parole pourrait trancher le débat, on doit attacher ici plus d'importance aux preuves morales qu'à des témoignages dont la plupart n'offrent pas de garanties suffisantes. Nous en avons d'ailleurs assez dit déjà pour faire connaître cette face du talent d'Isée; il nous reste surtout à montrer que, pour entrer plus avant que ses prédécesseurs dans les questions de droit, il n'a pas moins de finesse, de mouvement et d'art. Là encore, nous n'aurions que l'embarras du choix. Nous pourrions prendre dans le discours *sur l'héritage de Philoctémon* le piquant récit des sottises d'un vieillard

1. *De l'héritage de Nicostrate*, § 11.

presque tombé en enfance, dont s'empare une courtisane hors d'âge. Pour celle-ci, le pauvre homme
néglige et dépouille sa femme, ses fils et ses gendres.
Un des parents, Androclès, s'est mis dans le parti de
la maîtresse ; pour mieux l'aider à exploiter son amant
cacochyme, il est venu se loger dans la maison voisine
et s'est fait son instrument et son recéleur. Quand le
vieillard Euctémon a rendu le dernier soupir, les deux
complices continuent ce pillage. C'est ce que raconte
l'orateur avec un sincère accent de tristesse et d'indignation :

« Voici à quel point d'audace ils en sont arrivés. Euctémon
venait d'expirer ; son corps était là sur le lit, dans la maison. Leur
première pensée fut de consigner les esclaves au logis pour qu'aucun d'eux n'allât annoncer cette mort aux deux filles, à la femme
ou à l'un des parents du défunt ; puis, avec la femme, ils se mirent
à emporter les meubles dans la maison contiguë, qu'avait louée
tout exprès quelqu'un de leur bande, un certain Antidoros. Les
filles et l'épouse finirent par apprendre le décès, elles se présentè-
rent, on ne les laissa pas entrer ; on leur ferma la porte, on leur
dit que ce n'était point à elles d'ensevelir Euctémon. C'est à grand'-
peine que, vers le coucher du soleil, elles purent enfin pénétrer
dans l'habitation. Elles y trouvèrent le cadavre qui, leur dirent les
serviteurs, gisait là abandonné depuis déjà deux jours ; quant à ce
que contenait auparavant la maison, tout était déménagé par ces
gens-là. Les femmes, comme c'était leur devoir, ne s'occupèrent
que du cadavre ; mais les autres parents firent aussitôt constater
aux assistants l'état des lieux, et ils commencèrent par interroger
les serviteurs pour savoir où avait été transporté tout le mobilier.
Ceux-ci répondirent que tout avait été déposé dans la maison voisine ;
on voulut exercer aussitôt, suivant la loi, le droit de suite sur les
objets volés, et se faire livrer les esclaves qui avaient concouru à

l'enlèvement des effets ; ces gens se refusèrent à rien faire qui fût conforme à la justice[1]. »

Nous ne donnerons plus qu'un échantillon de l'un de ces récits qui, sous un air de bonhomie et de simplicité, cachent un si habile calcul. Il s'agit pour celui qui parle de démontrer que Ciron, dont il réclame l'héritage, a toujours eu pour lui et pour son frère tous les soins, toute l'affection d'un grand-père. Il cherche là une confirmation des preuves d'un autre ordre, appuyées sur des témoignages formels, qu'il a commencé par produire [2].

« Outre ces raisons, nous en avons encore d'autres à vous présenter pour vous faire connaître que nous sommes issus de la fille légitime de Ciron. En effet, comme il était naturel qu'il le fît pour des enfants fils de sa sœur, jamais il n'offrit un sacrifice, grand ou petit, sans nous y inviter ; nous étions toujours auprès de lui, et nous prenions part à la cérémonie. Ce n'était pas dans ces occasions seulement qu'il nous appelait, mais il nous emmenait encore aux Dionysies des Champs ; nous y assistions et nous regardions assis près de lui ; nous passions dans sa maison toutes les fêtes. Le sacrifice auquel il attachait le plus d'importance, c'était celui par lequel il honorait Jupiter Ctésios[3]. Il n'y souffrait ni esclave, ni étrangers de condition libre, il y faisait tout par lui-même ; là encore nous étions à ses côtés, associés à son offrande, maniant avec lui les objets sacrés, arrangeant et disposant tout ce qu'il fallait. Il y priait le dieu, en bon grand-père, de nous donner la santé et une heureuse possession de nos biens. Si pourtant il ne nous avait pas

1. *De l'héritage de Philoctémon,* § 39-42.
2. *De l'héritage de Ciron,* § 15-17.
3. Le Jupiter de l'acquisition, de la propriété. Ce grand-père était un esprit positif

regardés comme les enfants de sa fille, comme les seuls descendants qui lui restassent, aurait-il jamais rien fait de tout cela, n'aurait-il pas eu plutôt toutes ces attentions pour notre adversaire, qui se présente maintenant comme son neveu ? »

Tout le monde sentira l'agrément de ce récit, qui nous fait pénétrer dans l'intérieur d'une famille athénienne, et nous montre l'aïeul, entouré de ses petits-enfants, dans l'exercice de sa royauté et de son sacerdoce domestique. Ce qu'il importe de signaler, c'est l'adresse dont fait preuve Isée, qui rivalise par ce côté avec Lysias. Rien ne fait mieux apprécier la rare dextérité de notre orateur que le fragment considérable du discours *pour Euphilétos*, qui nous a été conservé par Denys d'Halicarnasse. C'est le seul exemple que nous possédions du talent d'Isée appliqué à d'autres sujets que les questions d'hérédité ; il est tiré d'un plaidoyer par lequel un citoyen réclame contre une décision du dème des Erchiéens, qui, lors de la révision des listes électorales, l'avait effacé de la liste et dépouillé ainsi de ses droits civiques. Le critique ancien y voit avec raison un chef-d'œuvre du genre ; il signale l'adresse avec laquelle l'avocat sait grouper de petites circonstances de manière que chacune d'elles concoure à affermir une conviction dans l'esprit. La nature de ce morceau s'oppose à ce que nous en détachions une partie, qui séparée de l'ensemble perdrait presque toute sa valeur, et il est trop long pour que nous cédions à la tentation de le traduire et de le citer tout entier. Nos avocats y trouveraient pourtant encore un modèle à

suivre. Aucun des faits allégués ne suffirait peut-être
par lui-même à démontrer ce qu'avance l'orateur, le
droit d'Euphilétos à figurer sur la liste du dème; mais
la réunion de ces faits, la manière dont tout s'accorde
et s'entr'aide dans cette exposition finit par avoir plus
d'action sur l'intelligence qu'une preuve formelle, mais
isolée. Nous nous trouvons ainsi par degrés inclinés à
croire et insensiblement conduits à l'idée qu'il s'agissait
de nous imposer. L'adversaire, en présence de toute
cette série de présomptions et d'arguments, éprouve
un sérieux embarras. Le faisceau est trop serré et trop
épais pour qu'on puisse le rompre d'un seul effort;
d'autre part, dans cette longue chaîne, à quel anneau
se prendre, sur quel point faire porter l'attaque? Ce
procédé, qui demande un art consommé, Démosthène
l'a emprunté à Isée. Une de ses plus remarquables qualités, un des signes auxquels on distingue ses discours
authentiques de ceux qui, sans lui appartenir, se sont
glissés dans le recueil de ses œuvres, c'est ce talent de
distribuer les preuves et de les soutenir les unes par les
autres, d'élever par degrés la probabilité et la vraisemblance à la hauteur d'une certitude.

Ce qui ne se trouve point dans Lysias et ce que
Démosthène a aussi pris chez Isée, c'est un emploi plus
hardi et plus libre de ce que les grammairiens appellent
les *figures de pensées*, c'est par exemple un heureux et
habile usage de l'interrogation. Plus d'une fois, on
trouve chez Isée une suite de vives apostrophes, de
questions brusques et répétées qui semblent le cri d'une

ISÉE.

conscience ou d'une raison indignée. Ainsi, dans le
discours *sur l'héritage d'Hagnias,* voici en quels termes
celui qui porte la parole s'adresse dès la fin de l'exorde
à son contradicteur :

« Attention ! Je vais t'interroger. Cet enfant est-il le frère
d'Hagnias ? ou bien est-il son neveu par son frère ou sa sœur ? Est-
il son cousin de père ou de mère ? Lequel lui donnes-tu de ces
titres auxquels la loi attache la parenté civile ? Et ne va pas alléguer
que c'est mon neveu par ma sœur. Il n'est pas question en ce
moment de mon héritage : je suis vivant et bien vivant. Si j'étais
mort sans enfants et si c'était ma succession qu'il réclamât, alors il
pourrait faire cette réponse. Mais maintenant tu prétends que la
moitié de l'héritage doit aller à cet enfant; il te faut donc montrer
par quel lien cet enfant tient à Hagnias, et quel est le degré de cette
parenté. Allons, dis-le aux juges [1]. »

Ailleurs dans ce même plaidoyer, ainsi que dans le
fragment du discours *contre Diophane* [2], on retrouve-
rait ces mêmes allures et ces mêmes tours étrangers à
la diction plus unie et plus simple des premiers orateurs attiques.

Cette véhémence qui laisse éclater la passion au
lieu d'affecter de la contenir donne parfois aux fins de
discours d'Isée une singulière énergie. Dans quelques-
uns de ses plaidoyers, il n'y a point, à proprement
parler, de péroraison ; seulement la conscience d'avoir
défendu et vengé le droit, d'avoir fait justice de la
méchanceté et du sophisme, y animent le ton de l'ora-

1. *De l'héritage d'Hagnias,* § 5.
2. Fragment 29 (édition Didot).

teur. Par un naturel effet de cet effort prolongé qui
touche à son terme, sa marche s'accélère, sa voix prend
plus de timbre et d'accent; il insiste sur ces derniers
mots qui doivent achever de faire pénétrer la vérité
jusqu'au fond de l'esprit du juge [1]. Ailleurs [2], après
un court et vif résumé qui a bien l'air de devoir clore
le discours, l'orateur s'arrête et fait lire des témoignages destinés à prouver que Dioclès, l'instigateur
du procès qu'on lui fait, est un homme de mauvaises
mœurs et méprisé de tous. Il n'ajoute rien à cette lecture; c'est sous cette impression qu'il veut laisser ses
auditeurs. Il y a là un artifice assez insolite : c'est un
raffinement. Il semble que le plaideur demande au jury
de s'en rapporter moins à ses paroles qu'à l'évidence
même des faits et à l'autorité des témoins qui les
attestent. Au contraire, dans d'autres plaidoyers, la
péroraison se détache d'une manière plus marquée que
chez ses devanciers. On en jugera par celle qui termine
le discours *sur l'héritage de Dicéogène* [3].

« Voilà tous les services qu'avec une fortune si considérable
Dicéogène a rendus à la ville. A l'égard de ses proches, cet homme
est ce que vous le voyez. Il en est parmi nous que, dans la mesure
de ses forces, il a dépouillés de leur fortune, d'autres qu'il a laissés
tomber, par misère, au rang des mercenaires. Sa mère, tous l'ont
vue, assise dans le temple d'Ilithye, lui adresser des reproches que
je rougirais de répéter, mais qu'il n'a pas rougi de mériter. Voyez

1. Il en est ainsi dans les discours II, VI, X.
2. *De l'héritage de Ciron*, § 45-46.
3. 39-47. Dans le discours IV, il y a une péroraison du même genre.
Comparez encore le discours X.

ses intimes. Ce Melas l'Égyptien, avec lequel il était lié dès l'enfance, il lui a volé l'argent qu'il en avait reçu, et c'est aujourd'hui son ennemi mortel. De ses autres amis, les uns n'ont pu rentrer dans l'argent qu'ils lui avaient prêté; les autres ont été trompés par lui; il ne leur a pas compté l'argent qu'il leur avait promis pour le cas où la succession lui serait adjugée. Pourtant, juges, nos ancêtres, ceux qui ont acquis et laissé cette fortune se sont acquittés de toutes les chorégies, ils vous ont fourni beaucoup d'argent pour les dépenses de la guerre, et ils n'ont jamais cessé de supporter les charges de la triérarchie. Ce qui le prouve, ce sont les offrandes qu'ils ont consacrées dans les temples, en souvenir de leur vertu, sur ce qui leur restait après avoir satisfait à ces obligations; ce sont ces trépieds que, vainqueurs dans les jeux où ils avaient été choréges, ils ont déposés dans le temple de Dionysos, et ceux dont ils ont orné le sanctuaire d'Apollon Pythien. De même pour l'Acropole : là ils ont, en prenant cet argent sur leurs revenus, embelli le temple de la déesse de statues de bronze et de marbre dont la valeur semble dépasser les ressources d'une fortune privée. Plusieurs d'entre eux sont morts en combattant pour la patrie, Dicéogène, fils de Ménéxène et père de mon aïeul, en remplissant les fonctions de stratége dans la guerre d'Éleusis, Ménéxène, le fils de celui-là, à la tête de sa tribu, sur le territoire d'Olynthe, dans le lieu appelé Spartolos, enfin Dicéogène, le fils de ce Ménéxène, comme commandant de la galère paralienne, à Cnide. C'est de cette maison, Dicéogène, que tu as recueilli l'héritage, et tu l'as ruinée, tu l'as déshonorée; tu en as échangé les biens contre de l'argent, et tu viens maintenant crier misère! Cet argent, comment donc l'as-tu gaspillé? Car on sait que tu n'en as rien dépensé ni pour la cité ni pour tes amis... Quel prétexte enfin invoqueras-tu, Dicéogène, pour demander aux juges de se prononcer en ta faveur? Diras-tu que tu t'es acquitté de beaucoup de services publics et que tu as sacrifié de grandes richesses pour augmenter la gloire et l'éclat de la cité? Ou bien que, triérarque, tu as fait beaucoup de mal à l'ennemi, et que, quand la patrie avait besoin que tous les riches l'aidassent de leurs deniers à soutenir la guerre, tu as largement contribué à ses dépenses? Non, tu n'en as rien fait. Diras-tu que tu es un brave soldat? Mais tu n'as point porté les armes. Dans cette longue et cruelle guerre où les Olynthiens, où les insulaires meurent en combattant pour Athènes, toi, Dicéogène, qui es citoyen, tu n'as pas même porté les armes. Peut-être prétendras-tu que tu dois l'emporter sur moi à cause de tes ancêtres, parce qu'ils ont tué le tyran. Je les en loue et les admire; mais je soutiens que toi, tu n'as point à te prévaloir de leur vertu. D'abord tu as mieux aimé t'approprier notre héritage qu'hériter de leur gloire, tu as tenu à être appelé fils de Dicéogène plutôt que fils d'Harmodios. La nourriture au prytanée, tu l'as dédaignée; ce siége au premier rang dans les théâtres et ces exemptions d'impôt qui ont été accordées aux descendants du meurtrier d'Hipparque, tu en as fait bon marché. Puis cet Harmodios et cet Aristogiton, ce n'est pas à cause de leur naissance qu'ils ont été honorés, c'est pour leur courage et leur dévouement, et ces mérites, rien ne s'en retrouve chez toi, ô Dicéogène! »

Sans doute l'œuvre d'Isée, telle que le temps l'a faite, est loin d'avoir la variété de celle de Lysias; tous les discours d'Isée roulent sur des sujets analogues, et par suite nous sommes exposés à y trouver des redites et quelque uniformité. Eussions-nous conservé le recueil complet de ses discours, Lysias aurait encore sur lui un avantage, celui d'avoir été mêlé à toutes les luttes, ému de toutes les passions de son temps. Chez lui, derrière l'orateur, on sent l'homme qui a de justes ressentiments à satisfaire, un frère et des amis à venger. On peut enfin, avec les anciens critiques, trouver que Lysias a plus d'imagination et de charme, un tour plus aisé et plus naturel, une grâce plus familière; peut-être en effet réussit-il encore mieux à prendre le ton qui convient à chacun des personnages qu'il fait parler, peut-être ses tableaux sont-ils plus vivants encore et tracés d'un plus ferme crayon.

A d'autres égards, Isée est pourtant, on ne saurait le nier, en progrès sur Lysias. Son style a plus de mouvement et de chaleur ; la passion s'y donne plus libre carrière et le colore de teintes plus vives. Lysias, poursuivant en son propre nom l'homme qui a voulu le faire périr, qui l'a ruiné et qui a tué son frère, paraît froid, si on compare son discours *contre Ératosthène* à cette ardente invective qu'Isée a mise dans la bouche d'un de ses clients.

## IV

L'art et le talent d'Isée, mieux étudiés et tirés d'un injuste oubli, mériteraient donc de lui assurer une belle place dans l'histoire des lettres grecques. Ce qui pourtant fait la véritable originalité d'Isée et le principal intérêt de ses discours, c'est la nature des sujets qu'il a traités, c'est la place qu'il y a faite au texte et à la discussion des lois. Mieux qu'aucun de ses prédécesseurs, il nous aide à réunir les débris épars de la législation attique et à en saisir l'esprit. Ce qu'Antiphon, Andocide et Isocrate nous apprennent à cet égard se réduit presque à rien ; Lysias lui-même, malgré l'étendue et la variété de son œuvre, nous instruit beaucoup moins qu'Isée. C'est que Lysias est plutôt attiré par le côté dramatique des événements ; il se com-

plaît dans la peinture de la vie, mais il est rare qu'il
aborde les discussions juridiques, qu'il insiste sur la loi
et travaille à en dégager le sens. Si Lysias et Isée
vivaient de nos jours, le premier réussirait surtout
devant la cour d'assises et en police correctionnelle, le
second plaiderait surtout devant les chambres civiles et
aurait bien vite, comme on dit, l'oreille du tribunal.
Pour trouver quelqu'un qui, parmi les Attiques, entre
franchement, comme Isée, dans les questions de droit,
il faut descendre jusqu'à son élève Démosthène. Le
recueil des plaidoyers du grand orateur nous fournit sur
bien des parties de la législation athénienne des renseignements qui, par leur abondance et leur précision,
égalent presque ceux que nous devons à Isée. C'est que
là Démosthène imite la manière de son maître et
applique sa méthode. Autant que nous pouvons en
juger d'après le peu que nous avons conservé des
monuments de l'éloquence judiciaire à Athènes, ce fut
une vraie nouveauté que l'exemple donné par Isée : le
premier il apportait dans l'étude et le commentaire de
la loi cet esprit philosophique dont Platon est alors à
Athènes le plus illustre représentant. M. Rodolphe
Dareste, dans un récent et remarquable travail, écrivait
que Théophraste, l'élève d'Aristote et son successeur
dans la direction du Lycée, avait été « un jurisconsulte, et le seul jurisconsulte considérable que la Grèce
ait produit[1] ». Peut-être conviendrait-il de faire tout

1. *Le Traité des lois de Théophraste*, Thorin, 1870. Tous les fragments

au moins ici une réserve en faveur d'Isée. Sans doute
la situation et le caractère des deux personnages sont
très-différents. Formé à l'école d'Aristote, armé des
mêmes instruments scientifiques et doué, sinon d'un
génie aussi créateur, tout au moins d'une aussi vaste,
d'une aussi prodigieuse instruction, Théophraste avait
tenté une entreprise dont l'idée même n'aurait pu venir
à personne un demi-siècle plus tôt : son livre, comme
on l'a très-bien dit, « n'était pas un simple commentaire, c'était un ouvrage philosophique consacré à
l'étude et à la comparaison de toutes les législations
connues, en un mot un véritable *Esprit des lois* ».
Quant à Isée, ce ne fut, il est vrai, qu'un avocat. C'est
seulement à l'occasion d'*espèces* particulières, des procès qu'il avait l'occasion de plaider, qu'Isée aborde les
questions de droit privé et cherche à remonter aux principes. Il n'en est pas moins incontestable que, par
cette tendance de son esprit, il mérite d'être présenté
comme un précurseur de Théophraste, comme le premier des légistes d'Athènes. Sur la liste en tête de
laquelle il figurerait, viendrait ensuite Démosthène,
dont le clair et ferme esprit a jeté de vives lumières sur
plusieurs points obscurs du droit attique.

Après cet orateur, qui représente au barreau la
tradition d'Isée, nous n'aurions plus guère à citer que

connus jusqu'ici de ce grand ouvrage en vingt-quatre livres sont là, pour
la première fois, mis en ordre, traduits avec précision, et, quand il y a
lieu, rendus intelligibles au moyen de corrections judicieuses qui nous
montrent l'auteur de cet essai helléniste consommé autant que savant
jurisconsulte.

quelques-uns de ces érudits qui ont dressé l'inventaire
de l'antique civilisation grecque avant qu'elle ne dispa-
rût, altérée d'abord par la conquête macédonienne,
puis absorbée dans l'unité romaine. Démétrius de Pha-
lère, autre disciple d'Aristote, avait écrit un traité sur
la législation athénienne ; Philocoros s'était occupé des
*Graphai* ou accusations criminelles, Séleucos avait
donné un commentaire des lois de Solon. Le recueil de
décrets composé par Cratère, s'il nous était parvenu,
contiendrait aussi plus d'un document important pour
la connaissance du droit privé. Malgré tant de pertes,
en dépit des obscurités et des lacunes qui en sont la
fatale conséquence, l'étude du droit grec, si longtemps
négligée en France, commence à reprendre faveur : c'est
ce dont témoignent les travaux de plusieurs professeurs
de nos facultés ou de membres de notre barreau,
MM. G. Boissonnade, Paul Gide, Albert Desjardins,
Caillemer, Dareste et d'autres. Grâce à la sûreté de ses
méthodes et à la pénétration de sa critique, l'esprit
moderne arrive, malgré la déplorable insuffisance des
monuments, à deviner le sens et à établir les rapports
de bien des faits isolés et jusqu'ici inexpliqués, à en
marquer la place dans l'ensemble et à reconstituer des
théories juridiques auxquelles les Grecs eux-mêmes
n'étaient jamais parvenus à donner une forme arrêtée
et savante. On·est conduit ainsi à apprécier les mérites
et l'originalité du droit grec, dont le droit attique n'est
que la branche la plus importante et la moins inconnue ;
on constate que le génie grec, sur ce terrain, ne s'est

pas montré inférieur à lui-même. Ce qui lui a manqué, c'est le temps et l'espace. La conquête étrangère est venue brusquement interrompre son évolution en suspendant la vie nationale. D'autre part, Athènes n'a point été, comme Rome, amenée par la fortune à devenir et à rester pendant plusieurs siècles la maîtresse du monde; elle n'a point été ainsi contrainte d'élargir les cadres de ses lois et d'en élever l'esprit pour les accommoder aux besoins d'un vaste empire, formé des races et des peuples les plus divers; il ne lui a point été accordé de transformer peu à peu les règles étroites et dures d'une coutume locale, de manière à en faire un grand système ordonné et logique auquel on a pu donner le beau nom de raison écrite, *scripta ratio.* Athènes, dans sa courte et mobile existence, n'a rien qu'elle puisse comparer à cette grave et noble école des jurisconsultes romains, qui sans relâche poursuivent de siècle en siècle le travail commencé dès les premiers jours de la cité; mais, ce que l'on a trop oublié jusqu'à ces derniers temps, ces jurisconsultes ont été singulièrement aidés dans leur tâche par l'influence des idées et des lois helléniques. Sous l'empire, beaucoup des plus célèbres légistes de Rome étaient Grecs ou d'origine grecque, élevés dans la littérature et la philosophie grecque. Plus tôt même, aussitôt que des magistrats italiens avaient été appelés à gouverner des provinces de langue grecque, ils s'étaient trouvés entraînés, par les nécessités de la pratique et les habitudes des populations dont les intérêts leur étaient confiés, à s'affranchir des prescriptions du vieux droit quiritaire. Afin de régler les relations de ces alliés et de ces sujets qui ne pouvaient s'obliger et contracter dans les formes voulues par le droit civil, ils s'étaient fondés surtout sur la notion de l'équité, et ils avaient fait de larges emprunts aux coutumes et aux lois qu'ils trouvaient en vigueur dans cette Grèce pour laquelle ils professaient, au moment même où ils en faisaient la conquête, tant de respect et d'admiration. De cette manière, la plus grande partie du droit attique avait passé dans l'édit du préteur. C'est que ce droit attique, comme l'attestent tous ceux qui en ont quelque connaissance, était plus spiritualiste que le droit romain, plus attaché à l'idée et moins esclave de la forme; il tendait plus au général et à l'universel, il paraissait plus dominé par cette conception de la pure justice, *æquum et bonum,* qui devient avec le temps la principale préoccupation des jurisconsultes romains.

A mesure que l'on pénétrera plus avant dans cette étude, à peine ébauchée jusqu'ici, du droit attique et de ses rapports avec le droit romain, on sentira mieux l'importance de ces discours d'Isée, dont il n'existe même pas une traduction française qui soit exacte et lisible[1]. Mieux préparés par une éducation toute spéciale, d'autres

---

1. La seule que je connaisse, celle de l'abbé Auger, qui date du siècle dernier, est criblée de contre-sens. Le traducteur, qui n'a étudié ni les institutions de Rome ni celles d'Athènes, ne comprend pas les affaires que discute l'orateur et rend presque toujours à faux les termes de droit qu'il a sans cesse l'occasion d'employer. Un de mes camarades de l'École normale, Achille Beauvallet, avait achevé une traduction des onze plai-

pourront discuter plus à fond et apprécier avec plus de
compétence la valeur d'Isée comme interprète des lois
athéniennes. Nous avons voulu tout au moins frayer la
voie, appeler l'attention sur cette curieuse figure et sur
ces œuvres trop longtemps négligées. Les essais qui pré-
cèdent n'avaient d'autre but que d'aider à mieux comprendre et à mieux juger l'homme extraordinaire dont
le génie domine et résume toute l'histoire de l'éloquence
athénienne, Démosthène ; or pouvions-nous songer à
nous occuper de Démosthène sans avoir d'abord remis
dans son vrai jour et à sa vraie place le guide qu'il
s'est choisi lui-même dans les premières années de sa
triste et laborieuse jeunesse, le seul de tous les orateurs
attiques qui ait eu sur lui une influence directe et personnelle ? En étudiant Démosthène, nous retrouverons
plus d'une fois dans ses chefs-d'œuvre la trace des
exemples et des leçons d'Isée. Dès maintenant, avant
même d'avoir sous les yeux les passages qui confirment
l'assertion des anciens biographes, on peut se faire
quelque idée des services que l'homme de talent a rendus à l'homme de génie. Si c'est la lecture assidue de
Thucydide qui a donné à Démosthène une connaissance
de l'histoire d'Athènes qui manque trop souvent aux
autres orateurs, c'est Isée qui lui en a fait étudier les
lois civiles et politiques ; grâce à cette double et forte

doyers d'Isée, qui devait servir d'appendice à la thèse de doctorat qu'il se
préparait à soutenir devant la Faculté des lettres de Paris ; il mettait la
dernière main à ce travail, quand la mort est venue, en 1861, le frapper à
trente-deux ans.

instruction, au lieu de faire, comme l'ignorant et brillant Eschine, commerce de phrases vagues et sonores, il a pu nourrir toujours son éloquence de faits et de textes. Isée ne s'est pas contenté de fournir ainsi à son élève ce que l'on peut appeler la matière de ses discours ; il lui a enseigné à disposer ses arguments et ses preuves de manière à convaincre sans avoir l'air d'y prétendre, il lui a livré le secret de ces interrogations vives et redoublées qui paraissent échapper à l'âme de l'orateur passionnée pour la vérité et révoltée d'avoir à combattre la fraude et le mensonge. Savant légiste, rhéteur consommé, habile et véhément avocat, Isée est bien le maître du grand orateur qui a porté le plus haut, dans l'antiquité, l'art et la puissance de la parole publique.

FIN.

# TABLE DES MATIÈRES.

———————————  .

PARIS. — J. CLAYE, IMPRIMEUR, 7, RUE SAINT-BENOIT. — [1957]

épuisé

2 ×

2

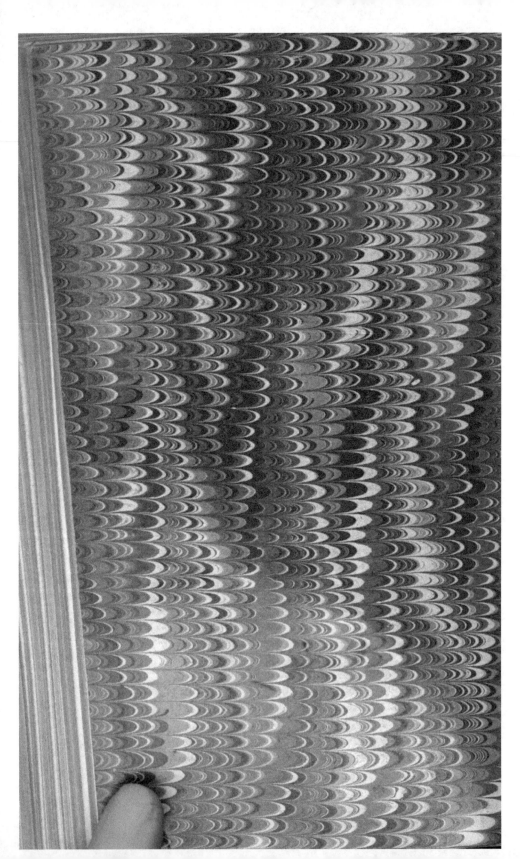

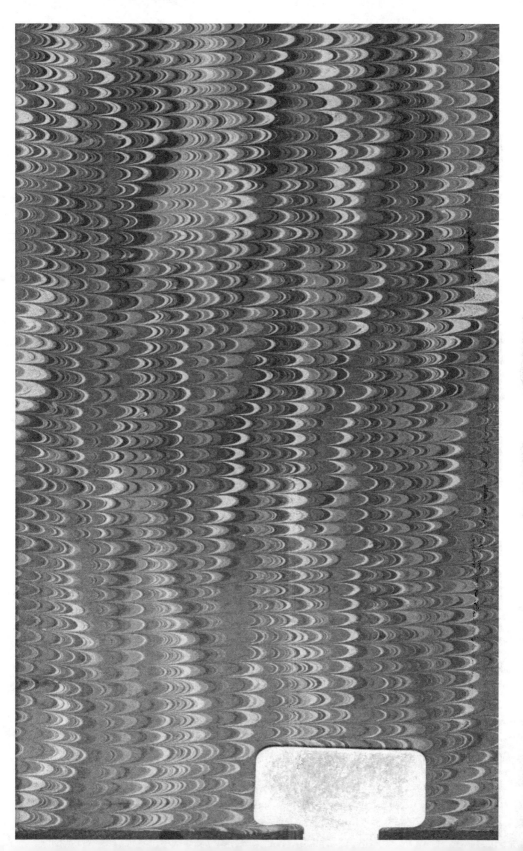

CPSIA information can be obtained
at www.ICGtesting.com
Printed in the USA
BVHW041429150819
555988BV00011B/534/P